Ullstein

ÜBER DAS BUCH

Operationsgebiet: Golf von Mexiko und Karibische See. Dort begann die erste Feindfahrt von Ernst Kaiser, dem kaum 20jährigen U-Boot-Funker, der im Funk- und Horchschapp saß und Tagebuch schrieb. Ein halbes Menschenalter dauerte es, bis daraus dieses Buch entstanden war. Aus den Notizen formten sich wieder Bilder von damals, die Gesichter von Kameraden, von Vorgesetzten. Torpedos laufen, Wasserbomben fallen, Menschen treiben im Wasser...
QXP – das heißt im Funkerjargon »erzählen, um es als erledigt abzuhaken«. So entstand ganz ohne Heroismus ein getreuer Spiegel des U-Boot-Krieges aus der Sicht der Männer, die ihn führen mußten: 27500 U-Boot-Fahrer blieben vor dem Feind; Matrose Kaiser kam zurück und berichtete... QXP.

DER AUTOR

Ernst Kaiser meldete sich freiwillig mit 17 Jahren zur U-Boot-Waffe und wurde Funker. Er fuhr auf verschiedenen Unterseebooten und wurde zwischen den Einsatzfahrten auf der Funkleitstelle Kernével beim Befehlshaber der Unterseeboote und in der Truppenbetreuung eingesetzt.

Ernst Kaiser

QXP

Im U-Boot auf Feindfahrt

Mit 30 Fotografien

Ullstein

Ullstein Buchverlage GmbH & Co. KG,
Berlin
Taschenbuchnummer: 24630

Ungekürzte Ausgabe
April 1999

Umschlaggestaltung:
Hansbernd Lindemann
Illustration:
Silvia Christoph

Taschenbuchausgabe mit freundlicher Genehmigung
der Koehlers Verlagsgesellschaft, Hamburg
Printed in Germany 1999
Druck und Verarbeitung:
Ebner Ulm
ISBN 3 548 24630 3

Gedruckt auf alterungsbeständigem Papier
mit chlorfrei gebleichtem Zellstoff

Die Deutsche Bibliothek –
CIP-Einheitsaufnahme

Kaiser, Ernst:
QXP : im U-Boot auf Feindfahrt / Ernst Kaiser. –
Ungekürzte Ausg. – Berlin : Ullstein, 1999
(Ullstein-Buch ; Nr. 24630)
ISBN 3-548-24630-3

Inhaltsverzeichnis

Vorwort

Das vorliegende Buch soll kein Heldenepos des letzten Weltkrieges darstellen. Ich habe mich bemüht, meine Kriegstagebuchaufzeichnungen in der Ichform einer breiten Leserschicht vorzulegen.

Damit dieses Buch nicht nur von U-Boot-Fahrern gelesen wird, sondern auch von Frauen, die erfahren möchten, wie ihre Männer oder Väter und Söhne auf den U-Booten leben mußten, wurde die allgemeine Umgangssprache gegenüber der technischen Sprache bevorzugt.

Nicht geänderte Namen wurden mit Genehmigung verwandt. Alle sonst aufgeführten Namen und Begebenheiten sind rein zufällig.

Im Oktober 1981 *Ernst Kaiser*

Der 19. Mann

Auf dem riesengroßen Exerzierplatz, der zwischen der alten Kaserne und dem ebenso alten Zuchthaus von Breda in Holland liegt, ist mancher Schweißtropfen von uns hängengeblieben. Vergessen wir's. Jetzt marschieren wir – vom Bahnhof kommend – durch das Kasernentor der Marinenachrichtenschule in Aurich in Ostfriesland. Hier sollen aus uns jungen Rekruten perfekte Nachrichtenmänner gemacht werden. Dafür werden viele Experten sorgen, so hatten wir es bereits vernommen. Die Fachleute bestehen aus Offizieren und Feldwebeln, die für die weitere Erhaltung des straffen Soldatengeistes zu sorgen haben, und den sehr gut ausgebildeten Funkmaaten, die uns das »di-da-di-ditt« beibringen werden. Hinter dem Kasernentor werden wir im Vorhof vom Feldwebel der Kompanie begrüßt: »Kameraden, ich begrüße Sie in Aurich. Sie gehören von jetzt ab zur zweiten Kompanie dieser Nachrichtenschule, zur Kompanie Sonnenschein! Ich bin die Mutter dieser Kompanie, mein Name ist Hauptfeldwebel Meier!«

Das also ist *der* Meier! Von dem hatten wir gehört. Nun sind wir also doch in der »Scharfmacherkompanie« gelandet. Hier wird man uns wirklich zum perfekten Funker erziehen. Dafür wird neben Meier Leutnant Weber sorgen: »Meine Spezialität ist Exerzierdienst!«

Ein heißer Julitag: Wir liegen keuchend auf der roten

Erde oder fliegen schwebend durchs Gelände dieses Exerzierplatzes. »Auf! – Nieder! – Auf! – Nieder!«

»Mensch, Karle, wir liegen doch schon ne jute Stunde mit der Schnauze im Dreck, wie lange will denn der det noch machen?« höre ich einen Berliner zu meinem Stubennachbarn Karl Wenk sagen.

»Ach, da quasselt noch einer! Ihr habt noch nicht genug!« hören wir den Weber brüllen. Und jetzt kommt es noch besser:

»Ich werde euch das Ärschchen bis zum Stehkragen aufreißen! O weh, denke ich, die werden dich dann in zwei Hälften wieder nach Hause schicken.

Doch auch dieser Exdienst geht vorüber.

Beim Säubern der Klamotten stöhnt der lange Schorschi: »Dem könnt' ich die Fresse polieren.«

Wir wissen alle, wer mit »dem« gemeint ist.

Schorschl hat es ja auch besonders schwer. Er ist der Längste in der Kaserne, er mißt sage und schreibe 2,04 Meter.

»Raustreten zum Appell!«

Wir sausen trippelnd und schiebend über den Korridor. »Ja, ja, nur nicht drängeln, es kommt jeder raus.« Wobei ein solches Gemurmel natürlich im Geschlurfe unserer Nagelstiefel untergeht.

Nun stehen wir draußen. Bereits fein geschniegelt, als wäre nichts gewesen. Kein Dreck mehr an der Uniform, die Stiefel geputzt. Sind wir nicht schneidig? Weber und Meier sind wohl gar nicht unserer Meinung. Das gibt es doch nicht: »Ihr verlausten und verfilzten Brüder! In fünfzehn Minuten steht der Haufen wieder draußen. Aber tadelloser Zustand! Auf die Stuben, marsch, marsch!«

»Leck mich am – aaber fall doch nich die Treppe rauf, Kumpel!«

Wir putzen und wienern.

»Dabei hat der uns doch gar nicht richtig gemustert.«

»Wieso sieht er, daß wir noch dreckig sind?«

»Mensch, Herbert, was hat das mit der Funkerei zu tun?«

»Du wirst dem Führer noch dankbar sein, daß er solche Kerle hat, die aus uns Soldaten machen!«

»Was ist das denn? – Meint er das im Ernst?«

Alle lachen plötzlich – auch Herbert.

»Ach, das sollte ein Witz sein. Na, dafür kann es gelten.«

Heute haben wir Glück. Beim zweiten Appell klappt es, und wir können bald unsere Stuben aufsuchen und müde in die Kojen fallen.

Kojen – hier sind es noch Betten. Kojen lernen wir erst später kennen, wenn wir an Bord irgendeines Schiffes sind. Wann wird das sein? Wir sind jung und können es kaum erwarten. Hoffentlich fahren wir bald zur See. – Meine vorauseilenden Gedanken werden plötzlich in die Wirklichkeit zurückgeholt, als Schorschi aus dem obersten Bett stammelt: »Mensch, bloß nich auf so 'ner Landfunkstelle rumgammeln.«

Die eigentliche Funkausbildung macht wirklich Spaß.

Wir lernen – wie die kleinen Kinder ihr Abece – jetzt das Funk-Abece.

Etwas Schwierigkeiten bereitet mir die Technik.

»Hier kommt der Strom rein, geht über diesen Widerstand ...« Warum geht der so? Unser Funkmaat erklärt weiter. Ich höre von Anode und Kathode und Relais. – Ich denke: Das lernst du nie.

»Mal eine Zwischenfrage«, höre ich den Maat, »wer von euch hat sich denn beim heutigen Appell freiwillig zur U-Boot-Waffe gemeldet?«

»Der Kaiser!« tönt es im Chor.

Das bin ich, schießt es mir durch den Kopf.

»Was, Kaiser, Sie Flasche? Sie sind ja viel zu groß fürs U-Boot. Wie groß sind Sie?«

»Ich bin ein Meter einundachtzig, Herr Obermaat.«

»Na ja, als Funker mag es ja gehen, Sie sitzen ja dann

doch meistens im Funkschapp. – Menschenskind, aber Sie, Kaiser, nee! Da müssen Sie sich aber noch anstrengen. Auf dem U-Boot brauchen sie ganze Kerle und keine Flaschen!«

So, ich bin also die Flasche. Das ist ja gut, daß ich das nun auch weiß.

Ich, die Flasche, darf bereits ein paar Tage später mit den anderen 18 Freiwilligen nach Wilhelmshaven fahren, um den U-Boot-Test mitzumachen.

Nachdem man uns auf Spezialapparaten durchgeschüttelt, getestet und schwindlig geschaukelt hatte, werde auch ich zum perfekten U-Boot-Mann erklärt. Nun bin ich keine Flasche mehr. Jetzt sieht die Welt ganz anders aus. Ha! Ich gehöre zur Elitemannschaft!

Auf der Rückkehr im Bus nach Aurich werde ich nachdenklich. Mein Blick schweift über die Weite der Landschaft. Wohin das Auge sieht, alles grün, saftige Wiesen. Die Weite der Marschen irritiert mich. Ich komme aus den Bergen. Bin gewöhnt an Harzduft, grüne Wälder und plätschernde Gebirgsbäche. Warum habe ich mich freiwillig gemeldet? – Ja, warum eigentlich? – Mit siebzehn Jahren freiwillig zur Marine. Na schön. Mutter und Vater hatten zugestimmt. Sie hatten nichts dagegen. Ich hätte sonst in die Hitlerjugend gemußt. Dagegen hatte mein Vater sehr viel. Schließlich gab mein Onkel Adolf den Ausschlag. »Junge, wenn du mal Soldat werden mußt, dann geh zur Marine.«

Er war früher bei der »Christlichen Seefahrt« und schwärmt noch heute davon. »Wenn du nicht zur Infanterie willst, dann mußt du dich freiwillig zur Marine melden, sonst landest du nachher doch da, wo die dich hinhaben wollen«, meinte Onkel Adolf.

Das leuchtete mir ein.

Nun sitze ich hier in diesem Bus und bin für die See tauglich gesprochen. In der vorigen Woche hatte der Zugführer gefragt: »Wer meldet sich freiwillig zur U-Boot-Waffe?«

Von bereits zwölfhundert angetretenen Marinefunkern

waren nach und nach 18 vorgetreten. Es fehlte der 19. Mann. Jetzt sollte in unserem Zug der 19. Mann gefunden werden. Warum man gerade 19 Leute suchte, weiß ich bis heute nicht.

»Der neunzehnte Mann fehlt noch. Na, wer meldet sich noch freiwillig?«

Ich kämpfte mit mir.

»Wo bleibt der neunzehnte Mann?!«

Schweigen ringsum. –

»Der neunzehnte Mann!«

»Hier, ich melde mich!« – Das war meine Stimme, jetzt war es geschehen. Ich war drei Schritte vorgetreten. Warum eigentlich? Ich hatte noch im Ohr: ›Bloß nich auf so 'ner Landfunkstelle rumgammeln.« Das war es, was ich nicht wollte. Ich wollte zur See. Wenn schon Marine, dann nicht nur die Uniform. Nein, es gehörte auch das Wasser dazu.

Und nun gehöre ich wirklich zu dem Haufen, der jetzt auf der Rückfahrt im Marinebus singt und grölt:

». . . denn wir fahren gegen Engeland!«

Dabei habe ich überhaupt nichts gegen die Engländer. Die sind mir im Grunde genommen so gleichgültig wie hier draußen die schwarz-weiß gefleckten Kühe, die ihr saftiges Gras kauen und nichts von Krieg oder Frieden verstehen.

Vielleicht bin ich sogar mit Engländern verwandt? Meine Mutter stammt aus dem Hannoverschen. Und meiner Mutter hatte ich versprochen, daß ich mich nicht zu den Unterseebooten melden würde. Marine? Ja. – Unterseeboote? Nein. – Nun – es war geschehen. Welcher Teufel hatte mich geritten? Mir brummt der Schädel, ». . . denn wir fahren gegen Engeland!«

Ich muß nachher gleich an sie schreiben. Einen langen Brief. Mutter wird sich Sorgen machen. Sie ist schwer herzkrank. Ich muß es ihr schonend beibringen.

Plötzlich bekomme ich einen Schlag ins Kreuz.

»Mensch, du träumst ja, was ist los? Dös nich so, wir singen jetzt.«

Karl Wenk hatte mir den Knuff verpaßt. Er ist in bester Stimmung, froh über seine U-Boot-Tauglichkeit. Ein feiner Kerl, dieser Wenk. Ich mag ihn gern. Er ist kameradschaftlich, stets hilfsbereit, nie aufdringlich, sondern immer bescheiden.

An Wenk habe ich später oft denken müssen. Er kehrte von seiner ersten Feindfahrt nicht zurück. Immer trifft es die Besten. Für eine Mutter ist jeder Sohn der Beste.

Tauchen will gelernt sein

»Reise, reise, aufstehn!
Erhebet eure müden Leiber,
die ganze Pier steht voller nackter Weiber!
Reise, reise, aufstehn!

Ich bin noch im Halbschlaf, und so bekomme ich nur Bruchteile dieses seltsamen Weckrufes mit. Wieso »überall zurrt Hängematten«? Wir schlafen hier gar nicht in Hängematten, sondern fein und vornehm. Wir liegen wie die Lords in unseren Kabinen auf dem herrlichen KdF-Schiff *Wilhelm Gustloff*. KdF, Kraft durch Freude, gibt es nun nicht mehr. Dieser Dampfer hat seine besten Jahre hinter sich gebracht. Er war der Freudenträger vieler Arbeiter gewesen, welche, mit Genehmigung der Partei, ihre Salonfahrten nach Madeira machten. Das war zu der Zeit, als der Schlager »Komm mit mir, mein Schatz, nach Madeira« noch in Mode war. Doch dieses und viele andere Lieder sind längst verklungen.

Nun liegt die *Wilhelm Gustloff* im Hafen von Gotenhafen. Oft ertönt die Marschmusik und der Wimpelschlager »Unser Fähnlein flattert im Winde«. Wir singen scherzhaft dazu: ». . . und die Mettwurst hängt im Spinde!«

Ich liege in meiner Koje. Schönes Gefühl, auch mal auf so einem Dampfer zu sein, der jetzt als Wohnschiff dient.

Die Nachrichtenschule Aurich ist vergessen. Jetzt bekommen wir hier den letzten Dreh. Im Hafenbecken betreiben wir die körperliche Ertüchtigung. Wir lernen das Pullen. Zu hochdeutsch: das Rudern! Wir lernen also, mit dem Riemen umzugehen. Oder auf hochdeutsch: mit dem Ruderblatt.

»Hol weg! – Hol weg!« Aber bis es soweit ist. –

Sonntag, der 1. Advent. Mit dem Zug fahre ich nach Danzig. Wir haben kaltes, klares Wetter.

Vom Danziger Bahnhof habe ich es nicht weit zum Stadtteil Ohra. Hier wohnt meine erste Seemannsbraut. Mit ihrer Hilfe lerne ich die Schönheiten dieser Stadt kennen.

Wir schlendern am Artushof vorbei und erinnern uns, daß hier mal die vornehme Bürgerschaft ihre Feste gab.

Das alles ist lange her. »Vorsicht!« mahnt meine kleine Freundin.

Beinahe wäre ich auf ein vorstehendes Treppengeländer gelaufen.

Mir tun schon die Füße weh vom vielen Herumlaufen. Doch das kleine Mädchen vom »vornehmen Stadtteil Ohra« will mir immer noch mehr zeigen.

Wir schlendern weiter. Laufen ist gesund und kostet mich kein Geld. Mein Marinesold ist noch nicht sehr hoch. Der klettert erst, wenn ich zum fahrenden Personal eines Unterseebootes gehöre.

Danzig ist schön.

Am Abend stehe ich mit meiner Süßen auf dem Bahnhof. Es heißt Abschied nehmen für heute. Der Zug soll mich nach Gotenhafen zurückbringen.

Es zieht mächtig.

Auf jedem Bahnhof zieht es mächtig.

»Komm, laß uns dort hinübergehen, in die windgeschützte Ecke.«

Solange der Zug Zoppot – Gotenhafen noch nicht eingelaufen ist, stehen in allen Ecken Lords mit Bräuten. Ansonsten ist der Bahnsteig nicht allzu voll. Es gibt wenig

Zivilreisende. Meist reisen Soldaten und allermeist auf dieser Strecke natürlich Mariner.

Marine ist Extrawurst. Wir sind keine Soldaten.

Darum gibt es ja auch meist Keile, wenn in einem Lokal mal Mariner und Landser zu eng nebeneinandersitzen. Das ist nur eine Frage der Zeit.

Weniger Zeit zum Überlegen brauchen wir, wenn einige »Lackaffen von der Fliegerei« auf der Bildfläche erscheinen. Das geht dann ganz schnell mit der Rauferei. Schon wegen der schicken Uniformen. Denen paßt unser Blau nicht, und wir können ihre gelben Spiegel nicht leiden.

Können wir ihre gelben Spiegel wirklich nicht leiden?

Die Marinekameraden wollen einen Vorwand haben, und alle schließen sich der vorgefertigten Meinung an. Tatsache ist, daß ich ein schönes, kräftiges Gelb allen anderen Farben vorziehe. Allerdings muß ich meinen Kameraden zuliebe das Gelb der Flieger nicht mögen. Mit der Quintessenz »Der Zweck heiligt die Mittel« bin darum auch ich gegen Gelb und verteidige das Marineblau. Das ist unser Selbsterhaltungsrecht.

»Du frierst ja, mein Kleines.«

»Ja, nimm mich in deine Arme«, haucht sie.

Ich tue es. Ich will sie wärmen.

Ich drücke sie – und ihre Küsse schmecken so heiß.

Nun frieren wir nicht mehr.

»Wirst du mich nie vergessen?«

»Nein«, sage ich. »Ich vergesse dich nie.«

»Klapp – klapp – klapp – klapp!«

Ein Marschtritt?

Nein! Mehrere Marschtritte.

»Können Sie nicht grüßen?!«

Wer brüllt da? Ich lasse die Hände von meinem frierenden Schätzchen gleiten und drehe mich schnell um. Mein Blick fällt auf eine breite Soldatenbrust. Auf dieser Brust klebt ein großes Blechschild.

Ha, schießt es mir durch den Sinn: Kettenhunde!

Ich denke: Nun ist es um dich geschehen.

Von der Brust dieses langen Mannes geht mein Blick nach oben. Ich muß an Schorschi von Aurich denken und daran, daß ich ihm mal einen Gefallen tat und für seine Schwester ein Autogramm von Harald Kreutzberg aus Seefeld besorgte.

Warum fällt mir das jetzt ein?

»Sie haben es nicht nötig zu grüßen?!«

Dabei grüße ich schon. Ich habe vor Schreck meine rechte Hand blitzschnell an meine blaue, mit Reifeneinlage bestückte Mütze gerissen.

»Ich habe Sie nicht gesehen, Herr Ober ...«

»Sie haben mich nicht gesehen?« fällt er mir ins Wort.

Der läßt mich nicht mal ausreden. Hoffentlich glaubt er nicht, daß ich ihn nur mit Kellner oder »Herr Ober« titulieren wollte«. –

Mein Mädchen zittert.

Mir ist heiß.

Die Kleine wird immer kleiner. Sie steht wie ein Häufchen Elend in der Ecke. Mehr hinter als neben mir. Ist das genant. So etwas im Beisein einer Dame. Der ist wohl verrückt geworden? Nachdem er nochmals brüllt: »Warum haben Sie nicht gegrüßt?« antworte ich: »Weil ich hinten keine Augen habe!«

»Was haben Sie hinten nicht?«

»Ich bitte um Entschuldigung«, stammele ich, »ich habe Sie nicht gesehen. Als ich mich von meinem Mädel verabschiedete, stand ich mit dem Rücken zum Bahnsteig.« Ob das hilft, daß ich jetzt das Wort »Mädel« gebraucht habe? Mädel ist doch schließlich der Sprachgebrauch im Sinne des Führers.

Hilft auch nichts. – Vielleicht weiß er das nicht.

Jetzt schlägt er einen ruhigen Ton an. »Geben Sie mir Ihr Soldbuch. – Ich muß Meldung machen.«

Während er in meinem Soldbuch blättert, mustert er meine Kleine und feixt: »Ich kann ja verstehen, daß man sich beim Abschiednehmen knutscht; aber man muß deshalb doch die Ehrenbezeigung erweisen.«

»Da wird Ihr Standortkommandant sich freuen. Ein paar Tage Bau wird er Ihnen verschaffen.«

So ein Quatsch. Nicht unser Standortkommandant wird mir den Bau verschaffen, sondern dieser alberne Kettenhund. Er braucht ja keine Meldung zu machen. Der Standortkommandant würde nur seine Pflicht tun und mich in den Bau schicken müssen. Schließlich kann er eine Meldung nicht untergehen lassen. Sobald sie auf seinem Schreibtisch landet, ist die Arreststrafe nicht mehr aufzuhalten.

Am nächsten Tag gehe ich leicht schlotternd zum Rapport. Bei der Schilderung meiner Lage zeigt man Verständnis für mich. Auf die Frage: »Konnte denn Ihre Begleiterin Sie nicht warnen?« rutscht mir die Bemerkung heraus: »Nein, sie hat auch nichts sehen können.«

»Warum hat sie nichts sehen können?«

»Weil auch sie beim Küssen die Augen zu hatte.«

Das Urteil wird gesprochen.

»Matrose vier Funk, Kaiser, ich habe zwar Verständnis für Ihren ehrlichen Humor; trotzdem muß ich Sie wegen Nichterweisens einer Ehrenbezeigung mit drei Tagen Arrest bestrafen.«

Bevor ich meine Strafe antreten muß, darf ich zunächst mit meinen Kameraden das Aussteigen unter Wasser üben. Hierfür gibt es in Oxhöft eine Taucherglocke. Sie dient dazu, den angehenden Seemann mit dem Wasser vertraut zu machen, ihm die Furcht zu nehmen. Vor diesen uns noch unbekannten Übungen haben wir alle mächtigen Bammel.

Am ersten Tag dürfen wir nur in einem 4 Meter tiefen Wasserbecken tauchen. Wir bekommen unser Atemgerät umgeschnallt. Dieses Gerät dient gleichzeitig den U-Boot-Fahrern als Rettungsring und Schwimmweste. Es besteht aus einem Sack, welcher um den Hals gelegt wird, daran schließt sich die Weste an, welche auf der Vorderseite eine Sauerstoffflasche besitzt. Die Weste wird mit ihren Riemen am Körper fest angelegt. Nun kann man sich damit unter Wasser bewegen. Schraubt man die kleine Sauerstoffflasche am Drehhahn etwas auf, strömt Luft in den Rettungssack. Man kann atmen durch einen in den Mund gesteckten Schnorchel; dieser holt sich beim Lufteinatmen den Sauerstoff aus dem Luftsack. Gleichzeitig erhält man durch den aufgeblasenen Sack Auftrieb und wird somit nach oben an die Wasseroberfläche getrieben. Steigt man hierbei zu schnell, was in keinem Fall passieren darf, muß durch den Mund eingeatmeter Sauerstoff seitlich vom Mundschnorchel ausgeblasen werden. Dadurch sinkt man wieder oder verlangsamt seinen Auftrieb.

Hier in dieser Tauchstation ist das Ganze noch harmlos. Geprobt wird aber für den Ernstfall. Man stelle sich den Atlantik vor. Der Gedanke daran erzeugt eine Gänsehaut. »Es muß auf alle Fälle darauf geachtet werden, daß man sich langsam zur Oberfläche bewegt, sonst platzen die Lungen.« Einfache Erklärung vom Ausbilder.

Jetzt platzt erst mal dem Leutnant zur See von Werder der Kragen.

»Mensch, Paulig, springen Sie jetzt, Sie Feigling? – Ich werfe Sie persönlich rein!«

Paulig springt nicht. Er zittert.

»Platsch!« – Der Leutnant hat ihn reingeschmissen.

Paulig hatte große Angst. Er ist 17 oder 18 Jahre alt.

Schnell taucht er wieder auf. Ist kreidebleich. Es muß ihm ziemlich auf den Magen geschlagen sein. Am nächsten Tag klagt er über Schmerzen, kommt ins Lazarett und muß sich den Blinddarm rausnehmen lassen.

Für ihn ist somit dieser Lehrgang in die Binsen gegangen. Ob er an einem zweiten teilnimmt? Ich schätze, daß man ihn für diese Lehrgänge nicht mehr benötigt.

Wir anderen dürfen an langer Leine in das leicht angewärmte Wasser steigen. Durch die Leine haben wir Verbindung nach oben zu dem Maat, der uns vom Beckenrand aus beobachtet. Bei einigen klappt der Niedergang in die Tiefe nicht so gut. Sie haben noch immer zuviel Auftrieb und wollen nicht absinken. Damit es abwärts geht, wird ein Bleiring um den Hals gelegt. Ich bin damit schneller unten, als ich will.

Hier unter Wasser sind wir zwar zusammen, aber doch irgendwie allein.

Man kann sich mit niemandem unterhalten. Die einzige Verbindung nach oben ist die Leine.

Einmal ziehen von oben heißt: Ist alles in Ordnung?

Einmal ziehen von unten als Antwort: Jawohl, alles klar!

Zweimal ziehen von oben: Legen Sie sich langsam auf den Grund.

Zweimal ziehen von unten: Befehl ausgeführt, liege auf dem Grund.

Und das ist so naß hier unten!

Dreimal ziehen heißt Gefahr. Dreimal ziehen kommt höchstens von unten und hat als Antwort von oben nur noch das Herausholen zur Folge. So langsam gewöhnen wir uns an den Aufenthalt unter Wasser. Mit der Zeit finden wir Gefallen daran und verlieren auch bald unsere Angst. Jedenfalls ist diese Übung besser als Exerzieren oder Pullen.

Die Krönung dieses Lehrganges ist das Aussteigen unter Wasser ohne Tauchgerät. Aus 8 Meter Tiefe. Wir steigen von unten in die Taucherglocke ein. Diese Glocke ist in ihrem unteren Teil ähnlich der Einrichtung einer U-Boot-Zentrale. Es sind wasserdichte Schotts vorhanden, und es gibt Flutventile, welche, nach Öffnen durch den leitenden Bootsmann, das Wasser langsam in den Raum fluten lassen. Genau wie auf einem Boot ist auch hier das Turmluk bis zur Brusthöhe heruntergelassen. Das Wasser steigt nun bis zur Kante des Turmluks, dem sogenannten Süll. Die im Raum befindliche Luft wird nach oben an die Decke gedrückt. Sie entweicht nicht, steht somit zum Atmen noch zur Verfügung. Wir stehen zwar bis zum Hals im Wasser, können uns aber noch angrienen und frei atmen. »Dies ist der Zustand, wie er auf jedem Boot eintreten kann.« Der Bootsmann erklärt weiter, als wäre es die natürlichste Sache von der Welt: »Wenn Ihr Boot aus irgendwelchen Gründen leck wird, so behalten Sie vollkommene Ruhe. Sie begeben sich zur Zentrale oder zum Torpedoluk, je nachdem wie angeordnet, und steigen dort einzeln nach oben aus.«

Dieses »nach oben aussteigen« sollen wir nun üben.

Über uns befindet sich das große Becken mit dem Wasser. Durch das Turmluk haben wir Verbindung nach oben in dieses Becken.

Nach Herstellung des künstlichen Wassereinbruchs wird die Wasserberuhigung abgewartet. Aussteigen mit einer nach oben schießenden Luftblase bedeutet im Ernstfall den sicheren Tod. Jetzt ist es ruhig geworden, es gibt kein Brodeln und kein Gurgeln mehr. Nur beim Kameraden neben mir gurgelt noch schnell vor Angst sein Halsknoten, dann hat ihn der Bootsmann auch schon untergetaucht, und er schießt nach oben.

Der nächste. Kopf unter Wasser. Hinein in den Turm.

Leicht abstemmen. Es geht aufwärts.

Beim fünften und sechsten Mann bekommen wir Mut und werden wieder frech. Wir halten den Abstemmer an den Beinen fest. Allerdings nur für einen kurzen Augenblick; denn schließlich ist die Sache doch zu ernst.

Alle kommen ohne Schwimmweste gut nach oben. Wir freuen uns, daß wir uns alle wieder begrüßen können und sind überzeugt, daß uns auf dem Unterseeboot kaum noch etwas Schlimmes passieren kann.

In der kommenden Nacht träume ich vom Meer. Ich sehe vor mir das schäumende und wild hochgehende Wasser. Ich möchte hinüber und schaffe es nicht.

Am nächsten Morgen: »Raustreten zum Frühsport!«

Es ist ein saukalter Tag. Der Wind pfeift über die Mole und durch die Blusen unserer Trainingsanzüge. Wir hampeln rum und schlagen unsere Arme um den Körper, damit uns warm wird. Wir warten auf den Zugführer. Endlich kommt er!

Kotzt uns gleich an: »Euch ist kalt? Ihr springt hier herum wie eine Lämmerherde. Ich werde euch Beine machen!«

Beine machen? Hatten wir denn noch keine? Überall wo man hinkommt ist einer da, der einem Beine machen will. Ich müßte ja nun bald ein Tausendfüßler sein.

»In die Kabinen zum Seesack packen! In fünf Minuten steht der Haufen wieder hier draußen mit gepacktem Seesack. Zum Seesack packen, weggetreten!«

Das ist grausam.

Lieber einen Tag lang nichts essen als Seesack packen. Das Packen ist nicht das Schlimmste; aber das Wiedereinpacken. Die sich daran anschließende Spindmusterung wird an diesem Vormittag dreimal wiederholt.

Solche Gemeinheiten vergißt man nicht.

Und war das keine Gemeinheit, als wir beim zweiten Mal Raustreten mit dem Seesack auch noch die Volksgasmaske vors Gesicht bammeln mußten?

»Laufschritt, marsch, marsch! – Hinlegen! Auf! Nieder! Auf! Nieder! Auf! Nieder! Auf! Nieder! Auf! Nieder!« Die Kommandos kamen so schnell, daß man der Bequemlichkeit halber nur die Hälfte auszuführen brauchte. Wenn der Zugführer »Nieder!« brüllte, blieb ich gleich in der Senkrechten. Nach seinem letzten »Nieder« hatte er sich plötzlich um 360 Grad gedreht und dabei alle »lahmarschigen Brüder« stehen sehen, die nun noch nacheinander und kleckerweise zu Boden gehen mußten; denn das »Auf!« war ja nicht mehr erfolgt.

Als wir dann unter der Gasmaske singen durften »Es ist

so schön, Soldat zu sein«, bekamen wir den Rest, zumal der Zugführer durch die Reihen lief und nachschaute, ob auch bei jedem einzelnen das Ausatmungsventil der Gasmaske schön wackelte. Würde es sich nicht ausreichend genug bewegen, hätten wir ja nach seiner Meinung überhaupt nicht gesungen. Und wir singen doch so gern: »Es ist so schön, Soldat zu sein, Ro-hose-marie!«

Bei ganz schlechtem Wetter wird auf dem Promenadendeck der *Wilhelm Gustloff* geübt: Spleißen und Knoten von Tauenden.

Als angehender Funker interessiert mich das nicht so sehr. Es ist aber lehrreich und gut zu wissen, daß es außer Kreuzottern auch Kreuzknoten geben kann, wenn man sie recht zu knoten versteht.

Auch dieser Lehrgang geht zu Ende. Außer der körperlichen Erfrischung hat auch unser Geist viel mitbekommen. In harter Schulung wurde das Wichtigste durchgenommen, was man über ein Unterseeboot wissen muß. Die miesen Stunden sind vergessen. Es hätte noch schlechter kommen können.

Die Danziger Bucht wird von der Halbinsel Hela zur offenen See hin abgeschirmt. Auf dieser Insel soll der Teufel los sein. Hier gibt es das berüchtigte Strafbataillon. Wer dort landet, »zählt nicht mehr«. Damit man seine Vorgesetzten nicht aus Wut erschießen kann, wird mit dem Holzgewehr exerziert.

Wie es wirklich ist und wie die armen Schweine dort schikaniert werden, weiß ich nicht. Ich kenne es, Gott sei Dank, nur vom Hörensagen. Auf alle Fälle soll es noch schlimmer sein, als man es schildern kann.

Ja, aber meine drei Tage Arrest, die muß ich ja nun noch absitzen. Ich habe »leichten Arrest« und eine so leichte Zelle, daß ich mit Leichtigkeit aus diesem miesen Bau von Oxhöft entkommen könnte. Doch, was soll's? Wo willst du hin? – Also bleib ich.

Ich genieße meine drei Tage im Einbettzimmer wie ein Erster-Klasse-Patient. Ich habe zu essen und zu trinken und das Reclam-Heftchen mit Goethes »Egmont«, das ich in diese Behausung geschmuggelt habe.

Nach den drei Tagen kann ich die Rolle des Egmont memorieren. Ich muß sagen, das macht direkt Spaß. Mir wird aber auch bewußt, daß dieser ehrenbeleidigte Kettenhund mich in diesen Bau und damit um eine schnelle Beförderung gebracht hat. Bis zum Gefreiten dauert es nun länger, und an die Maatenschule ist vorerst nicht zu denken. Anders gesehen, erscheint mir meine jetzige Lage gar nicht so ungünstig: Bei der Marine müssen die U-Boots-Maate auf ihrem Boot ganz schön herhalten. Als Matrose oder Gefreiter kann man das Glück haben, aussteigen zu müssen, um Lehrgänge oder die Maatenschule zu besuchen. Das bedeutet oft Wechsel des Bootes und damit Verlängerung seines Lebens.

Da mir mein eigenes Leben etwas bedeutet, bin ich also nicht mehr böse auf den langen Oberfeldwebel mit der Kette um den Hals.

Nein, ich bin nicht mehr böse, gehe abends mit meinem Goethe unter der Wolldecke schlafen und stehe morgens mit dem Egmont wieder auf.

Zwei Tage später werde ich zur 2. U-Flottille nach Lorient in Marsch gesetzt.

Die letzte Nacht mit der Kleinen von Ohra fällt mir ein. Ich hatte sie in der Nähe des Verladebahnhofs in einer alten Kaserne verbringen müssen. Hier hausten Landser, die abends das Licht nicht löschten.

»Warum schlaft ihr denn im Hellen?« hatte ich gefragt.

»Das wirste schon merken.«

»Was werde ich merken?«

»Na, was glaubst du wohl, warum wir bis Mitternacht Karten gespielt haben?«

»Na warum wohl, weil es euch Spaß macht!«

»Weil es uns Spaß macht. – Bist du naiv.«

»Ihr habt Karten gespielt, um mich zu ärgern. Damit das Licht schön lange brennt und ich nicht einschlafen kann.«

»Ja ja, in einem haste recht, du Mariner, damit das Licht schön lange brennt. Solange wir das Licht brennen lassen, haben wir Ruhe.«

»Ruhe?«

»Ja, Ruhe! – Guck mal da runter.«

Dabei zeigte er mit seinem Arm aus der dreistöckigen Feldbettliege nach unten auf die Beine des Feldbettes.

»Was glaubst du, warum wir unsere Betten in die Dosen gestellt haben?«

Tatsächlich. Die Betten standen mit ihren Füßen in ganz simplen Blechdosen. Mir war das erst gar nicht aufgefallen.

»Guck mal ganz genau hin. Siehste, daß da Wasser in den Dosen ist?

»Ja, das sehe ich.«

»Und wenn nun die kleinen Wanzelein kommen und wollen auch ins Bett, dann lassen wir sie nicht rein. Sie plumpsen ins Wasser, und wir können morgen früh angeln gehn.«

Ich wurde kreidebleich.

»Ihr habt hier Wanzen?«

»Daran haben wir uns gewöhnt.«

»Wenn die doch aber ins Wasser fallen, dann könnt ihr doch das Licht ausmachen.«

»Nee, Mariner, eben nich! Du wirst auch bei Licht schlafen, wenn du müde bist. Solange das Licht brennt, kommen die Wanzen nicht, nur im Dustern, und – die fallen nicht alle auf unsere Wasserspiele rein. Guck mal da oben an die Decke. Bei genauem Hinsehen, na? – Jawohl! Ein leichter Straßenzug ist zu erkennen. Wenn das Licht nicht brennt, wandern die glatt an der Wand hoch, dann unter der Decke weiter, und genau über den Betten lassen die sich – plumps – runterfallen und leisten dir Gesellschaft.«

»Ach darum habt ihr mir das oberste Bett zum Schlafen gegeben! Nun wird mir ja vieles klar.«

»Jung'«, du merkst aber ooch alles«, blubberte einer hinten aus der Eckkiste.

Darum schliefen sie alle in den untersten oder den mittleren Betten. Für Gäste wie mich reservierte man das oberste Bett. Ein schöner Wanzenspaß.

»Uns kennen se ja schon, aber son neues Blut, da sin die ganz scharf drauf«, nickte mir freudestrahlend mein Aufklärer zu.

Nein, mit Wanzen wollte ich nicht nach Frankreich fahren, die haben vielleicht selber welche zum Abgeben.

Ich sprang aus dem Bett.

»Was is nun los?«

»Wer spielt mit mir Karten? Ihr glaubt doch nicht, daß ich hier schlafe?«

So verbrachte ich mit ein paar Landsern Karten spielend diese Nacht. Eine Nacht, welche ich lange nicht vergessen werde.

Inzwischen ist unser Zug in Berlin angekommen. Um den Fronturlauberzug nach dem Westen zu erreichen, steige ich um in die Stadtbahn und fahre nach Charlottenburg. Die S-Bahn ist sehr schnell und bequem. Weniger bequem allerdings für einen Seemann mit Seesack auf dem Buckel und einem Koffer voller Bücher an der Hand. Die Bücher kann ich im Seesack nicht verstauen. Für das zusätzliche Mitnehmen geistiger Ergüsse oder anderer privater Dinge ist so ein Seesack nicht geeignet. Hauptsache die gesamten Seemannsutensilien sind vorschriftsmäßig verstaut, dann kann man das Ding auch oben zuziehen. Ganz zuunterst hat die Schuhputzkiste ihren Platz. Beim Umsteigen auf den Bahnhöfen baumelt sie mir nun ständig gegen den Hintern.

Eine Knarre haben die mir als Reisebegleitung auch noch in die Hand gedrückt. – »Weil Sie durch besetztes Feindesland fahren.« – Ich muß durch Frankreich.

Noch sind wir auf deutschen Bahnhöfen und bekommen Kaffee oder Limonade gereicht. Die Schwestern vom Roten Kreuz oder von der Caritas und der Inneren Mission sind nett zu uns. Werden nach dem Grenzübergang die Schwestern der Äußeren Mission auch so nett zu uns sein? »Paris! Gare du Nord!«

Ich stehe auf dem Bahnhof von Paris. Auch hier auf der Gare du Nord reicht mir eine Schwester warmen Kaffee entgegen. Ich freue mich. Sie ist genauso nett wie die Schwestern von der Inneren Mission und – spricht deutsch. Ich denke: Ach, sind wir gut organisiert. –

Das ist also Paris. Ich habe ein paar Stunden Zeit.

Bummele über die Boulevards. Hier ist die Luft auch nicht anders als in Deutschland. Außerdem herrscht hier die gleiche Geschäftigkeit wie in Berlin, Hamburg, München oder einer anderen deutschen Großstadt. Die Menschen müssen überall arbeiten. Ich darf Soldat sein. Ich wollte es. Was habe ich nun davon? Sicher, ich werde von einigen Franzosen leicht verächtlich angesehen. Oder bilde ich mir das nur ein? – Es wird schon seine Richtigkeit haben. Schließlich sind wir ja in ihr Land gekommen und halten es nun besetzt.

Warum sollte mich also jemand anlächeln?

So wichtig bist du nicht, muß ich denken.

Und doch, ein kleines französisches Mädchen lacht mir zu. Ich lächle zurück und denke: Das fängt ja gut an mit den Mädchen aus France.

So etwas läßt hoffen. Doch die Kleine ist viel zu klein – oder besser gesagt – viel zu jung, um den Krieg in seiner Wirklichkeit zu begreifen.

Der kurze Aufenthalt in dieser herrlichen Stadt ist schnell verflogen, und ich klettere in den BdU-Zug, welcher mich von hier nach Lorient bringen soll. Ich nehme Abschied von Paris und habe das Gefühl, daß ich diese Stadt sicherlich noch wiedersehen darf. Vielleicht habe ich dann mehr Zeit.

Noch bevor die Dunkelheit hereinbricht, schleicht unser Zug eine leichte Anhöhe hinan. Im dämmerigen fahlen Abendlicht liegt in der Ferne das Schloß Versailles.

Es wirkt einsam, wie es so daliegt.

Ich bin müde und schlafe ein.

Der Zug rattert weiter durch die inzwischen hereingebrochene Nacht. Es geht immer weiter nach Westen, einem neuen Lebensabschnitt entgegen.

Beim BdU in Kernével

Ein alter Bahnhof, dieser Bahnhof von Lorient. Ich bin am Ziel meiner befohlenen Reise.

»Hallo, Funker, bist du zukommandiert zur zweiten U-Flottille?!« Ein Hauptgefreiter will es von mir wissen. Da er ebenfalls die blaue Uniform der Marine trägt, ist seine Frage wohl berechtigt.

Stimmt. Er ist der Fahrer des Lkw von der Saltzwedel-Kaserne. Mit seiner Hilfe werfe ich Seesack und Koffer auf den Wagen. Es gesellen sich noch einige Blaufräcke dazu, und ab geht die Post.

Wir fahren durch die alte Hafenstadt Lorient. Hier spürt man bereits die Seeluft des Atlantiks. Während der Fahrt fällt mir auf, daß wir fast immer schnurgerade Straßen befahren. Vom Wasser ist noch nichts zu sehen. Komisch, daß man immer gleich ans Wasser denkt.

Unsere Straße schiebt sich allmählich auf eine kleine Anhöhe. Plötzlich endet sie. Wir stoppen. Unser Fahrer macht eine Verständigungspause, und schon rollen wir an dem Wachtposten vorbei durch das große Tor der Saltzwedel-Kaserne. Über dem Torbogen weht die Reichskriegsflagge. Hier haben wir erkennungsmäßig Fuß gefaßt.

Auf der Innenseite des Torbogens steht noch die französische Bezeichnung: Arsenal de la Marine. Also schon immer Marinekaserne. Na schön. Das Kasernengelände liegt direkt am Hafen. Unsere Unterkünfte sind sauber und befinden sich in einem groß angelegten quadratischen Gebäudekomplex.

Nachdem ich mein Spind eingeräumt und die ersten U-Boot-Gammler kennengelernt habe, marschiere ich mit meinen Stubenkameraden zum Abendbrotessen in die Kantine. Hier herrscht ein gelockerter Ton. Ganz anders, als ich es von den Heimatkasernen her gewohnt bin. Ich werde mich bemühen, meine allzu militärische Haltung abzulegen. Der Funkgefreite Schott hatte auf dem Weg nach hier zu mir gesagt: »Hier brauchese Ubootsmänner un keine Soldate!«

Schott hat schon ein paar Feindfahrten hinter sich. Man erkennt es am »Klempnerladen« auf seiner Brust. Ich habe meinen Kolani an und komme mir eigentlich zu piekfein vor. Falle sofort als Neuerscheinung auf. Alle Seemänner erscheinen hier in ihren Päckchen. Das Päckchen ist für den Mariner die sogenannte Arbeitsgarnitur. Bei einigen sehe ich auch auf ihren Garnituren die Auszeichnungen leuchten. Warum soll die Montur nicht glänzen? –

Ein Stimmengewirr umgibt mich. Es wird gereest von Ober- und Unterwasserangriffen, Fliegerbomben und Wasserbomben. Das sind also Fahrensleute. Sie haben sicherlich schon viel erlebt. Das will ich erst noch. Zunächst staune ich weiter über den reichlich gedeckten Tisch. Von flinken Händen der französischen Bedienung wird der Tisch vollgezaubert. Worüber ich am meisten staune, ist, daß auf den Tischen mehrere Teller mit Butterkugeln stehen. Hier wird die Butter nicht zugeteilt. Ich sage laut: »Das gibt's doch nicht, son Haufen Butter?« – »Na, freilich. Warum nicht? Du kannst nich mehr als dich satt essen.«

Wie war das daheim? Dort gab es Rationen. Brot, Butter, Belag, alles wurde zugeteilt – und hier?

»Na, Junge, iß! Oder schmeckt es dir bei uns nicht?«

»Dem schmeckt es vielleicht nur bei Thema eins!« ruft ein Lord über die Back.

»Na, der Neue kommt doch aus der Heimat von der Mutter Brust. Hier muß er erst mal den Busen von der Babette kennenlernen, dann schmeckt es ihm noch mal so gut.« – »So, findet Ihr?« wage ich zu fragen.

»Na klar! Komm mal heute abend mit. Ich hab' da unten im Hafenviertel ein paar schöne Sachen auf Lager.«

Eine nähere Erläuterung ist überflüssig. Wie hatte der von Oxhöft gesagt? »Weihnachten kannste schon in französisch machen.« Thema eins schreckt vor nichts zurück. Auch nicht vor den Schönheiten, mit denen diese schlichte, aber saubere Kantine an den Wänden ausgeschmückt ist. Von Künstlerhand wurden hier Fresken und Gemälde hingezaubert. In der einen Ecke steht sogar etwas Wissenschaftliches über das U-Boot-Wesen. In strichelhaften skizzierten Aufzeichnungen liest man über den Werdegang der Unterseeboote. Über Herstellung und Bauzeiten der verschiedenen Typen.

Ich höre nur noch mit halbem Ohr auf das, was da von meinen Kameraden weiter gereest wird.

Während ich kaue und mir weiter den Mund vollstopfe, lese ich etwas von Fulton 1798 ... Wilhelm Bauer 1851 ... über den hatten wir ja in Gotenhafen genug zu hören bekommen. Das Geburtsdatum von Hitler haben sie uns ebenfalls beigebracht, das kann ich nie vergessen, der Mann von Braunau ist so alt wie mein Vater – gleicher Jahrgang –, da muß ich es mir ja ungewollt merken ... 1889 ... Also nicht mal beim Essen geben die Ruhe, und wenn es mit Lehrmaterial auf der bemalten Wand ist. Auch gut. Ich kann und werde es nicht ändern.

»Mademoiselle Madeleine, haben Sie noch Kaffee für mich?« – »Bitte, Monsieur Ans.« Lächelnd schenkt die kleine süße Serviererin bei Monsieur Hans Kaffee nach.

Hier klappt alles prima.

An diesem Abend ist mir noch nicht nach Ausgehen zumute. Ich möchte erst mal warm werden und so einigermaßen Fuß fassen. Ich bleibe auf meiner Bude und lese in einem Roman.

Ein Signalgast kommt aus der Kantine und hat eine Flasche Martell unter den Arm geklemmt.

»Komm, sauf einen mit. Wenn du deine erste Heuer gekriegt hast, kannst du dich ja revanchieren.«

Ich nehme das Angebot an und halte feste mit. Mit dem Lesen ist es nun vorbei.

Wir treiben französische Konversation, üben Vokabeln, und bald quatschen wir nur noch dämlich.

Als ich das erste Mal aufwache, stelle ich fest, daß ich noch angezogen auf der Bettkante liege. Ich friere. Die Heizung ist nicht mehr auf vollen Touren. Ich schaue auf die Uhr. Es ist Mitternacht. Schnell entkleide ich mich und schlafe danach wieder fest und gründlich ein. Sicher habe ich bombig geschnarcht. Ich schnarche immer am besten nach dem Genuß von Alkohol.

»Reise, reise aufstehn!
Ein jeder weckt den Nebenmann,
der letzte stößt sich selber an!
Reise, reise aufstehn!«

Wieder sind es nur Brocken, welche ich beim morgendlichen Wecken im Halbschlaf mitbekomme, dann bin ich hellwach und springe aus dem Bett. Der erste volle Tag in der Saltzwedel-Kaserne von Lorient beginnt für mich. Was wird er mir bringen?

Nach dem Frühstück gehe ich zur Kleiderkammer und bekomme nun auch ein U-Boots-Päckchen.

Auf der Waffenkammer muß ich meinen 08/15 Begleiter umtauschen gegen ein altes langstieliges französisches Gewehr. Zunächst erscheint mir diese Knarre vollkommen unförmig. Ich denke, ich bin unter die Musketiere geraten.
»Die Flinte gefällt dir wohl nicht?«

Aus dem Ausgabeluk des Waffenarsenals glotzt mich der Stabsgefreite an. Wischt sich mit seiner rechten Hand eine

Haartolle aus dem Gesicht und meint lächelnd: »Du bist ein sensibler Mensch und lehnst alles dir Unbekannte erst mal ab. Doch bald haste dich daran gewöhnt und gibst es am liebsten nich mehr her.« –

Er mustert mich mit seinen Augen eingehend.

»In Wirklichkeit liebst du doch das Neue und kannst dich dafür begeistern. Oder irre ich mich?«

Nein, er irrte sich nicht.

»Die langen Ballerbüchsen haben auch ihren Vorteil. Die kannst du mit aufgepflanztem Bajonett bei starkem Gewitter und Kommando »Gewehr über« glatt als Blitzableiter benutzen.«

»Ich dachte, ich brauchte hier kein Gewehr mehr.«

»Ich dachte, ich brauchte«, äfft er mich nach. »Du sollst ja nicht denken. Bei der Marine mußt du dir das Denken abgewöhnen. Nur nicht denken! – Höchstens, und das ist sehr wichtig, nachdenken. – Nicht denken. Nachdenken, verstehst du? Das ist nämlich ein Unterschied. Denken kann jeder.« –

Die letzten Worte sagt er ganz ruhig und macht dabei eine wegwerfende Handbewegung.

Ich wundere mich und frage ihn, warum er das alles so genau weiß mit dem Denken und Nachdenken und meiner Sensibilität.

»Ja, weißt du, ich beschäftige mich mit Psychologie. Das ist ein Steckenpferd von mir. Außerdem lese ich viel über Graphologie und die Sternkunde.«

»Also Astrologe bist du auch?«

»Na, so nich, aber« – er macht eine längere Pause und meint dann: »Du bist zum Beispiel ein Zwilling!«

»Donnerwetter! Mann, woher weißt du das? Das hast du in meinen Papieren gelesen.«

»Ich habe keine Papiere von dir. Ich habe hier nur meine Kladde, und in der habe ich jetzt die Ausgabe der Schrotflinte eingetragen.«

Nun schlägt er die Kladde zu und deklamiert:

»Jedes Gewehr hat eine Nummer;

trag sie ein, dann gibt's kein Kummer!«

Ich bin erstaunt, so ein Schlaumeier sitzt hier als kleiner Pedell auf der Waffenkammer zwischen alten und neuen Gewehren, stinkendem Öl und bunten Putzlappen. Sein Drang, sich mitzuteilen, läßt ihn weiterschnacken: »Siehste, ich habe dich gleich richtig eingeordnet. Man muß so etwas können. Unsere oberste Leitung müßte das beherrschen, denn wichtig ist doch, daß der rechte Mann an den rechten Platz gestellt wird.«

Warum sitzt der noch hier, denke ich. Der Mann ist nicht entdeckt. Er selbst hat aber wohl auch noch nicht bemerkt, daß er am falschen Platze sitzt. –

»Mensch, du könntest doch ganz was anderes machen.«

»Sag bloß, U-Boot fahren. Schönen Dank! Da bleib ich lieber hier in meiner Waffensammlung, und wenn keine dicke Luft ist, kann ich auf meiner Munitionskiste pennen.«

»Na, wenn sie dich dann erwischen, kannst du doch Ärger kriegen.«

»Ich ärgere mich nie. Ärger kann man sich abgewöhnen. Ich stelle dann Überlegungen an, warum ich mich ärgere, und schon kommt erst gar kein Ärger auf.«

»Ganz einfach?«

»Ganz einfach!«

Ihm erscheint alles ganz einfach. Er weiß viel. Es macht mir Spaß, mit ihm über das alles zu sprechen. Er bleibt auch keine Antwort schuldig. Auf alle Fragen weiß er den rechten Weg zu beschreiben.

Auf meinem Rückweg in die Unterkunft fällt mir ein, daß ich ihn nicht einmal gefragt habe, welchen Zivilberuf er ausübt. Vielleicht hat er doch in meine Akte gesehen – wie soll er wissen, daß ich ein Zwilling bin. Das ist doch Quatsch. Ich weiß doch auch nicht, wann Dönitz geboren wurde. Nur den Geburtstag des »Führers«, den kannten wir alle. Auf den Tag freuten wir uns – denn dann gab es immer schulfrei.

Am Abend schließe ich mich dem Kumpel an, welcher mit den Erfahrungen aus dem Hafengebiet geprotzt hatte. Mal sehen, ob da wirklich was los ist und man ein Faß aufmachen kann.

Gleich hinter dem Pont tournant, der kleinen Hafendrehbrücke, befindet sich auf der rechten Seite das Café du Pont tournant, und im Halbdunkel lese ich an den Wänden die großen Buchstaben BYRRH. Diese Lettern stehen waagerecht und senkrecht an der alten Hausfassade. Die Straßen sind um diese Zeit bereits menschenleer. Die Franzosen trauen sich abends nicht mehr auf die Straße. Es sei denn, es handelt sich in dieser Hafengegend um das leichte Gewerbe.

Das Café ist brechend voll. Schon beim Öffnen der Tür schlägt uns Tabaksqualm entgegen, dazu mischt sich der Geruch von Alkohol und Parfüm. Ich habe den Eindruck, als würden alle durcheinanderreden.

Mit meinem Kumpel schiebe ich mich an die Theke, und er bestellt zwei Aperitifs. Das Zeug schmeckt mir. Das gab's nicht in der Heimat.

Als sich nach einer Weile die Tür wieder öffnet, kommt mit der Kälte von draußen eine staksige Figur hereingeschneit. Sie schiebt sich zwischen meinen Kumpel und mich, gibt ihm gleich einen Kuß auf die Wange und zwitschert: »Bonjour, Monsieur Alfred.«

»Bonjour, Marie.«

»Du bist nicht allein?«

»Er ist neu im Lande. Frisch importiert. Beschäftige dich mal mit ihm, das könnte eine lohnende Aufgabe sein.«

So ein Kuppler, will mich gleich unter die Fittiche dieser aufgedonnerten Madam bringen.

»Na, Kleiner, wie eißt du denn?«

»Ich heiße Ernst.«

»Arnst?«

»Nein ... Ernst ... Eeernst!«

»Das laß man sein, Kumpel«, flüstert Alfred, »das haben schon andere versucht.«

»Monsieur Arnst«, (schon etwas besser, stelle ich fest), »ich eiße Marie.«

»Schön, Marie.«

»Bestellst du mir auch einen Aperitif?«

Bei dem Augenaufschlag bleibt mir nichts anderes übrig.

Ich bestelle.

Bevor sie das Glas anhebt, schiebt sie ihre um den Hals gehängte Pleureuse etwas nach hinten, damit bekommen ihre Brüste wieder Luft und freie Aussicht auf den Tresen. Mir wird ganz heiß.

Sie spürt es, rückt aber trotzdem oder gerade darum etwas näher.

Mein rechter Kolaniärmel hat schon Fusseln von ihrem komischen Umhang angenommen.

»He, Fusseltante, du läufst aus und färbst ab.«

»Was ist das, Fusseltante?«

»Das heißt, na ja, das hier«, stammele ich und zeige auf meinen vollgeplusterten Ärmel.

»O, grand Mahlheur!«

Ich puste und wische, sie hilft mit. Kumpel Alfred lacht.

»Mon Cheri, alb so schlimm, bekommen wir wieder weg.«

Nach dem vierten Aperitif kommen wir uns noch näher.

Auf die Fusseln achte ich nicht mehr.

Ich stehe plötzlich mit ihr draußen. Sehe nur noch die weißgetünchte Wand eines Hafenschuppens.

Der Alkohol enthemmt.

Wir klettern eine Stiege hoch und stehen in ihrem Schlafzimmer.

»Marie?«

Ihr Alter ist schwer zu schätzen. Trotzdem, sie hat eine prima Figur.

Marie empfindet meine Angst. Sie weiß, daß ich so etwas zum ersten Male tue. Sie versteht mich. Einmal ist es immer das erste Mal.

Ich gehe beglückt in die Kaserne zurück. Es war für mich ein schöner Tag. An den nächsten Abenden treffen wir uns oft bei Denise. Die kleine schwarze Denise hat ein Café auf dieser Seite des Hafenviertels. In dieses Café dürfen wir deutschen Soldaten gehen.

Denise ist nett, aber nicht zugänglich in dem Sinne, wie es die Mariner wohl gern möchten. Ich glaube, sie ist in festen französischen Händen. Ihre Kneipe ist immer von Stammgästen besucht. Hier verkehren auch einige Franzosen, vorwiegend Hafenarbeiter. Sie sind freundlich zu uns und trinken in Ruhe ihren Aperitif oder Calvados.

Mein erstes Weihnachtsfest im Ausland verbringe ich in der Saltzwedel-Kaserne. Wir bekommen alle in der Kantine einen bunten Teller überreicht und außerdem ein Buch über Frankreich mit einer Widmung vom Flottillenchef, Korvettenkapitän Schütze, geschenkt. Nachdem die offiziellen Reden vorbei sind und auch das obligatorische Fahnehoch-Lied gesungen ist, betrinken wir uns mächtig.

Zwischen Weihnachten und Neujahr werde ich nach Kernével verlegt. Hier befindet sich die Funkleitstelle des BdU. Befehlshaber der Unterseeboote. Das Hauptquartier von Dönitz, unserem obersten Chef.

Kernével liegt den Hafeneinfahrten von Lorient gegenüber. Von hier aus hat man einen Blick über das schmutzige Hafenwasser nach Lorient hinein. Von der Stadt ist allerdings nicht viel zu sehen. Dafür türmen sich vor unseren Augen die U-Boot-Bunker, welche von der Organisation Todt gebaut worden sind. Genaueres kann man allerdings nicht erkennen, sie sind zu weit entfernt. Ich schätze, Luftlinie 2,5 Kilometer.

Um in die Stadt zu kommen, fahren wir nicht von hier über das Wasser, sondern mit einem Auto über die Landstraße in einem riesengroßen Bogen durch einige Dörfer nach Lorient.

Kernével ist ein ganz kleines Dorf. Es sind nicht alle Häuser bewohnt. Einige Franzosen sind mit ihren Familien hier geblieben. Wir verstehen uns mit ihnen sehr gut. Einige sind im Stützpunkt tätig.

In den Villen sind die Offiziere vom Stab Dönitz untergebracht. Wir wohnen in den schnell hingezimmerten Barakken. Wir, das sind die angehenden U-Boot-Funker.

Zur Zeit ist es hier noch still. Es gibt keinen Fliegeralarm und wenn schon, dann gilt er mehr denen da drüben in Lorient. Wer soll uns hier in Kernével finden? Auf Verdunkelung wird aber trotzdem Wert gelegt. Auch sind stabile Bunker für den Ernstfall vorhanden.

Zum Waschen oder Duschen gehen die Lords mit dem Handtuch über der Schulter und dem Seifennapf in der Hand über den Hof nach unten in die Kellerräume der Feldwebelvilla. Diese Villa, mit ihren spitzen Türmchen, ist eigentlich das schönste Haus auf dieser vorgelagerten Landzunge von Kernével. Hier wohnen unsere Funkmeister und, nicht zu vergessen, der Mann mit dem Deutschen Kreuz in Gold, der erfahrene und altgediente Unterseebootsmann Hauptgefreiter Günter Bolle. Zwölf Jahre Dienstzeit und zwölf Feindfahrten hat er hinter sich. Er ist zwar noch immer Hauptgefreiter, duzt sich aber mit fast allen Kommandanten der Flottille. Ein hochintelligenter Bursche, der Günter. Jeder U-Boot-Kommandant reißt sich um ihn und würde ihn gern mit auf Fahrt nehmen. Leider säuft er zuviel. Das ist auch der Grund dafür, daß er in seiner Laufbahn immer wieder von vorn anfangen muß. Nun ist er Hauptgefreiter und gedenkt es auch zu bleiben.

Günter Bolle hat eine Sondergenehmigung, in der Feldwebelvilla zu wohnen. Er ist ein guter Gesellschafter, spielt hervorragend Schifferklavier und kann stimmungsvoll vortragen. Besonders gut gelingt ihm »Die Krumme Lanke«.

Schließlich stammt er ja aus Berlin, wo sein Vater eine gutgehende Bäckerei hat. Die Eltern wollen aber nichts von ihm wissen, weil er sich hier mit einer Französin »verlobt« hat und seinen Urlaub immer gleich hier an Ort und Stelle verbringt. Sein ausgezeichnetes Französisch wird ihm helfen, in diesem Land zu bleiben, wenn mal alles schiefgehen sollte. Das sagte er heimlich zu mir. Wir verstehen uns gut. Wir wollen zusammen »Bunte Abende« veranstalten, und da ich ebenfalls der Sohn eines Bäckermeisters bin, gibt es zwischen uns von nun an keine Geheimnisse mehr.

Beim ersten Appell stelle ich fest, daß neben mir am rechten Flügel ein noch längerer Funker steht, als ich einer bin. Er will auch zur See fahren.

Ich bin also doch nicht der Längste. Später, auf unserer Stube, stelle ich fest, daß dieser Lange hier den Ton angibt. Er sagt jedem seine Meinung, und zwar so, wie er es wirklich meint, und scheut auch nicht davor zurück, wenn es darum geht, jemandem etwas Unpassendes zu sagen. Er spielt sehr gut Geige und liebt es darüber hinaus, sich Zeit für die kleinen Dinge des Daseins zu nehmen. Wir werden Freunde fürs Leben.

Mein neuer Freund heißt Willi. Vom ersten Tag an sind wir unzertrennlich.

Werden wir zusammenbleiben können?

Dies ist ja die letzte Ausbildungsstufe vor dem Einsteigen auf einem Boot. Auf jedem Unterseeboot unserer Flottille fahren immer vier Funker. Es wäre schön, wenn ich mit Willi zusammen auf einer »Seekuh« über die Wellen reiten könnte.

Zunächst schieben wir gemeinsam Funkwache. Diese Funkwachen werden in einem Dreiertörn gehalten. Die 1. Wache zieht morgens von 08.00 Uhr bis 13.00 Uhr auf und wieder am Abend von 18.00 Uhr bis nachts 01.00 Uhr.

Die 2. Wache geht von 13.00 Uhr bis 18.00 Uhr und nachts von 01.00 Uhr bis morgens 08.00 Uhr.

Die 3. Funkwache, welche morgens um 08.00 Uhr abgelöst wird, geht in die Freiwache, kann den ganzen Tag über gammeln, schlafen oder ausgehen, hat auch in der kommenden Nacht noch frei und fängt am darauffolgenden Tag morgens um 08.00 Uhr als 1. Wache wieder an.

Unsere Funkwache besteht darin, die Funkwellen zu besetzen. Die Leitstelle befindet sich in einem stabilen Bunker unter der Erde. Hier kommen von den Booten aus dem Atlantik alle Funksprüche an, und es gehen alle Befehle an die Boote wieder hinaus. Auf diesen Wellen sitzen Experten wie Arnold Wippke, ein Maat, der mit der linken Hand funken und gleichzeitig mit der rechten Hand schreiben kann. Da er auch die englische Sprache perfekt beherrscht, schafft er es oft, die feindliche Welle zu besetzen und mit den Tommies Kontakt aufzunehmen. Sobald wir von der Entschlüsselungstruppe einen entschlüsselten englischen Funkspruch bekommen haben und die Schlüsselzahl bekannt ist, kann Funkmaat Wippke mit den Engländern eine Zeitlang Katze und Maus spielen. Auf sein Konto gehen einige Entdeckungen von Geleitzügen. Es brauchen dann nur die Planquadrate erfaßt zu sein, und ein Rudel von U-Booten kann auf den betreffenden Geleitzug angesetzt werden.

Ein Rudel von Booten. Wie hatte unser Admiral Dönitz mal gesagt: »England ist ein Wolf. Wir werden den Bauch des Wolfes wie mit einem Messer aufschlitzen. Es kommt Blut. Wir schlitzen solange, bis der Wolf verblutet ist.«

An diese Aussage muß ich oft denken, wenn ich Dönitz mit seinem Dolch an der Seite sehe.

Dönitz, der »Vater der U-Boot-Fahrer« neuen Stils. Hier sehen wir ihn öfter. Es ist ja schließlich sein Befehlsstand. Oft sprechen wir mit ihm, auch am Strand und nicht nur dienstlich. Wir schauen zu ihm empor und halten ihn für einen großen Mann. Er ist hart, aber gerecht. Diese Härte und Gerechtigkeit übt er sogar beim Einlaufen des Bootes, auf welchem sich sein Sohn als Offizier befindet. Bei der Begrüßung im Hafen nennen alle Offiziere des eingelaufenen Bootes ihren Namen und werden dann mit Handschlag von Dönitz begrüßt. Sein eigener Sohn nennt Namen und Dienstgrad. Erst nach dem Kommando »Rührt euch«, geht der Vater Dönitz auf seinen Sohn zu und umarmt ihn. Das imponiert uns mächtig.

Auf alle Fragen, die wir an ihn stellen, gibt er uns eine Antwort. Er erklärt uns alles und läßt sich sehr viel Zeit dabei. So hören wir einmal während der Freiwache am Strand einen ausführlichen Privatvortrag von ihm über Ebbe und Flut.

Am Abend des 31. Dezember 1941 habe ich Freiwache. Alkohol ist nicht. Um 01.00 Uhr habe ich die Langwelle zu besetzen. Da muß man nüchtern sein.

Kurz vor Mitternacht stehe ich mit einigen Kameraden, welche mit mir gemeinsam auf Wache ziehen müssen, hinter unserer Baracke an der Kaimauer. Wir schauen hinüber nach Lorient. Drüben gehen hin und wieder ein paar Raketen in die Luft. »Hoffentlich kommen nicht noch die Tommies dazwischen!« ruft Ernst Werft mir zu. Dabei stellt er sein rechtes Bein auf den Steinrand und spuckt über die Mauer in den großen Bach. Einige Lords kommen bereits voll bis an den Stehkragen über den Platz geschwankt und wollen auf ihren Stuben weitersaufen, darauf deuten die Flaschen, welche bei einigen oben aus dem Kolani gucken. Günter hat seine Flasche bereits geöffnet und zum Trinken angesetzt, dabei marschiert er immer weiter und findet trotzdem den Weg zum Treppenaufgang seiner Villa.

»Mensch, sind die schon voll«, höre ich Willi sagen.

»Gleich geht der Budenzauber los, bei denen da drinnen«, hierbei macht unser Banjo-Spieler Bärenfänger eine Kopfbewegung zur Funkmeistervilla hin, »und bei denen da draußen.« Er nickt mit dem Kopf in Richtung Lorient und unterstreicht seine Bemerkung noch durch das Heben seiner rechten Hand.

Bärenfänger ist auch ein Musikus. Er spielt am liebsten Banjo, wenn er nicht gerade Geige spielt. Die meisten von uns sagen zu ihm »Banjofänger«.

»Du, Willi, wir müßten hier in unserem Verein doch eine ganz enorme Musik- und Künstlertruppe zusammenstellen können. Überleg mal, der Günter mit seinem Schifferklavier, du mit Geige, dann der Bärenfänger. Den Streit habe ich schon singen hören, ein prima Bariton. Da müßte doch was zu machen sein.«

Er gibt mir recht: »Wir haben sogar noch einen vorzüglichen Geigespieler, den Herbert. Man müßte das wirklich mal in Erwägung ziehen. Da findet sich sicherlich noch der eine oder andere.«

»Wir sollten es mal versuchen und uns in der Freizeit zusammentun, wir könnten dann mal auf die Pauke haun.«

»Da, jetzt hauen sie erst mal da drüben auf die Pauke!«

Ein Blick auf meinen neu erstandenen Chronometer zeigt mir an, daß es genau eine Minute vor zwölf ist.

»Die können es aber auch nicht erwarten!«

Mit dem Übertritt vom alten ins neue Jahr geht der Knallregen aber erst los. Es zischt und ballert zum Himmel. Lorient liegt im hellen Glanz von aufleuchtenden Raketen. Heute findet der Krieg ohne Verdunkelung statt. »Mensch, Herbert, wo haben die bloß das Zeug zum Ballern her?

»Überleg mal, wenn jetzt der Tommy käme, der hätte gleich ne prima Ortungsanzeige. Der brauchte nur noch auf den Knopf zu drücken und wieder zu verduften.«

Es bleibt aber ruhig. Die Engländer werden lieber Sylvester daheim feiern. Wir wünschen uns gegenseitig alles Gute und vor allem: »... daß du bald auf einen Kahn kommst!«

»Das wird euch noch leid tun«, höre ich plötzlich den

Günter sülzen. Eigentlich müßte er es wissen mit seinen zwölf Feindfahrten.

Allerdings war er schon in der Nordsee dabei. Da dauerte eine Fahrt nur zwei oder drei Wochen. Hier geht es meist für viele Wochen in den Nord- oder Mittelatlantik. Viele Fahrten gehen an die amerikanische Küste oder nach dem Süden, weit über den Äquator hinaus. Diese Fahrten dauern sogar monatelang.

Trotzdem, wir wollen dabeisein.

Als wir kurz vor 01.00 Uhr zur Wachablösung gehen, hören wir Günter noch auf seinem Zimmer. Er spielt Akkordeon und singt:

»Un denn saß ick mit der Emma uff der Banke –
und die Orjel hat so wundaschön jetönt,
un denn dachte ick so an die Krumme Lanke,
und die janzen ollen Weiber ham jeweent!«

Zwischendurch hört man das Kreischen der Funkmeister, die Freiwache und die »Hucke voll« haben.

Hinten in der Ecke, in einem besonderen Schapp, sind die Langwellen untergebracht.

Oberfunkmaat Geibel erlaubt mir heute, das Gerät zu besetzen.

»Heute mache ich mal den Kladdenführer«, sagt er lächelnd zu mir.

Welche Ehre.

Ein Oberfunkmaat als Kladdenführer. An der Taste der Matrose IV Funk.

Doch unser Geibel ist ein prima Kumpel. Er läßt einen den Vorgesetzten nicht merken.

Er hat immer nur die eine Muschel des Kopfhörers aufs Ohr geklemmt. Die andere sitzt vor dem Ohr. So kann er auch noch hören, was sich außerhalb unseres Funkkanals tut.

»Verständigung ist heute gut.«

Er hilft mir ein bißchen beim Einstellen der Empfangslücke. Ich lese seine Eintragung in der Funkkladde.

»Lautstärke 3-4.«

Da kann man schon zufrieden sein. An 5 ist ja kaum noch zu denken. Meist müssen wir uns mit Lautstärke 2 oder weniger, gar 1 bis 2, begnügen. Unsere Wellenlängen werden vom Gegner heftig gestört. Dafür haben wir natürlich auch unsere Störsender und zahlen mit gleicher Münze heim.

Es rauscht im Kopfhörer, und ein schwaches Piepsen, wie aus weiter Ferne, läßt mich eben noch ein da – di – da mitbekommen. Das k für kommen. Sicherlich hat das Boot irgendwo im Atlantik unsere Funkstelle angefunkt, und nur noch das k war mit Lautstärke 1–2 zu hören.

Ich trommele mit der Taste das bk als Unterbrechnung in den Äther. Die laufende Repetierung der älteren Funksprüche hört sofort auf. Dann rufe ich das unbekannte Boot zum Kommen.

Die Morsezeichen fliegen durch den Äther. Ich schreibe und denke nur noch: ein ganz schneller Hund. – Mindestens Tempo 120. –

Doch das ist natürlich zu schaffen, ich bekomme alles mit. Erst als der U-Boot-Funker sein di – di – di – da – di – da, sein sk setzt, beginnt ein Ausländer mit einer mahlenden Störmusik auf die Welle zu schießen. Doch zu spät für ihn. Wir haben den Funkspruch drin.

Unser Obermaat strahlt.

»Kaiser, gratuliere, hat prima geklappt.«

Er gibt den Funkspruch zum Entschlüsseln weiter.

Der Funkspruch enthält die Standortmeldung eines Bootes und seine Erfolgsmeldung.

Beim Wiederholen der vorhin unterbrochenen Funksprüche alter Art schiebt der Obermaat seinen Kopfhörer zur Seite, damit das eine Funkerohr wieder freiliegt.

Auf dieser Funkstelle bekommt man nun den rechten Kontakt mit den Booten die draußen sind. Wenn man später mit »vor dem Feind steht«, dann wird man sich erinnern, wie es hier in Kernével zugeht, und man hat sicherlich die rechte Einstellung zu den Dingen. Dieser Vorposten ist für den späteren Fahrensmann eine gute Schule. Besser jedenfalls als alle Theorie in der Heimatkaserne. Hier auf dieser Leitstelle sind ständig 4 Kurzwellen- und 2 Langwellenbereiche besetzt. Es darf kein Funkspruch von See verpaßt werden. Außerdem werden von hier aus in bestimmter Reihenfolge die Funksprüche wiederholt. Das geschieht nach der jeweiligen Dringlichkeitsstufe.

Die Boote auf See können im getauchten Zustand keine Funksprüche empfangen. Sie müssen also nach dem Auftauchen versuchen, die nicht empfangenen Funksprüche noch nachzubekommen.

Gegen 02.30 Uhr wird es ruhig auf unserer »Grashüpferwelle«. Der Obermaat holt seine Nagelfeile heraus und reinigt sich mit der Spitze seine Fingernägel. Als ich zu ihm hingucke, meint er: »Wenn du denkst, du bist allein, dann mach dir die Fingernägel rein.« –

Nach einer kurzen Pause meint er weiter: »Ich bin allein, und Sie – rechne ich nicht mit.«

Das ist auch ein Standpunkt.

Damit wir nicht ganz und gar müde werden, fragt ein Kollege von der BdU-Funkstelle Paris nach der Uhrzeit. Qtr, das hört sich so an: da – da – di – da – – da – – di – da – ditt. Es ist das Zeichen für die Uhrzeit. Mit diesen sogenannten Quatschgruppen kann man sich wechselweise unterhalten. Sie sind natürlich international bekannt. Dagegen werden in Kriegszeiten alle Funksprüche verschlüsselt.

»Wieso will der jetzt die Uhrzeit wissen? Die Uhr muß er doch erst um Mitternacht gestellt haben, oder hat der Heini den Beginn des neuen Jahres verpennt?«

»Ach, der will sich beschäftigen. Vielleicht ist bei ihm ein Funkmeister an die Taste getreten, und dann tut er so, als hätte er viel zu tun.«

Das kann sein, mein Obermaat muß es wissen, er ist ein alter Hase, und ich kann ihm nur dankbar sein für jeden Tip.

Bei uns schauen ja auch mal die Funkmeister hin und wieder um die Ecke oder auf unseren Tisch. Das erinnert immer so an die Schulzeit.

Beim Schreiben von Diktaten oder Aufsätzen ging der Pauker auch immer durch die Bankreihen und guckte uns auf die Finger. Dabei kann man doch nur nervös werden, und es wird das Gegenteil von dem erreicht, was eigentlich gewünscht wird.

Das Schönschreiben zum Beispiel habe ich nie gelernt, ich mußte als Kind oft Strafarbeiten machen, weil ich eine krakelige Schreibweise aufs Papier brachte und ich sogar Mühe hatte, mein Geschriebenes zu entziffern. Wie sollte also der Lehrer erst damit klarkommen?

Einmal mußte ich die gesamte Schöpfungsgeschichte aus dem 1. Mose abschreiben. Danach taten mir die Finger weh, und ich wußte ganz genau, wie die Welt entstanden ist, aber besser schreiben konnte ich immer noch nicht.

Nun sitze ich hier auf dieser wichtigen Funkstelle, und es kommt auf jeden Buchstaben an. Trotz der Schnelligkeit, mit welcher die Funksprüche durch den Äther gesandt werden, muß das Niedergeschriebene zu lesen sein.

Auf dem Empfangsbogen werden die ankommenden Morsezeichen immer in Gruppen zu vier Buchstaben erfaßt. So kann es eine ganze lange Latte runtergehen. Dabei immer deutlich schreiben. Die Funker haben ja ihre eigene Schreibweise. Zum besseren und allgemeinen Erkennen werden alle Buchstaben lateinisch gesetzt. Ausnahme: Die Buchstaben b, f, h und k werden in deutscher Schreibweise niedergeschrieben, damit sie nicht verwechselt werden. Man kann in der lateinischen Schrift leicht b und h verwechseln oder f mit t, und wie leicht ist es, ein k mit einem r zu vertauschen, oder auch das lateinische k mit dem lateinischen h. Zur Unterscheidung von m, n, u und v muß über einem u immer ein waagerechter Strich als U-Zeichen gelegt werden. Ebenso dürfen die »Tüttel-tüttelchen« über dem Ypsilon nicht fehlen.

Dies alles wäre ja nicht so wichtig, wenn es sich um normalen Funkverkehr in Friedenszeiten handeln würde; aber hier kommen die Funksprüche verschlüsselt an. Die aufgenommenen Morsezeichen sind also nicht dem Sinn nach zu lesen. Nach der Entschlüsselung würde es also wieder falsch sein, wenn bei der Aufnahme bereits die verschlüsselten Zeichen falsch niedergeschrieben wurden.

Zur Entschlüsselung der Funksprüche bedienen wir uns eines Maschinenkastens. Dem Aussehen nach einer Schreibmaschine ähnlich. Die Anordnung der Buchstaben ist fast gleich, nur die Zahlenreihe mit den Satzzeichen fehlt. Denn gefunkte Zahlenangaben laufen nicht als Ziffern, sondern in Textform. Lediglich unwichtige Nummern können als offene Zahlen Verwendung finden. Diese brauchen dann aber auch nicht entschlüsselt zu werden. Im oberen Teil des Schlüsselkastens befinden sich vier Walzen. Jede Walze enthält das vollkommene Abece. Durch Drehen der Walzen kann man nun nach einem vom Oberkommando der Marine herausgegebenen System die Kombinationsmöglichkeiten täglich verändern.

Heute heißt es zum Beispiel:

1. Walze U
2. Walze B
3. Walze Y
4. Walze R

Am nächsten Tag sieht es möglicherweise so aus:

1. Walze A
2. Walze O
3. Walze A
4. Walze F

Da das Alphabet aus 26 Buchstaben besteht, kann man erahnen, wie schwierig es für den Gegner ist, den jeweiligen Tagesschlüssel herauszuknobeln.

Um aber nun ganz sicher zu gehen, gibt es noch eine 5. Walze, die sogenannte Stechwalze. Sie leuchtet mit roten

Buchstaben auf und wird von Zeit zu Zeit gesondert verändert. Die Anweisung hierfür erfolgt durch eine zweite Befehlsstelle, damit die Spionage nach Möglichkeit ausgeschaltet bleibt.

Dieses System haben die Amerikaner und Engländer natürlich auch.

Trotzdem gelingt es hin und wieder auf beiden Seiten, Funksprüche des Gegners zu knacken. Sobald das bekannt ist, wird über Funk ein neues Zeichen für die Stechwalze bekanntgegeben, und mit der neuen Einstellung ändern sich alle Walzen automatisch. Mit Beginn des neuen Tages gibt es wieder eine neue Einstellung.

Um die Funksprüche der anderen Seite zu knacken, sollen täglich an die tausend Funker in Norddeich Radio und Wilhelmshaven beschäftigt sein. Hin und wieder gibt es auch hier mal einen Appell. Es muß ja etwas getan werden, damit die Lords nicht zu sehr vergammeln.

Heute ist Waffenreinigen dran. Solche schönen Stunden werden immer zwischen Morgen- und Abendwache gelegt.

Wir stehen in einer Reihe.

Willi muß als erster sein Gewehr in die Höhe halten.

Der Funkmeister guckt durch den Lauf.

»Vortreten!«

Er guckt bei mir durch den Lauf.

»Vortreten!«

So geht es noch bei drei weiteren Kumpels. Bei den übrigen erspart er sich die Mühe des Reinguckens.

»Auf die Stuben zum nochmaligen und anständigen Gewehrreinigen weggetreten!«

Es wird erneut geputzt, gewienert und durchgezogen. Die ganze Bude stinkt nach Gewehröl.

Plötzlich sagt Willi zu mir: »Machst du nichts?«

»Nein, meine Knarre ist sauber. Sollte sie ihm so nicht gefallen, dann putze ich später noch mal.«

»Komm mein Freund, sei kein Frosch. Putz doch deine

Flinte noch mal. Der hat da vielleicht noch einen Fussel gesehen im Lauf. Zieh doch noch mal durch.«

»Bist du besorgt, daß ich Strafdienst aufgebrummt kriege?«

»Na ja, du mußt es wissen.«

Der zweite Appell.

Willi ist dran. Der Funkmeister sagt nichts.

Kommt zur mir, kneift das eine Auge zu und schielt mit dem anderen durch den Lauf meiner Büchse.

»Vortreten!«

Ich stehe allein vor der Reihe. – Mir wird schon heiß. Jetzt habe ich vielleicht den Kameraden die Tour vermasselt.

Der kleine Ernst Werft muß auch noch vortreten. So bin ich wenigstens nicht allein. Mir fällt ein Stein vom Herzen.

Der Funkmeister ist durch, was kommt jetzt? –

»Nur zwei Mann haben ihr Gewehr in Ordnung, Kaiser und Werft! In zwanzig Minuten sehe ich mir die Gewehre nochmals an. Kaiser und Werft können auf der Stube bleiben. Zum Gewehrreinigen weggetreten!«

Auf der Stube sehen Ernst Werft und ich in verbissene Gesichter. Alles reinigt weiter, und wir beide können das Lachen nicht lassen.

Ich höre Willi: »Bin ich denn blöd? – Du hast nichts gemacht und wirst mit einem Lob bedacht! Ich muß doch wohl bekloppt sein, wenn ich jetzt noch gewaltig putzen würde. Ich denk ja nicht dran. Ich mach jetzt genauso nichts, soll der mich doch ...« Willi stellt ruckartig seine »Soldatenbraut« in die Ecke.

»Ha, ha, ha, du wirst lachen«, höre ich Ernst Werft, »ich habe nämlich vorhin beim zweiten Mal auch nichts mehr gemacht. Ja, da staunt ihr! Der Funkmeister hat meine dreckige Musspritze jetzt doch als tadellos sauber abgenommen!« Bei meinem Freund Willi sehe ich die Muskeln auf seinen Wangen spielen, sie zucken im Gleichschritt, wenn er aufgeregt ist, dann platzt er heraus: »So ein Wischiwaschi um dies alte Beutegewehr!«

Willi putzt nicht mehr.

Ob er jetzt auch Glück hat?

Beim dritten Mal Raustreten sind alle Gewehre sauber.

Na bitte!

Als sie wieder auf die Stube kommen, stürmt Willi auf den Spind zu, reißt den Eisenriegel hoch und meint: »So, jetzt brauch ich einen Cognac.« Willi hat aber nur noch ein kleines Schlückchen in seiner Flasche, die er hinter den langen Unterhosen aus seinem Spind hervorgekramt hat.

»Auch nischt mehr drin, verdammte Sauzucht!« Willi dreht sich um.

»Weißt du, was wir morgen machen?« wendet er sich leise zu mir, »wir schnappen uns son Kahn und rudern morgen abend rüber nach Port Louis, machste mit?«

Ich gucke ihn fragend an.

»Na, da ist doch nischt bei. Wir holen uns hier unten am Strand son kleinen Kahn, und die Ruder, die kriegen wir aus dem Bootsschuppen.«

»Was wollen wir in Port Louis?«

»Da gibt es günstig Cognac, Calvados und Zigaretten. – Aber ich lege Wert auf guten Cognac.«

»Wenn die uns erwischen!«

»Wer soll uns denn erwischen?«

»Ich weiß nicht – mir ist nicht ganz wohl dabei.«

»Ach, sei kein Frosch.«

»Morgen abend möchte ich aber nicht. Wir kommen um achtzehn Uhr von Wache und müssen um Mitternacht wieder aufziehen . . .«

»Da vermutet es keiner, daß wir da rüberpaddeln.«

»Schön und gut; doch laß mal was dazwischenkommen und wir sind Mitternacht nicht zurück? – Ich meine, wir sollten das übermorgen machen. Übermorgen haben wir den ganzen Tag Freiwache. – Hm, bis Mittag werden wir schlafen und können am Nachmittag noch eingehend wahrschauen, und sobald es dunkel ist, setzten wir über.«

Für die Verschiebung auf übermorgen ist auch Willi.

Einkaufsfahrt

Wir hatten den freien Tag wie geplant verbracht. Nun ist die Dunkelheit hereingebrochen, und wir wollen wirklich hinüber nach Port Louis.

Die Mauern von Port Louis sind – auf der gegenüberliegenden Hafeneinfahrt – im Dunkeln schon nicht mehr auszumachen. Über das Wasser hat sich eine dunstige Nebelschicht gelegt. Es ist unheimlich still. Nicht einen Wellenschlag hört man vom Ufer her. Wir tasten uns langsam auf den Kahn zu.

»Er liegt doch wie geschaffen für uns da. Du brauchst doch nur noch einzusteigen, und ab geht das Unternehmen Cognac-Schmuggel«, höre ich Willi flüstern.

Die Nebelfladen setzen sich nach unten. Sie geben uns zwar im Moment noch etwas Schutz, das wird aber nicht so bleiben; denn ein Blick nach oben gibt mir die Gewähr, daß wir einen klaren Sternenhimmel bekommen. Wir haben also mehr Dunst vom Wasser als eigentlichen Nebel. Schließlich hatte im Laufe des Tages die Märzsonne ganz schön angelegen.

»Scheiße!«

»Was ist, Willi?«

»Nischt ist, bloß der Kahn und sonst nischt. Keine Ruder! Wir können ja nicht mit der Hand da rüberschippern. Jetzt müssen wir doch versuchen, in das Bootshaus zu kommen. Wir brauchen ein paar Riemen.«

Im Dunkel der hereinbrechenden Nacht tasten wir uns auf das Bootshaus zu. Ich stolpere über ein Drahtseil und schlage der Länge nach in den weichen Küstensand.

»He, paß auf, das ist hier kein Badestrand.«

Die Tür zum Bootsschuppen ist abgeschlossen. Das hätten wir uns denken können. Nun tasten wir Stück für Stück die Bretterbude ab.

»Du, guck mal«, sagt Willi, »hier ist ein Brett nicht ganz fest. Komm, das ziehen wir aus den Angeln.«

Es hängt zwar nicht an Angeln; doch durch unser Ziehen geben die Nägel das Brett frei. Wir halten es in der Hand. Oben und unten am Brett sind die verrosteten Nägel hängengeblieben.

»Komm, das andere Brett auch noch. Wir kloppen die Bretter nachher mit den Nägeln wieder so rein.«

Als wir zwei Bretter beseitigt haben, ist der Einstieg ins Bootshaus und das Herausholen von zwei Ruderblättern nur noch eine Kleinigkeit.

»Los jetzt! Nischt wie ab. Wir stechen in See.«

Willi hat auf der Ruderbank Platz genommen, und während ich die Bootskette von der Dalbe löse und dem Boot den nötigen Abstoß verpasse, beginnt Willi sich bereits kräftig ins Geschirr zu legen.

Wir kommen gut voran.

Nachdem wir eine halbe Stunde gerudert haben, höre ich Willis Stimme:

»Ist denn noch nichts zu sehen von Port Louis?«

»Nein, aber wir müßten doch schon auf der Mitte sein. Die Richtung dürfte stimmen. Komm, ich löse dich mal ab.« Jetzt rudere ich, und Willi hält Ausschau.

»Hoffentlich geht das gut. Wir sind hier mitten in der Hafeneinfahrt von Lorient.«

Jetzt kommen ihm Bedenken?

»Das haben wir doch vorher gewußt, Willi.«

»Hei! Ich sehe ein Licht von der Portmauer.«

»Dufte!« entfährt es mir. Jetzt schlage ich noch mal so kräftig zu.

»Die Richtung stimmt?«

»Ja, ja.«

Plötzlich geht es ganz schnell, und wir befinden uns unterhalb der großen Kaimauer von Port Louis. Willi sorgt für das Festmachen des Bootes. Ich klettere mit den Riemen die Eisenleiter hoch, drei Stufen, werfe die Riemen an Land und klettere die restlichen fünf oder sechs Stufen hinterher.

»Wo willste denn mit den Riemen hin?«

»Die werde ich hier irgendwo verstecken. Wenn wir nachher wiederkommen, sind die vielleicht weg. Nee, nee, mit mir nich. Ich möchte ja wieder nach meinem geliebten Kernével.«

Als Willi auch oben ist, machen wir einen Wahrschaugang. Dabei entdecken wir im Dunkeln einen alten abgetakelten Schoner. Hier verstauen wir unsere Bootsriemen und können uns getrost auf die Suche machen. »Wo soll es denn hier was geben?«

»Ja, wenn ich das wüßte«, sagt nun mein Freund Willi, »ich weiß das ja auch nur vom Klages. Der ist schon mal hiergewesen. Der Beschreibung nach ist es ungefähr fünfzehnhundert Meter von hier runter. Ein Ecklokal soll das sein. Man geht ein paar Stufen hoch. Na, wir werden ja sehen.«

Wir gehen vorsichtig spähend durch die Nacht. Es ist niemand zu sehen. Port Louis liegt wie ausgestorben. Doch das täuscht. Hinter den alten Fassaden tut sich schon einiges.

»Dürfen wir hier überhaupt her?«

»Nein! Wo denkst du hin? Das ist Sperrbezirk.«

Nun reicht es mir aber.

»Hoffentlich kommt hier keine Streife.«

»Die trauen sich hier selbst nicht her. – Hier sind schon ganz andere Leute verlorengegangen.«

»Wirklich?«

»Na, wo denkst du hin? Da kannst du einen drauf lassen.«

»Hier sieht es aber auch aus wie in einem Piratennest.«

»Das war es früher auch. Ein idealer Schlupfwinkel für Seeräuber.«

Willi hält mich am Ärmel fest, flüstert: »Leise, bleib mal stehen.«

Um die Ecke kommt ein betrunkener Franzose gestiefelt. Wir können ihn in der Dunkelheit noch nicht genau ausmachen, hören aber seine Stimme.

»Wo ist er geblieben?« fragen wir uns.

Schließlich sehen wir ihn auf den Steinstufen eines Treppenaufgangs sitzen. Jetzt können wir sogar erkennen, daß er mit der rechten Hand dauernd seine Baskenmütze auf dem Kopf dreht. Er singt: »Il fait bon ici!« Und wieder nach einer Weile: »Il fait bon ici«

»Du, der will dort übernachten.«

»Das glaube ich auch«, meint Willi. »Wir gehen rüber auf die andere Seite und machen lieber einen Bogen um ihn. Der pöbelt uns sonst an, und wir kriegen Ärger.«

Nach kurzer Zeit kommen wir an die bewußte Eckkneipe.

»Hier müßte es sein.«

Wir klettern, uns nach allen Seiten umsehend, die Stufen empor und rauschen, unserem Glück vertrauend, in die überfüllte Kaschemme. Eine Luft zum Schneiden. Wir schieben uns nach hinten durch, und Willi versucht gleich Kontakt mit dem Ober aufzunehmen.

»Ich werde erst was bestellen für uns beide, und nachher versuche ich mein Glück.« Willi ist sich seiner Sache sicher.

Neben mir ißt ein Franzose etwas Pfannengebratenes: Fisch – vielleicht Krabben. Ich kann es nicht genau ausmachen. Écrevisses à la poêle (Krebse in der Pfanne) sind hier eine Delikatesse.

Wir trinken einen Calvados.

Wir trinken noch einen – und noch einen.

So langsam kommt Willi mit dem Garçon ins Gespräch. Ich halte mich bewußt zurück.

Aber aus dem Lamentieren und Hin- und Hergeschnacke merke ich schon, daß alles Käse ist.

Als der Garçon sich zum Bedienen der anderen Gäste für eine Weile absetzt, frage ich meinen Freund: »Was ist nun?«

»Er sagt, er hätte nichts, aber das glaube ich dem nicht.«

»Also doch Käse!«

»Ja, sieht so aus. Fromage de chèvre, Ziegenkäse. Da soll doch gleich der Teufel reinscheißen.«

»Komm, reg dich nicht auf, vielleicht hat der wirklich keine guten Sachen.«

»Das möchte ich mal wissen, wieviel Martell, Bisquit und Hennessy der noch im Keller liegen hat. Er behauptet, hier wär gestern ne Razzia gewesen, er müßte vorsichtig sein, und außerdem hätte er wirklich nischt.«

»Mag doch sein.«

»Wir werden noch ein paar trinken und uns dann wieder auf die Socken machen. Einen Vorteil hat es, wenn wirklich gestern Razzia war, dann kommen die heute nicht schon wieder. Wir können also ziemlich sicher sein heute abend. Übrigens meint das unser Oberkellner auch. Falls aber doch Streife kommen sollte, will er uns hinten durch einen Kellergang rauslassen.«

So trinken wir und hoffen, doch noch etwas zu bekommen. Allein, unser Ausflug ist umsonst.

Es geht auf Mitternacht zu, als wir leicht angesäuselt zum Boot zurückmarschieren.

»Was ist das?«

»Was soll da sein? – Mensch, wo ist unser Kahn?«

Ich stehe da mit den Ruderblättern und stiere auf das Wasser. Unser Kahn ist zu einem Unterseeboot geworden.

»Mensch, Willi, ich lach mich tot, hast du den Kahn da unten an der Steigleiter festgezurrt?«

»Ja, Junge! – Und keiner von uns beiden hat daran gedacht, daß das bei Ebbe war. Sind wir blöd! Und so was will zur See fahren.«

Inzwischen war die Flut gekommen und hatte unseren Kahn unter Wasser gedrückt.

»Hilft alles nischt, ich hab ihn zu kurz angebunden«, meint Willi, und ehe ich so recht zum Nachdenken komme, ist Willi schon getaucht.

Er kommt triefend wieder hoch. »Heiliger Strohsack, ist das Wasser kalt. Hilft aber alles nischt, ich muß noch mal runter. Es hat noch nicht geklappt.« Schwupps, weg ist er wieder.

Wenn das bloß gutgeht!

Er kommt hoch und zerrt tatsächlich den Kahn an die Oberfläche.

Spontan werfe ich die Ruderblätter zur Seite und greife tüchtig mit zu. Mit Mühe und Not können wir den Kahn an der Mauer hochziehen und das Wasser seitlich rauslaufen lassen. Endlich haben wir es geschafft.

Wir rudern, was wir können, Richtung Kernével.

Die Nacht ist ziemlich dunkel. Am Himmel ist nun doch kein heller Stern zu sehen. Dafür haben wir aber als kleine Orientierungshilfe die Hafenlichter von Lorient und die Begrenzungsposition von Kernével im Blick. Willi gibt Ruderkommando, ich ziehe durch.

»Das hat uns noch gefehlt!«

»Fliegeralarm!« bestätigt Willi.

Von Lorient her hören wir das Auf und Ab der Sirenentöne.

»Jetzt aber, du kriegst die Motten, nischt wie heim!«

Willi sitzt neben mir, und wir rudern nun gemeinsam.

»Hol weg!« Jeder mit einem Riemen.

Ab und zu drehen wir den Kopf, ob wir noch die Richtung halten.

Plötzlich brummt es über uns. Es wird taghell.

»Mann, hinlegen!«

Wir liegen beide im Boot lang und lassen uns treiben.

»Die können uns hier aber prima ausmachen.«

»Meinste die in der Luft – oder unsere von Land aus?«

»Beide«, sage ich, und mir ist gar nicht mehr wohl.

Die ersten Bomben fallen. Der Angriff gilt dem Hafengebiet.

»Wenn ich hier wieder heil rauskomme, melde ich mich freiwillig zum Klavierspielen.«

Willi muß trotz der ernsten Situation lachen.

Er weiß natürlich, was ich mit »Klavierspielen« gemeint habe. Wenn auf dem Kasernenhof gefragt wurde, »wer kann Klavierspielen«, und so ein naives Würstchen von Klavierspieler trat vor in der Hoffnung, auf einem Bunten Abend oder in der Offiziersmesse spielen zu dürfen, dann sah er sich mächtig getäuscht. Es hieß dann nämlich: »Klar Schiff mit Pütz und Feudel zum Klosettreinigen!«

»Phuiiii – tschbummm – pitsch!«

Wir fliegen mit dem Kopf unter die Ruderbank.

Die Bomben fallen nun in dichter Reihenfolge ins Wasser – und nicht wenige davon in unmittelbarer Nähe.

»Das kann ja heiter werden.«

Wir wahrschauen über den Bootsrand.

»Ernst, jetzt wird's ernst! Guck mal, wo wir sind!«

»Wir treiben ab!«

»Die Tide.«

»Na klar, Willi, wir haben unser Boot bei Hochwasser losgeeist, und nun läuft das Wasser zur Ebbe bereits wieder ab.«

»Na dann prost Mahlzeit.«

Die Christbäume stehen am Himmel. Es ist taghell. Wir beiden treiben wie die Schiffbrüchigen auf das offene Meer zu.

»Willi, und wenn die mir jetzt die Ohren abrasieren, ich rudere.«

»Na denkste ich nicht!«

Wir sitzen wieder auf der Ruderbank und kämpfen gegen das ablaufende Wasser an. Nebenbei machen die Tommies noch ein bißchen Budenzauher von oben.

»Thuiiii – – bummm – pitsch – pitsch – pitsch!!!«

Die Wasserfontänen spritzen hoch.

»Nicht hinsehen!«

Ich schaue nur heimlich auf meinen Chronometer. Wir rudern jetzt seit Port Louis über eine Stunde. Hinwärts hatten wir eine gute Dreiviertelstunde gebraucht.

Kernével liegt in weiter Ferne.

»Junge, ich kann nicht mehr.«

»Komm, komm, keine Müdigkeit vorschützen. Du willst doch auch wieder nach Kernével.«

Willi hat recht, jetzt nur nicht müde werden.

Wir pullen, was das Zeug hält.

»Du, ich glaube, wir kommen doch langsam wieder auf Kernével zu.«

»Klar, sieht so aus. – Und wenn mich nicht alles täuscht, dann scheinen sich die Tommies auch zu verziehen. Es ist wieder stiller geworden.«

»Und wenigstens wieder dunkel. Ich hoffe nur, daß die Hafenwache uns hier nicht ausgemacht hat. Die halten uns womöglich für abgesetzte Agenten und schießen uns auf den Grund.«

Man darf nicht darüber nachdenken.

Die Spitze von Kernével kommt tatsächlich immer näher. Nach einer weiteren Stunde, es ist längst Mitternacht vorbei, haben wir es geschafft.

Der Strand von Kernével hat uns wieder. Wir liegen lang und verschnaufen.

»Nur gut, daß uns niemand entdeckt hat.«

»Das hätte uns noch gefehlt«, antwortet Willi. »Komm, aufstehen. Die Erde ist zu kalt, und wir haben geschwitzt. – Die Riemen in die Bude, und dann nischt wie ab in die Falle!«

Ich liege noch eine Weile wach in meiner Koje und überlege mir: Was hat das nun eingebracht? – Antwort: Gar nichts, außer einigen Schwielen. Die weichen Funkerhände haben etwas gegen harte Arbeit.

Am meisten freue ich mich, daß man uns nicht bemerkt hat und wir beide, ohne Schaden genommen zu haben, in der Baracke von Kernével pennen können.

»Bum-bum-bum-bumm«, höre ich es noch aus dem Radio schallen. Habersmann stellt gleich leiser und hört dann wieder heimlich den Londoner Rundfunk ab.

Übermüdet schlafe ich ein.

Es ist soweit

»Matrose vier Funk, Kaiser, meldet sich vom BdU Kernével für dieses Boot zukommandiert!«

»Danke, rühren.«

Der Funkoffizier des Bootes mustert mich.

»Wieviel können Sie geben und hören?«

»Ich schaffe einwandfrei Tempo hundertdreißig im Geben und Hören, Herr Leutnant!«

Der Leutnant fährt als 2. Wachoffizier. Ihm untersteht als II WO die Funkerei.

»Na schön, wir werden sehn! Ich hoffe, es wird Ihnen bei uns gefallen.« Er gibt mir die Hand, und ich werde mit einem weiteren militärischen Gruß entlassen.

Das ist alles, denke ich. Ja, was sollte er auch weiter sagen? – Alles andere werde ich ja nun durch meine Mitfunker erfahren. Sie kommen in diesen Tagen aus dem Urlaub zurück.

Einsatzurlaub nennt man so etwas.

Ich sitze wieder in der Saltzwedel-Kaserne. Diesmal ist es ein anderes Zimmer. Zimmer Nr. 13. Ich bin aber nicht abergläubisch. Nur etwas verlassen komme ich mir vor. Es ist ein komisches Gefühl. Ich habe noch keinen Kontakt mit meinen neuen Kameraden. Es heißt, sie kommen »noch im Laufe des Tages oder morgen« aus dem Urlaub zurück.

Meinen Urlaub habe ich hinter mir. Ich war ein paar Wochen daheim gewesen. Durfte einige Tage länger bleiben, weil es mit meiner Mutter gesundheitlich sehr schlecht steht. Ich war dem Arzt dankbar, daß er bei meiner Dienststelle telegrafisch interveniert und mir dadurch zu ein paar Tagen mehr Urlaub verholfen hatte. Beim Abschied hatte er zu mir gesagt: »Sie sehen ja, wie es um Ihre Mutter steht. Sie bekommt täglich zwei Herzspritzen. – Mehr kann ich nicht tun. Ein Herzklappenfehler ist eine schlimme Sache. Jetzt müssen Sie mit dem Unterseeboot raus. – Ich weiß nicht, ob Sie nach Ihrer Rückkehr Ihre Mutter noch ...«

»Ich verstehe, danke, Doktor.«–

Das alles geht mir jetzt durch den Kopf. Wenn doch bald ein Urlauber auftauchen würde. Einer, der mich auf andere Gedanken bringt.

»Haucke, altes Haus, wie war's?!«

»Wie soll's gewesen sein? Besser als auf unserem Kakerlakendampfer!«

Ich höre Stimmen über den Flur schallen.

Plötzlich wird meine Stubentür aufgerissen. Herein stürmt ein kleiner untersetzter Mann. Ein leicht gestutzter Vollbart umrahmt sein Gesicht. Hellwache Augen starren mich an.

Während er seine Aktentasche auf den Tisch knallt und den Koffer niedersetzt, meint er fragend: »Nanu, ein Neuer?«

»Ja, ich bin zukommandiert von Kernével.«

»So, der neue Funker. – Ich heiße Haucke.« Er gibt mir die Hand.

»Kaiser.«

»Was, en Kaiser? Mit einem Kaiser zur See fahren ist ja mal was anderes. Wie heißt du denn mit Vornamen?«

»Ernst.«

»Nun wird's ernst, Ernst! Na, verstehste Spaß?«

»Natürlich! – Aber nur wenn du mir deinen Vornamen auch verrätst.«

»Werner sagen die Eltern seit meiner Geburt zu mir.«

»Wie war der Urlaub?«

»Jetzt fragst du auch noch. Erinnere mich nur nicht. Als meine Kleine beim Abschied Rotz und Wasser heulte, wäre ich am liebsten dageblieben.«

»Das verstehe ich.«

Jetzt bleibt es eine Weile ruhig zwischen uns.

Werner Haucke ist Funkgefreiter. Ich bin froh, daß er so aufgeschlossen ist. Wir werden uns an Bord sicher gut verstehen.

Er packt seine Sachen in den Spind.

»Eigentlich albern, daß ich das alles noch so fein einstapele, ich muß es ja doch bald wieder umräumen.«

»Nehmen wir unsere Sachen alle mit aufs Boot?«

Er schaut mich an, als hätte er mich noch nie gesehen. Öffnet leicht den Mund, sagt aber noch nichts. Dann, nach einer Weile: »Das kannste ja auch nicht wissen. Also: Aufs Boot kommt nur das Nötigste. Was wir nicht brauchen, kommt in den Seesack oder Koffer und bleibt im Arsenal.«

»Du wirst es vielleicht nicht glauben, Werner, als ich das erste Mal allein selbständigen Funkverkehr machen durfte, habe ich als ersten Funkspruch die Standortmeldung von euch aufgenommen.«

»Na, vielleicht war ich sogar an der Taste! – Aber das ist doch ein gutes Zeichen.«

»Ja, ich freue mich auch darüber.«

Wir schreiben den 28. April 1942.

Heute erlebe ich meine erste Tauchfahrt.

Mit Haucke bin ich zusammen ins Dock rausgefahren. Es ist schon ein komisches Gefühl, als ich zum ersten Mal dieses 81 Meter lange und nur 4 Meter breite Boot unter meinen Füßen spüre.

Das Boot ist jedenfalls stabil. Es fürchtet sich nicht vor Sturm und Seegang, warum sollte ich?

»Boote ab siebenhundertfünfzig Tonnen sind stabil!« hat man uns auf der Schule beigebracht. Wir glauben daran.

Von diesem Boot sieht man das meiste nicht. Der Tiefgang muß noch enorm sein.

Als ich mit Haucke durch das Turmluk ins Innere gestiegen bin, kommt mir alles gleich bekannt vor. Als würde ich hier schon immer zu Hause sein. Die gute Ausbildung in den bisherigen Lehrgängen macht sich jetzt bezahlt. Von der Zentrale aus erreiche ich hinter dem Kugelschott auf der Steuerbordseite das Funkschapp mit dem anschließenden Horchschapp. Die Funkräume liegen direkt gegenüber vom Kommandantenschapp des Bootes. Auf der Backbordseite ist die gemütliche Ecke des Alten installiert. Gemütlich darum, weil alle anderen Ecken eines Unterseebootes nicht mehr gemütlich sind. Doch unserem Alten, dem Korvettenkapitän, ist diese Gemütlichkeit zu gönnen. Alle hatten gemunkelt, es sei sicherlich seine letzte Fahrt: »Danach wird er wohl aussteigen, unser bewährter alter Fritz! Er ist Ritterkreuzträger!«

Den großen und sicheren U-Boot-Bunker haben wir verlassen. Wir fahren einige Meilen über das eigentliche Hafengebiet hinaus, und dann geht es unter Wasser.

Ich höre Kommandos, welche mir bisher unbekannt waren.

»Auf Tauchstation gehen!«

»Tauchstationen sind besetzt!«

»Boot klarmachen zum Tauchen!«

Die Befehle laufen vom Turm über die Zentrale an die einzelnen Stationen.

Wir Funker haben mit dem allem nichts zu tun. Wir haben unser Reich allein gepachtet.

Nach dem »Fluten!« höre ich das Wasser in die Tauchtanks stürzen. Das Boot wird vorlastig und beginnt sich unter die Wasseroberfläche zu schieben.

Ich höre das Aufspringen des Brückenpersonals auf die Flurplatten im Zentraleraum. Einer nach dem anderen läßt sich an der Steigleiter nach unten. Hierbei wird von

Anfang an auf Schnelligkeit Wert gelegt. Bei einem späteren Ernstfall ist jede Sekunde lebenswichtig. Ab dem Mittelraum des Turmes lassen sich die Seeleute an der zweiten Steigleiter zur Zentrale nur noch runterrutschen. Sie halten sich mit den Handschuhen an der Führungsschiene fest und stemmen ihre Füße ebenfalls dagegen. Nach dem Aufsetzen in der Zentrale macht jeder sofort einen Sprung zur Seite, damit der Nachfolgende ihm nicht auf den Kopf springt. Bis ich das so perfekt kann, werde ich noch etwas üben müssen.

Es wurde ermittelt, daß die schnellsten Leute auf dem Boot von Endraß fahren sollen. Sie schaffen den Tauchvorgang in 13 Sekunden. Es ist natürlich das Bestreben aller Besatzungen, diesen Rekord zu erreichen. Zu brechen ist er nicht. Denn schneller geht es wirklich nicht.

Heute allerdings, bei der Probefahrt, dauert das alles viel länger, mehr als 30 Sekunden. Erstens ist der Hafenkommandant mit an Bord und steht überall im Weg, und zweitens sind wir ja noch nicht kriegsmäßig beladen. Das Turmluk wird geschlossen.

»Auf 30 Meter gehen.«

Nach dem Auspendeln des Bootes sagt Haucke zu mir:

»So, jetzt biste getaucht.«

Bereits kurz nach den Klarmeldungen aus den einzelnen Räumen wird »Klar zum Auftauchen!« gegeben.

Bei dieser Tauchfahrt geht es in der Hauptsache darum, das Boot nach der Werftliegezeit auf seine erneute Tauchfähigkeit zu prüfen. Es wird aus jedem Raum die Dichtigkeit oder auch eine nicht erwünschte Undichtigkeit gemeldet. Darum ist auch der Hafenkommandant an Bord. Er zeichnet verantwortlich für die Sicherheit im Hafengebiet. Gleichzeitig dient dieses erste Tauchmanöver der Einschulung des neuen und der Wiedereinschulung des alten Personals. Auf diesem Boot fahren wir mit 52 Mann. Die Besatzung ist eingeteilt in eine »Steuerbordwache« und eine

»Backbordwache«. Eine Hälfte ist immer im Dienst, eine Hälfte hat frei.

Ich höre die Stimme des LI aus der Zentrale: »Es sind keine Beanstandungen, das ist ja prima. Da haben die Werftgrandis ja gut gearbeitet.«

Unser Leitender Ingenieur hat mit diesem Boot bereits zwei große Fahrten gemacht. Er kennt sein Boot und besonders seinen Befehlsstand, die Zentrale.

»Der ist gut«, sagt Haucke zu mir, »der versteht sein Handwerk.«

Es ist beruhigend, so etwas zu hören.

Zwei Tage verbringen wir damit, das Boot für die Feindfahrt auszurüsten. Es wird beladen und geladen.

Als ich den großen Lastwagen mit Anhänger vorfahren sehe, welcher Proviant bringt, bezweifle ich, daß das alles im Boot untergebracht werden kann. Und doch! Es wird alles verstaut. Jeder Platz wird ausgenutzt. 52 Mann wollen für die kommenden Wochen verpflegt sein.

Dosen über Dosen werden umgeladen. Der Smutje hat sein Tun. Er muß alle Vorgänge mit im Auge behalten. Wie soll er sonst später wissen, in welcher Ecke Milchdosen und wo die Rotkohldosen untergebracht sind? Wir haben sogar Brot und Kartoffeln in Dosen. Nur für die ersten Tage der Fahrt gibt es noch frisches Brot und vor allem viel frisches Obst und Gemüse.

Im Bugraum hängt eine Hängematte voller Brotlaiber. Auf den Bodenbrettern stehen kistenweise Zitronen und frische Eier. Zwischen den vorderen Torpedorohren hängen Würste und Schinken. Damit es bald wieder Luft gibt, werden die frischen Sachen zuerst verbraucht. Danach wird dann nur noch aus Dosen gelebt. Als der Laster wieder abfährt, ist auch nicht eine Kiste mehr auf seiner Ladefläche. Es ist alles in unserer Bootsröhre verschwunden.

Außer Proviant ist natürlich auch das untergebracht worden, womit wir unser Leben verteidigen und den Gegner vernichten sollen. Allein unter meinem Funkschapp liegen mehr als 100 Granaten in der 10/5-Last. Diese langen Zigarren sind für unsere 10,5 cm-Kanone gedacht, welche an Oberdeck vor dem Turm aufgebaut ist.

Auf dem Deck des Wintergartens steht außerdem eine 3,7 cm-Flugzeugabwehrkanone mit Vierlingsrohren. Für diese Schnellfeuerwaffe lagert die Munition in der sogenannten 3,7-Last. Mit Lasten bezeichnet man die Räume unter den Flurplatten, welche zum Verstauen aller möglichen Dinge geeignet sind. Nur nicht für unsere Torpedos. Es grenzt beinahe an Wunder, wenn man miterlebt, wie ein Torpedo nach dem anderen in einem so kleinen Boot untergebracht wird. Wir nehmen 21 Torpedos mit.

Jeder Torpedo hat eine Länge von 7 Metern. Wir verteilen sie auf die Torpedorohre vorn und achtern, legen sie unter und auf die Bodenplatten des Bug- und Heckraumes, den Rest in die Oberdecksbehälter.

Als ein weiteres Wunder ist die Unterbringung des Frischwassers anzusehen. 52 Mann wollen essen und trinken. Das Essen wird aber nur mit Frischwasser gekocht, wir können ja dazu kein salziges Meerwasser nehmen. Wasser gilt bei uns soviel wie Gold. Frisches Wasser natürlich; denn salziges Seewasser haben wir ja genügend.

1. Mai. Zur Stabilisierung des Bootes fahren wir Krängungsmanöver. Nachdem das Boot mit allem vollgepackt ist, sieht es nun bei einem Tauchversuch wieder ganz anders aus. Die Lastigkeit des Bootes muß ausgependelt werden. Dies geschieht über Trimm- und Regelzellen. Das getauchte Unterseeboot befindet sich ja in einem Schwebezustand. Nachdem es nun beladen ist, könnte es vorn oder achtern tiefer im Wasser liegen oder Schlagseite haben. Das wird nun bei dieser Krängungsfahrt normalisiert. Der LI hat alle Hände voll zu tun. Ein kluger Rechner muß er außerdem sein. Das ist sehr wichtig. Im Augenblick der höchsten Gefahr darf kein Versager auftreten.

Vor ihm liegt eine Liste mit den Zahlenangaben über die im Boot verstauten Gewichte. Es ist ihm sogar das Gewicht jedes Besatzungsmitgliedes bekannt.

Bei der Unterwasserfahrt kann nicht jeder im Boot herumlaufen wie er möchte.

Es ist über das Bordtelefon zur Zentrale hin die Meldung zu machen:

»Gefreiter Aust vom Bugraum zum Heckraum!«

»Verstanden! Achtung Null!«

Auf »Null« darf nun Gefreiter Aust den Bugraum verlassen und sich zum Heckraum begeben. Jetzt wird die entsprechende Menge Wasser als Gewichtsausgleich vom Heckraum zum Bugraum getrimmt. Nur so bleibt das fahrende Unterseeboot im Gleichgewicht.

Um dieses Gleichgewicht überhaupt erst einmal herzustellen, fahren wir heute das Krängungsmanöver.

Der LI scheucht uns ganz schön durch die Räume.

»Alle Mann voraus!«

Wir flitzen, was das Zeug hergibt.

»Alle Mann zurück!«

Das Boot pendelt.

»Stopp!«

Plötzlich: »Vier Mann voraus!«

So geht das eine Weile, bis wir das Boot da haben, wo es seine Null-Lage erreicht hat.

Für mich ist dieses Ausgleichsmanöver eine willkommene Ablenkung; denn kurz vor dem Auslaufen hatte mir der II WO ein Telegramm in die Hand gedrückt: »Mutter verstorben.«

So stürze ich mich jetzt in die Arbeit. Ich flitze, wenn es der LI will, und verhalte mich ruhig, wenn Ruhe gewünscht wird.

Im übrigen muß ich mich noch oft in den gesamten Schriftkram vertiefen, welchen wir Funker in den letzten Stunden an Bord gebracht haben. Die vielen roten Einbände

»Geheimsachen« sollen durchgearbeitet sein. Als Funker hatten wir ja einen zusätzlichen Eid auf Geheimhaltung schwören müssen. Klar, weil ein Funker mehr erfährt als jedermann an Bord. Vieles erfahren wir eher als der Alte. In den freien Minuten, die mir heute bleiben, schaue ich mir die Quatschgruppen für den Flugverkehr an. Es ist möglich, daß ein Flieger auf Hermann Görings Veranlassung doch mal in unsere Nähe kommt und Hilfe benötigt. Dann muß die Verständigung klappen.

An diesem Abend dürfen wir uns noch einmal betrinken. Morgen soll es hinausgehen.

Wir bleiben alle zusammen im U-Boot-Heim und führen uns auf, als hätten wir die Kantine allein gemietet.

Wir vier Funker vom Boot sitzen natürlich zusammen. Die Maate Schoner und Kallies, Gefreiter Haucke und ich. Es ist sogenannter »Bunter Abend«. Für mich ist es mehr ein »Trister Abend«.

Ich freue mich auf morgen, daß es rausgeht und ich auf andere Gedanken komme.

»Hat man Ihnen keinen Urlaub mehr bewilligt?«

»Nein, unabkömmlich hat es geheißen.«

Schoner versucht, mich zu trösten.

»Sie wären vielleicht zur Beerdigung Ihrer Mutter ohnehin zu spät gekommen. Unabkömmlich – ist allerdings verständlich. So kurz vor dem Auslaufen ist ein Funkgast nicht zu ersetzen.«

»Außerdem habe ich meinen Einsatzurlaub weg«, versuche ich mich zu rechtfertigen und mich selbst zu trösten.

»Haucke, Sie gehören zur Steuerbordwache?«

Haucke nickt.

»Dann sind Sie Backbordwache, Kaiser«, stellt Schoner fest.

So ist es abgesprochen.

»Jetzt wird es natürlich nicht mehr so gemütlich zugehen wie in Kernével. Wir haben den englischen Wachtörn. Das heißt, vier Stunden Dienst, vier Stunden frei, klarer Fall, ja?«

»Klarer Fall, Herr Obermaat.«

Die zugeteilte Pro-Kopf-Ration an Schnaps und Wein wird an diesem Abend so ziemlich geleert.

»Was nützt dem Seemann sein Geld, wenn er mit dem Arsch ins Wasser fällt!« höre ich den Dieselheizer Frensch rufen. Ich denke noch, das ist doch gar nicht sein Geld. Heute hat er doch Freisaufen.

2. Mai. Es ist soweit. Um 20.00 Uhr heißt es: »Leinen los!« Das Boot geht mit 52 Mann Besatzung auf Feindfahrt. Ziel noch unbekannt. Trotzdem glauben wir an eine südliche Richtung. Wir haben nämlich kein Lederzeug, sondern Tropenzeug verstauen müssen. Lederzeug nur für die Brükkenwache. Vom Ponton A 3 sind die Leinen los, das Boot setzt mit halber Kraft ab und bildet einen immer größer werdenden Abstand zwischen dem Ponton und sich. Zurück bleiben winkende Menschen. Wir winken zurück.

»Oberdeck klarmachen zum Tauchen!«

Die Leinen und Fender werden verstaut.

Als es heißt: »Oberdeck ist klar zum Tauchen!«, ist unser Boot in die offene See vorgestoßen. Die Nacht bricht herein. Für uns heißt es nun, das Innere des Bootes aufzusuchen. Nur die Brückenwache muß oben bleiben. Im Boot hören wir das Tuckern der Dieselmaschinen. Dieses Geräusch wird uns für längere Zeit begleiten. Nur bei Unterwasserfahrt wird auf die elektrische Antriebsmaschine umgeschaltet. Das Geräusch aus dem E-Maschinenraum ist ein Summton, auch diesen werden wir oft genug zu hören bekommen.

Wir tauchen und fahren die ersten Seemeilen in 40 Meter Tiefe. In den Ohren klingt noch der Abschiedsmarsch der Marinekapelle.

Die Biscaya ist sehr gefährlich. Wir müssen ständig mit Fliegeralarm rechnen. Die Engländer wissen, daß wir, aus den französischen Häfen kommend, immer die Biscaya durchfahren, um den Atlantik zu erreichen. Hier werden täglich Flugzeuge eingesetzt, die nur Jagd auf deutsche Unterseeboote machen.

Erst am späten Abend tauchen wir wieder auf und fahren nun die ganze Nacht über Wasser.

3. Mai. Um 00.00 Uhr gehe ich meine erste Funkwache. Ich löse Haucke ab. Meine Wache dauert bis 04.00 Uhr. Von 04.00 bis 8.00 Uhr frei, erneut Wache von 08.00 bis 12.00 Uhr. Frei bis 16.00 Uhr und wieder Dienst bis 20.00 Uhr und ab 20.00 bis 00.00 Uhr kann ich wieder schlafen. So wird das nun gehen. 4 Stunden Dienst, 4 Stunden frei. – 4 Stunden Dienst, 4 Stunden frei. Tag und Nacht. – Alltag und Sonntag. – Wochenlang, vielleicht monatelang. In die 4 Stunden Freizeit fällt allerdings noch das Essen, Waschen, Flicken und Schlafen.

Essen: muß sein.

Waschen: so wenig wie möglich.

Rasieren: muß nicht. Der Bart darf wachsen.

Flicken: hoffentlich wird nicht viel anfallen.

4. Mai, 04.15 Uhr. Ich bin gerade wieder in die Koje gekrochen. Die Koje ist noch warm von Haucke. Wir teilen uns die Kojen immer mit zwei Mann. Wenn die Steuerbordwache aufzieht, werden die Kojen für die Backbordwache wieder frei. Es wird jeder Raum ausgenutzt. Wir schlafen angezogen und dürfen auch die Schwimmwesten nicht ablegen. Die Biscaya ist nicht nur durch die Luftüberlegenheit der Tommies für uns gefährlich, sondern sie ist auch stark vermint.

»Alle Mann auf Tauchstation.«

Wieder raus aus der klitschnassen Koje. Meine Tauchstation ist in der Nähe des Funkschapps. Ich darf die Entlüftungsventile in der Offiziersmesse besetzen.

»Klar bei Entlüftungen!«

»Entlüftungen sind klar!«

»Boot ist klar zum Tauchen!«

»Fluten!«

Das Wasser knallt in die Tauchzellen.

»Vordere Ruder fünfzehn, hinten zehn!« Wir gehen in schräger Lage nach vorn ab und in eine ungewisse Tiefe.

Ich sehe das Handtuch vom Smutje aus der Kombüse frei in der Luft stehen. Komisch. Natürlich: Das Handtuch hängt noch gerade, nur das Boot hat sich nach vorn geneigt.

»Auf vierzig Meter gehen!«

Das Boot wird durchgependelt. Der LI läßt das Boot achterlastig werden, damit die restliche Luft aus den Tauchzellen entweicht. Dann haben wir die waagerechte Lage erreicht und fahren nun in 40 Meter Tiefe.

Das Summen der E-Maschinen hat die Diesel abgelöst. Wir verspüren keinen Seegang mehr. Es ist direkt ruhig hier unten im Keller.

Jetzt kann ich wieder in meine Koje klettern und noch eine Weile pennen.

Die Brückenwache pellt sich aus ihren Lederanzügen. Ihre Gesichter sind gerötet von der frischen Mailuft, die hier in dieser Gegend als ganz schöne Brise anliegt.

»Na, Torpedomixer, haste dich schon eingelebt?«

»Freilich, Stanke!«

Stanke, der Brückengast, grient. »Schmier mal deine Torpedos immer schön ein, damit die auch schön rausflutschen.«

»Bleiben wir jetzt unten?«

»Natürlich. – Draußen wird es hell. Meinste, wir wollen Besuch von der Lufthoheit der britischen Admiralität bekommen?«

Er hat recht. Lieber im Keller fahren.

Ich drehe mich auf die andere Seite, von einer Rohrleitung fällt mir ein Wassertropfen ins rechte Ohr.

»Ich bin nur froh, daß wir die Himmelsstürmer vom ersten Mai nicht an Bord haben. Die hätten mich ja verrückt gemacht.«

Mit Himmelsstürmer meint Euseebius die Flieger, welche die Ehre hatten, uns auf unserer Krängungsfahrt zu begleiten.

»Euseebius, du hättest die an Bord rumführen sollen und nicht der Fähnrich.«

»Wenn ich die rumgeführt hätte, dann – ach, lassen wir das!«

Euseebius klettert in seine Koje. Er ist müde. Warum soll er hier noch lange reesen.

Ich höre noch den Torpedomixer sagen: »Etwas muß der Fähnrich ja schließlich auch zu tun haben.«

Der Fähnrich hatte die 5 Flieger mitgeschleppt und vom Alten die Genehmigung bekommen, ihnen das Boot zu zeigen. Als erstes wollten sie gleich den Dieselraum sehen. Doch als sie in der Zentrale ankamen, hörte das Fragen nicht auf. Der Fähnrich hatte viele Auskünfte zu erteilen. Er erklärte ihnen die Ruderanlage und welche Aufgaben die beiden Rudergänger zu erfüllen haben. Sie ließen sich die Ventile erklären, die Manometer, vor allem das Tiefenmanometer. Daß das Schreibpult des Steuermanns gleichzeitig auch noch im unteren Teil als Kartoffelkiste benutzt wurde, fanden sie allerdings »komisch«.

Unsere beiden 12-Zylinder-Diesel im anschließenden Dieselraum haben sie mit Respekt in Augenschein genommen. Schade, daß Sie zu dem Zeitpunkt noch nicht liefen. Wenn beide Maschinen laufen und man sich im Mittelgang dazwischen aufhalten oder durchgehen soll, dann ist das schon eine aufregende Sache.

Sie stiefelten weiter unter Führung des Fähnrichs nach achtern. Der Fähnrich erklärte ihnen die Umschaltung von Diesel- auf E-Maschine und war dann mit ihnen in den Heckraum geklettert. Hier staunten sie über die Anbringung der Kojen für die Mannschaften und noch mehr darüber, daß man diese »hochschlagen« kann. »Was ist denn das?«, damit sollen sie auf die achteren Torpedorohre gezeigt haben. Als sie hörten, daß dies Torpedorohre seien, meinten sie: »Das ist ja'n Ding! Ihr könnt auch hintenraus schießen?«

»Und vorneraus auch«, soll der Fähnrich gesagt und sie aufgefordert haben, nun mal mit nach vorne zu kommen.

»Ja, aber erst möchte ich noch wissen, was hier hinter verborgen ist?«

»Ach da, hinter der Tür. Das ist ein WC. Wir haben noch eins im Bugraum und ein drittes oben auf Deck im Turmumbau, das ist aber nur vom Oberdeck aus zu erreichen und wird bei Feindfahrt aus Risikogründen kaum benutzt.«

Logisch. – Man stelle sich vor, wir müßten tauchen und da sitzt einer drauf, der die Hosen nicht so schnell hochkriegt, der würde aber eine einmalige Wasserspülung erleben. Das wäre dann aber auch sein allerletztes Erlebnis!

Dann sind alle wieder über die Zentrale nach vorne gekommen. Als ich die Meute kommen hörte, hatte ich das Funkschapp zugemacht. Trotzdem hatte der Fähnrich die Tür aufgezogen und gemeint: »Hier ist das Reich der Funker!« Unser Funkmaat Schoner hatte sich die Kopfhörer aufgestülpt und so getan, als käme ein wichtiger Funkspruch an.

Ich hatte schnell gesagt: »Bitte nicht stören, Sie sehen doch – wichtige Sache!« und die Tür ganz schnell wieder zugemacht.

»Die sind wir los«, hatte Schoner lachend gesagt.

Über die Offiziersmesse führte ihr Weg durch die kleine Kombüse, in welcher der Smutje vor seinen Schaukelkochtöpfen stand. »Ach, die Töpfe können sich bewegen?«

»Ja, wenn wir tauchen und das Boot sich schräg legt, dann muß der Topf doch gerade bleiben, sonst würde ja die Suppe überschwappen.« Das leuchtete ihnen ein.

»Und die Füße mit heißer Suppe waschen, das hab ich nicht so gern!« hatte der Smutje ihnen noch zugerufen.

»Ist ja alles toll eingerichtet.«

So toll finden wir das nun gar nicht. In den ersten Wochen ist es besonders eng. Das spürten auch unsere Fliegergäste, als sie auf ihrem Rundgang durch die Unteroffiziersmesse weiter in den Bugraum kamen. Teils kriechend, teils gehend erreichten sie die vorderen 4 Torpedorohre. Ihre Wißbegierde nahm kaum ein Ende. Na, alles hat man ihnen doch nicht gesagt.

Nachher bei der anschließenden Krängungsfahrt hatten sie sich in meiner Nähe aufgehalten, und zwar im Kapitänslogis. Jetzt hatte ich meine Funktür geöffnet und konnte hören, wie sie beim Tauchen »Ach« und »Weh« zeterten.

Als es hieß: »Alle Mann voraus« und wieder »Alle Mann zurück!«, wurde ihnen unheimlich zumute.

»Nee du, lieber in unserer Maschine sitzen! Da kann man doch wenigstens noch runterschielen und unten die Erde sehen. Da weiß ich doch, wo ich immer wieder ankommen werde. So oder so komme ich immer wieder runter.«

»Da haste recht. Das ist ja hier ein Himmelfahrtskommando!«

»Hier kriegen mich keine zehn Pferde wieder drauf!«

»Ich bin auch froh, wenn ich hier wieder runter bin!«

So ging das am laufenden Band. Die haben natürlich damals gedacht, dieses Hin und Her auf dem Boot ginge immer so nach jedem Tauchen. Ihre Meinung haben wir auch nicht korrigiert. Sollen sie doch denken, wir seien solche Bewegungshelden.

Nun liege ich in meiner Koje und überlege mir: Du möchtest ja auch nicht in die Luft gehen als Flieger. Also: jeder in seinem Metier. Beim Nachdenken fallen mir die Augen zu.

5. Mai. Jetzt fahren wir auch tagsüber aufgetaucht. Die Brückenwache muß natürlich schwer luchsen. Sie schauen ständig den Horizont ab. Auf jede Mastspitze muß geachtet werden. Bereits das Ausmachen einer Rauchfahne ist lebenswichtig für uns.

Auf Brückenwache gehen immer 4 Mann. Man müßte eigentlich sagen: Es stehen immer 4 Mann oben. Solange sie stehen! Es ist bei einem Boot im Atlantik mal passiert, daß ein – wahrscheinlich von achtern her auflaufender – großer Brecher die 4 Seeleute direkt über das Schanzkleid gehoben hat. Als bei der Ablösung die nächsten vier hochkamen, war die ganze Brücke frei, niemand war mehr zu sehen. Seitdem fährt der Ausguck bei Seegang immer angeschnallt. Jeder der 4 Brückenposten hat seinen Sektor von 90 Grad im Auge. Immer wieder wird das Glas an die Augen gehoben. Strich für Strich muß das Wasser abgesucht werden. Dazwischen der regelmäßige Blick nach oben. Ein Angriff aus der Luft ist eine unangenehme Sache. Die Sunderlands tauchen blitzschnell auf, und wehe, wir sind mit dem Hintern nicht schnell genug unter Wasser.

»Ein Mann auf Brücke?«

»Ja!« kommt es kurz und knapp von oben.

Ich klettere hoch. Heute ist der erste Tag, an welchem ich mal wieder frische Luft schöpfen möchte.

Der I WO nimmt sein Glas nicht von den Augen weg, als er mich fragt: »Kaiser, was wollen Sie denn hier oben?«

»Ich möchte mal wieder eine stoßen und frische Luft schnappen!«

»Na, was wollen Sie nun, eine stoßen – oder frische Luft schnappen?«

»Beides, Herr Oberleutnant!«

»So, beides! Ich würde aufs Rauchen ganz verzichten, holen Sie sich lieber frische Luft hier oben.«

Er hat in Wirklichkeit recht. Natürlich kann er das leicht sagen; denn er hat in seinem Leben nie geraucht.

Das Boot zieht langsam und gleichmäßig seine Bahn.

Hier oben ist es schöner als unten im vermieften Boot. Hier möchte ich stundenlang bleiben. Die frische Luft ist herrlich, und das himmelblaue Wasser zieht wirklich den Blick des Menschen an. Im Moment ist alles ruhig. Wir fahren dahin, als gäbe es keinen Krieg. Warum muß das Ganze überhaupt sein? – Weil es der Führer will? Weil wir alle es wollen? Wir sind Freiwillige!

Meine Knarre habe ich ja nun nicht mehr. Ich selbst muß wenigstens nicht auf jemanden schießen. Die Technik macht es. Irgendwer drückt auf den Knopf. Der Torpedomechaniker jagt seinen Torpedo hinaus. Er tut es auch nur auf Befehl. Wer befiehlt? Der Kommandant! Tut er nicht auch nur seine Pflicht? Der Befehlshaber der Unterseeboote will es so, weil es der Führer auch will. – »Führer befiehl! Wir folgen dir!« Das sind doch die Parolen, mit denen wir uns frohen Herzens freiwillig auf dieses Abenteuer eingelassen haben.

Abenteuer? – Quatsch! Krieg ist nicht Abenteuer. Ein elender, nicht zu rechtfertigender Wahnsinn ist das. Für wen und warum tun wir das?

Ich rauche eine zweite Zigarette, sie schmeckt genauso schlecht wie die erste. Sie schmecken nach Öl und leichtem Schimmel. Ich werde wohl ganz aufhören mit dem Rauchen. In den letzten Tagen mußte es ja auch ohne gehen. Ich knipse den Rest meiner Zigarette über den Brückenrand und melde mich wieder ab nach unten. –

Der Krieg geht weiter.

Am Abend heißt es: »Alarm!«

Die Alarmglocken schrillen laut durchs Boot. Alle flitzen auf Tauchstation.

Die Brückenwache springt nach unten, und beim Zudrehen des Außenluks höre ich schon das Kommando: »Fluten!«

Was mag los sein? Ich frage Frenzel, er kommt als erster von der Brücke.

»Was ist? Flugzeug in Sicht oder ein Dampfer?«

»Nichts von Bedeutung. – Probealarm.«

Auch bei Probealarm geht es wie im Ernstfall zu.

Das Horchgerät wird besetzt.

Es ist 19.30 Uhr. Ich habe noch eine halbe Stunde Dienst.

Am Horchgerät kurbele ich Grad für Grad die Scheibe ab. Der Alte fragt: »Ist Peilung?«

»Nein, keine Peilung. Außer entfernt fallenden Wasserbomben nichts zu hören.«

»Können Sie das Gebiet ausmachen?«

»Ich will es versuchen.«

Ich kurbele langsam weiter. Die Wasserbomben werden jetzt in dichter Reihenfolge geworfen; die Entfernung von hier ist sehr groß. Unter Wasser hört man sie aber auch noch mit dem Ohr ohne Horchgerät. Mir geht es jetzt darum, das Abwurfgebiet in etwa zu ermitteln.

»In hundertsechzig Grad Geräusche, könnte Abwurfgebiet sein.«

»Geben Sie mal her.«

Der Alte setzt seinen Fuß ins Horchschapp, stützt sich mit der rechten Hand auf den hinter mir stehenden Schrankkasten und lehnt mit dem Rücken in der Tür. Er nimmt den Kopfhörer von mir und hält die eine Muschel an sein linkes Ohr.

»Deuna, deuna, das sind Wasserbomben. Die armen Burschen, die da beharkt werden.«

Er gibt mir den Kopfhörer zurück. »Horchen Sie gut ab.«

»Jawoll, Herr Kaptän!«

Ich kurbele weiter. Doch außer den entfernt zu hörenden Wasserbomben ist nichts auszumachen.

Um 20.00 Uhr werde ich abgelöst. Während der Ablösung höre ich noch, wie der Alte zum Funkmaat Kallies sagt: »Wir tauchen jetzt auf, dann wollen wir eine Passiermeldung abgeben.«

Der Alte verschwindet in der Zentrale.

Nach kurzer Zeit höre ich die Stimme des LI: »Boot klar zum Auftauchen!«

Der Kapitän entert in den Turm.

»Boot auf Sehrohrtiefe!«

Nach einer Welle heißt es: »Auftauchen!«

»Anblasen!«

Die Kommandos und Geräusche aus der Zentrale dringen bis zu unserem Funkschapp vor.

»Turmluk ist frei!«

Ich verspüre einen schweren Druck auf den Trommelfellen. »Druckausgleich!« höre ich noch die Stimme des LI.

Das Boot bewegt sich nun nicht mehr so ruhig wie unter Wasser. Wir spüren den Seegang und hören das Dröhnen der Diesel. Sie schieben das Boot immer weiter nach Süden, durch Wellenberge, Gischt und Schaum, dem Feind entgegen. Funkmaat Kallies gibt unsere Passiermeldung ab. Die BdU-Stelle in Kernével hat den Funkspruch aufgenommen und meldet: »Verstanden.«

Als ich vorne in den Bugraum komme, höre ich das Gelächter der Torpedomixer und Seemänner.

»Das kann doch nicht wahr sein?!«

»Und doch ist es wahr, du hörst es doch!«

»Was hört ihr denn?« will ich wissen.

»Mensch, Funker, hörst du's auch?« Und damit zeigt der Brückengast Aust mit dem Daumen zum WC.

»Wer ist denn da drauf?«

»Der Fähnrich.«

»Der pumpt schon seit zehn Minuten.«

Tatsächlich hört man ihn pumpen, stöhnen und fluchen. Das WC vollmachen ist einfach. Den Dreck aber nach außenbords pumpen, das ist weit schwieriger. Hierzu muß man die Preßluftventile richtig bedienen und entsprechend mit dem Handschwengel pumpen. Macht man dies falsch, dann drückt das Wasser von außen den Dreck wieder rein, und man wird ihn nicht los.

»Seit zehn Minuten pumpt der?«

»Ja, er ist gleich nach dem Auftauchen hineinmarschiert. Er hat nicht daran gedacht, daß da schon einiges drin war.«

Die Leute im Bugraum wollen sich kugeln vor Lachen.

Unter Wasser kann das WC nicht geleert werden. Hat

nun jemand während der Unterwasserfahrt das WC benutzt, so bleibt das Zeug so lange im Becken stehen, bis wir über Wasser fahren.

Ich höre den Fähnrich stöhnen: »So ’ne Scheiße!« – Da hat er recht. Er pumpt den Schwengel auf und nieder. Und immer wieder auf und nieder. Golm, der Torpedomixer, wird schon poetisch: »Und der Fähnrich pumpt so sehr – er kriegt das WC niemals leer!«

Wir hören, wie der Fähnrich weiter pumpt und weiter stöhnt. Schließlich ein Fluchen: »Verdammte Scheiße! Jetzt reicht’s mir aber!«

Die Tür vom WC öffnet sich, und schweißtriefend erscheint der Fähnrich. Im Bugraum brüllendes Gelächter. Das Gesicht des Fähnrichs hat Sommersprossen bekommen.

»Mann, sieht der aus!« entfährt es Heddrich.

Torpedomaat Beißer steht mit einer Hand gestützt gegen die Torpedorohrklappe, die andere Hand hält er vor den Mund und knickert vor Lachen in sich hinein.

Einen Menschen mit solchen Sommersprossen habe ich auch noch nie gesehen.

»Herr Fähnrich, Sie haben das ganze Gesicht voller Kacke. Gehen Sie sich mal waschen, ich mache das für Sie weg.«

Aust hat sich bereit erklärt, dem armen Mann zu helfen.

»Ich schaffe das nicht!« höre ich den Fähnrich im Weggehen noch seufzen.

Am nächsten Morgen, dem 6. Mai, werde ich in die Offiziersmesse gerufen. Der Alte fragt mich: »Kaiser, was war denn gestern im Bugraum los?«

»Ich weiß nicht, was Sie meinen, Herr Kapitän!«

»Na komm schon, sag mal!« An seinem Grienen merke ich, daß er schon etwas weiß über das Mißgeschick des Fähnrichs.

»Ja, wenn Sie das Mißgeschick des Fähnrichs meinen ...«

»Natürlich, das Mißgeschick!« lacht der II WO dazwischen. Da der Fähnrich zur Zeit mit auf der Brücke ist, kann ich dem Kommandanten frei weg Bericht erstatten.

Als der Alte seine Tasse zur Kombüse streckt und ruft: »Schmutt, geben Sie mir bitte noch 'ne Tasse Kaffee!«, da erscheint der Smutje mit der Kaffeekanne und kann vor Lachen kaum den Kaffee in die Tasse des Alten balancieren. Er hatte natürlich in seiner Kombüse mitgehört.

»Hat denn dem Fähnrich das nie einer gezeigt?«

»Ich weiß es nicht, Herr Kaptän.« Mit dieser Antwort vom II WO gibt sich der Alte zunächst zufrieden.

Ich werde entlassen, höre aber noch vom Funkschapp aus, daß es beim morgendlichen Kaffeetrinken in der O-Messe lustig zugeht.

Auch tagsüber gibt es nun genügend Stoff zum Erzählen und zum Lachen.

Am Abend höre ich die Stimme des Alten: »Wir haben nun genügend Spaß gehabt. Ich bitte mir Respekt aus. Wir wollen die Sache mit dem Fähnrich vergessen. Damit wir auf andere Gedanken kommen, möchte ich jetzt ein Übungstieftauchen machen.«

»Boot klarmachen zum Tauchen!«

Die Brücke wird geräumt.

»Fluten!«

»Auf Tiefe gehen!«

Das Boot geht ziemlich steil nach unten. Ich kann in dieser Schräglage kaum noch von der Offiziersmesse zum Funkschapp kommen. Ich komme mir vor, als müßte ich die Schrunzer Mittagsspitze besteigen.

»Boot in vierzig Meter. – Fünfzig Meter.

Boot sinkt weiter. Achtzig Meter. – Hundert Meter sind erreicht.«

Immer tiefer geht es in die Kellerräume des Ozeans. Hier ist noch Platz zum Tauchen. Ich schätze 3000 Meter Wasser unter dem Kiel. »Boot sinkt normal. Hundertvierzig Meter jetzt. – Neuer Stand: hundertfünfzig Meter. – Boot in hundertsechzig Meter Tiefe!«

»Wassereinbruch!« Ich höre den Schrei vom Rudergänger aus der Zentrale und gleichzeitig das Rauschen von Wasser in den Zentraleraum.

»Das Tiefenmanometer!«

»Sofort auftauchen!«

Ein Strahl Wasser schießt mit gewaltigem Druck quer durch die Zentrale bis rüber zur Kartenkiste. Wir müssen hoch. Klappt das noch? Aus dieser Tiefe dürfen wir natürlich nicht zu schnell an die Oberfläche schießen. Mir kommt das alles wie eine Ewigkeit vor, weil man jetzt um sein Leben bangt.

Schaffen wir es noch? Wir können ja den Wassereinbruch nicht mit den Händen zuhalten.

»Boot auf fünfzig Meter!« – Mein Gott, warum denn erst auf 50 Meter? »Dreißig Meter!« – Noch 30 Meter!

»Boot steigt normal!«

»Boot zwanzig Meter. – Turmluk ist frei!«

Wenigstens sind wir wieder oben und können das geplatzte Tiefenmanometer auswechseln.

Ich höre, wie der LI zum Obersteuermann sagt: »Jetzt wissen wir wenigstens, wie tief wir gehen können.«

»Wir waren aber sehr schnell oben.«

Mir kam das wie eine Ewigkeit vor.

Als hätten wir zur rechten Zeit hochkommen sollen, sehe ich, wie unser Funkmaat Schoner noch am Empfänger dreht und mit der rechten Hand schon eifrig schreibt. Er nimmt einen neuen Funkspruch auf.

»Kaiser, Sie können gleich entschlüsseln.«

Der Funkspruch ist für uns.

»Die Antwort auf unsere Passiermeldung.«

»Für uns?«

»Ja. Mehr weiß ich auch nicht. Es ist ein Offiziersfunkspruch.«

Ich gebe den Funkspruch weiter an den II WO. Er wird den von mir entschlüsselten Funkspruch – noch immer Geheimtext – seinerseits mit der Offiziersschlüsseleinstellung entschlüsseln.

Der Klartext liegt nach kurzer Zeit vor.

»Sicherlich die Marschroute vom BdU«, sagt Schoner.

Wir sehen um die Ecke in die Zentrale und können ausmachen, wie der Alte und der Obersteuermann am Kartentisch hantieren.

Plötzlich ein Knacken. Die Bordsprechanlage wird eingeschaltet. Wir hören die Stimme des Kommandanten.

»Hier spricht der Kommandant. Ich habe der Besatzung mitzuteilen, daß wir uns direkt in unser Operationsgebiet begeben. Wir haben die Aufgabe, im Golf von Mexiko und der Karibischen See zu operieren. Ich schätze, daß wir das Gebiet in fünfzehn bis sechzehn Tagen erreichen werden.«

Das war also der Inhalt des geheimen Funkspruchs.

Der Alte ist prima. Er sagt uns wenigstens, wohin es geht. Es wäre ja auch sinnlos, das zu verheimlichen. Von uns kann jetzt sowieso keiner mehr aussteigen und Verrat betreiben. Jetzt sind wir alle aufeinander angewiesen. Es muß eine verschworene Mannschaft sein. Wir müssen zusammenhalten und gemeinsam das Kommende meistern wollen.

Darum herrscht hier auch der gute Ton. Der Ton des Kameraden unter Kameraden. Hier ist nichts mit Zusammenstauchen oder Anbrüllen. Wir sind alle aufeinander angewiesen. Sollte jemand durchdrehen und ein verkehrtes Ventil öffnen, sind wir alle dran.

»Also nach Westindien. In die warme Sonne. Hoffentlich können wir da unten schön baden? – Ich habe meine Badehose nicht mit.«

»Das hätten Sie doch ahnen müssen, als es hieß: Tropenzeug einpacken.«

7. Mai. Bevor ich Haucke ablöse, entere ich noch auf die Brücke. Ich lasse mir den Wind um die Nase wehen. Dieser Wind ist herrlich. Er strafft die Nerven, und ich habe das Gefühl, als würde mein Geist durchlüftet. Das Boot fährt ruhig auf fast spiegelglatter See. Der I WO »guckt wieder romantisch«. Er blinzelt mit den Augen. Die See spiegelt sich in einem Sonnenglast, und sein 90 Grad-Sektor ist gegen die Sonne gerichtet.

Der LI stemmt sich hoch, fragt gleich: »Liegt was an?«

»Keine See, keine Luft.« Die Stimme des I WO klingt fast müde. Er wird ja auch bald abgelöst. Es ist verdammt lange, hier oben 4 Stunden auszuhalten.

Ich melde mich »ab von Brücke« und suche den Funkraum auf. Haucke setzt sein Zeichen in die Funkkladde. Er schreibt immer die Buchstaben Hau. Ich zeichne mit Kai. Das sieht dann so aus: »Kai an 08.00 Uhr«. Nach vier Stunden erscheint dann: »Kai ab 12.00 Uhr«.

Haucke grient und sagt zu mir: »Sieh mal, was da steht«, dabei deutet er mit dem Zeigefinger in die Kladde.

»Nullvier Uhr Hau an. Und hier, Nullacht Uhr Hau ab!«

»Haste prima hingekriegt! Also – hau ab!« Damit stülpe ich mir die Kopfhörer über und beginne meine nächste Funkwache für 4 Stunden.

Zur gleichen Zeit löst Obermaat Schoner Funkmaat Kallies ab. Kallies hat im Horchschapp rumgekramt. Ich glaube, er sortiert immer noch seine Bücher ein. Hoffentlich findet er im rechten Augenblick die richtigen Schwarten. Schoner legt jetzt Schallplatten auf, er macht Frühkonzert. Ich klemme mir den einen Kopfhöhrer vors Ohr à la Oberfunkmaat Geibel aus Kernével, damit auch ich etwas von der Musik habe. Mit dem rechten Ohr höre ich nur ein Rauschen wie aus einer Meeresmuschel. Wir haben zur Zeit Funkstille. An mein linkes Ohr tönt die von Schoner aufgelegte Bordmusik von Schallplatten.

»Hörst du mein heimliches Rufen?
Öffne dein Herzkämmerlein.
Hast du heute nacht
Recht lieb an mich gedacht?
Schlafe, schlafe ein.«

Schlafe, schlafe ein, jawohl; aber nein, ich darf hier nicht einschlafen.

Nur nicht einschlafen! Das wäre verhängnisvoll.

Obermaat Ellwig kommt vorbei, bleibt stehen und lehnt sich an die Funkschapptür. Er macht große Augen. An seinem Mienenspiel erkennt man gleich, daß er etwas auf dem Herzen hat.

»Na, Ellwig?« kommt ihm Schoner fragend entgegen.

»Leg doch mal die Zirpengrille auf.

»Was für ne Zickengrille?«

»Die Zirpengrille, meine Lieblingssängerin, na du weißt schon ...«

»Ach, die Rosita Serrano.«

»Ja die.«

»Gut, dir zuliebe laß ich sie wiehern.«

»Die wiehert doch nicht!«

»Und wie die wiehert! Die jubelt doch so hoch, daß unsere Aale an Bord noch zu Zitterrochen werden.«

Unser Obermaat Schoner erfüllt den Musikwunsch des Obermaaten Ellwig.

Während der »Jubilatestar« über die Bordlautsprecher gejagt wird, nehme ich, nun mit beiden Hörern auf den Ohren, einen neuen Funkspruch auf.

Obwohl zum Aufnehmen eines schnell gefunkten FT volle Konzentration erforderlich ist, taucht im Unterbewußtsein bereits die leichte und kaum zu unterdrückende Frage auf: Was mag dieser Funkspruch für eine Meldung enthalten?

Sofort nach dem Eingang des Funkspruchs wird der Text entschlüsselt.

Nach dem Entschlüsseln stellen wir fest, daß der Funkspruch dieses Mal nicht für uns bestimmt ist. Er enthält eine Mitteilung für das Boot von Hardegen.

Wir müssen wieder lachen über die zu Heldenmut animierende Anrede durch den Befehlshaber der Unterseeboote. Es heißt mal wieder: »An Haudegen«, damit ist immer Kapitänleutnant Hardegen gemeint.

Hardegen soll aufschließen und Anschluß finden an eine Gruppe, welche auf einen nördlich fahrenden Geleitzug angesetzt werden soll.

Wir stehen zu weit ab und kommen für einen Einsatz auf diesen gesichteten Geleitzug nicht in Betracht.

Unsere Marschroute verläuft weiter in südliche Richtung.

Obwohl es tagsüber »keine See« und »keine Luft« geheißen hat, bekommen wir abends doch noch »dicke Luft«.

»Fliegeralarm!«

»Fluten!«

Wir müssen tauchen. Sicher ist sicher. »Vielleicht ist es ein Neutraler, doch das vorher und rechtzeitig auszumachen ist schwierig, ja unmöglich. Darum lieber rechtzeitig »im Keller« sein.

8. Mai.

Ich helfe in der Offiziersmesse als Backschafter aus. Der Kapitän begrüßt mich: »Machen Sie Backschafter?«

»Jawohl, Herr Kapitän!«

»Haben Sie den Torpedomann abgelöst?«

»Vorübergehend. Wir haben die Funksprüche alle drin, sind auf dem laufenden, und das noch Anfallende macht Obermaat Schoner allein. Torpedomaat Beißer hat den Gefreiten Heddrich im Bugraum benötigt.«

»Ja, ja, die Aale müssen glatt sein.«

»Ich glaube, Sie können heute die Schlingerleisten hochklappen, wir werden wohl mächtigen Stiem kriegen«, meint der II WO zu mir.

»Da wird ja der Dieselheizer wieder kotzen«, rutscht es mir ungewollt über die Lippen.

»Der Bert hat sich seine Wanne schon zurechtgestellt«, höre ich den LI sagen. »Als ich vorhin in den Dieselraum kam, wäre ich beinahe reingetreten.«

»Warum der nicht aussteigt?«

»Der will dabeisein. Hat doch bis jetzt auf allen Fahrten sein Herz ausgeschüttet. Wollte auch diese Fahrt wieder mitmachen.«

»Das finde ich eigentlich toll. – Man hat dem Bert gesagt, er könne aussteigen, weil er so leicht seekrank wird, und davon macht er keinen Gebrauch?«

»Nein, nichts zu machen.«

»Lieber kotzt er sich tot, als daß er im Hafen bleibt.«

»Kann man nichts machen. Des Menschen Wille ist sein Himmelreich.«

»Geben Sie mir bitte noch Kaffee.«

Ich schenke nach.

»Smutje«, ruft der Alte um die Ecke, »was gibt's denn heute zu Mittag?«

»Heute gibt's Kaßler mit Sauerkraut.«

»Och, keine Erbsen mit Speck?« höhnt der LI.

»Ist das Ihr Leibgericht, LI?«

»Nein, aber das erinnert immer so schön an die Zeit mit der Gulaschkanone.«

»Sie habens nötig! Mußten wohl als Pimpf immer abkochen?«

Die Offiziere haben ihren Spaß.

Der Smutje läßt sich aber doch noch vernehmen: »Ich kann ja für den LI eine Dose mit Erbsen und Speck warmmachen.«

»Hören Sie bloß auf, Sie Witzbold! Der LI macht so schon genug Blasmusik!«

»Was lachen Sie, Kaiser?«

»Ich lache wegen der Blasmusik.«

»Was gibt es da zu lachen?« will der LI wissen.

»Ich mußte an meinen Vater denken . . .«

»Ist der Musiker?« unterbricht mich der II WO.

»Nein, aber mein Vater hat oft einen Schwank aus seiner Jugend erzählt. Da war er mal als Kanonier mit einem Kameraden zusammen, der konnte auf Kommando Blasmusik machen.

»Wie denn das?«

»Der soll eine Leiter hochgeklettert sein und hat vorher angesagt, er könnte auf jeder Sprosse einen fahrenlassen.«

»Und?«

»Und das hat er auch gemacht. Die Leiter hatte zehn Sprossen. Auf jeder Sprosse hat er einen Ton abgegeben.«

»Prost Mahlzeit! Nach der zehnten Sprosse konnte der dann wegen Oberdruck frei im Raum schweben, was?«

»Kaiser, Sie bleiben jetzt öfter hier und machen Backschaft. Wenn wir schon keine Dampfer sehen, die wir jagen können, dann wollen wir wenigstens gut unterhalten sein.«

Ach, hätte ich doch nur nichts vom Stapel gelassen.

Der II WO schiebt seine leere Tasse zurück und meint:

»Na, jedenfalls war das bonforzionös!«

Das Boot beginnt immer mehr zu schlingern. Ist es vorbei mit der ruhigen See? Ich beschließe, nachher nach oben zu klettern. –

Falls sie mich noch lassen. So ein Seegang hat es in sich. Da wollen sie so ein Würstchen wie mich gar nicht auf der Brücke sehen.

Trotzdem, ich versuche es.

»Ein Mann auf Brücke?!«

»Ja, aber unter Vorbehalt!«

Beim Hochentern ruft mir der Zentralegast nach: »Du willst dich wohl taufen lassen?!«

Ich stemme mich hoch und stelle ein Bein auf den Rundgang vom Sehrohrschacht, das andere Bein auf den Tritt der

Turmwand. Meine beiden Hände halten sich an den Laufstangen fest. So trotze ich eine ganze Weile dem Sturm. Ich lasse mir im wahrsten Sinne des Wortes den Wind um die Nase wehen. Trotz der Warnung der Brückenwache: »Kaiser, ich würde hier verschwinden. Wir garantieren für nichts«, halte ich eisern durch.

Dieser Wellengang bewegt nicht nur das Boot, nein, er bewegt auch mich. Ich kann mich nicht satt sehen an dieser gewaltigen, aufgewühlten See. Das Boot wird hochgerissen durch die Stärke einer Woge und landet für kurze Zeit auf dem Wellenberg. Der Blick geht über das wogende Wasser, und ehe ich genug von diesem Anblick habe, stürzt das Boot in die Tiefe des Wellentales. Mein Blick sieht nach oben gegen einen seitlichen aufgetürmten Berg von Wassermengen.

Man glaubt, man wird vom Wasser erdrückt. Doch schon hat das Boot sich abgefangen; mit einem Wumms sich aufgestützt und schnellt, bereits von der nächsten Welle erfaßt, wieder aus der Tiefe nach oben.

Unsere Brückenmannschaft ist angeschnallt. Ich muß verrückt sein, hier so frei zu stehen.

»Kaiser, gehen Sie bloß wieder runter, das ist hier zu gefährlich für Sie!« Der WO brüllt es mir gegen den Sturm zu.

Das Boot stampft gegen den Berg der Seen und Brecher an. Es legt sich seitlich, es mahlt sich mit der Bugspitze in kreisender Bewegung wieder hoch, um gleich danach durch das Aufschlagen einer starken Welle unter Wasser gedrückt zu werden. Ich wäre gern noch hier oben geblieben; doch es ist wohl sicherer, nach unten zu gehen.

»Achtung Null!« höre ich noch, und dann geht es: »Wumm – klatsch!«

Ich schwimme!

Mit den Händen bin ich noch festgeklammert an der Brückenhalterung. Ich lasse die Griffe nicht los. Meine

Beine werden hochgerissen. Ich habe das Gefühl, auf der Welle zu schweben. Noch ehe ich weiterdenken kann, lande ich unsanft auf dem harten Gang zwischen Schanzkleid und Sehrohraufbau.

Die Brückenwache grölt vor Angst und Schadenfreude zugleich: »Jetzt sind Sie aber hoffentlich gleich verschwunden!«

Pudelnaß bis auf die Haut melde ich mich blitzschnell ab.

Ich hatte den Wellenbrecher direkt über den Kopf bekommen. Um ein Haar hätte ich diese Fahrt allein in eigener Regie weiterschwimmen können.

Unter Deck werde ich mit Vorwürfen, aber auch mit Sympathie empfangen.

»Der Funker hat sich naßgemacht!«

»Nun weißt du, wie Seewasser schmeckt!«

»Bißchen salzig, nicht wahr?«

»Laßt mich doch in Ruhe! Ich bin froh, wenn ich aus meinen nassen Klamotten komme.«

»Wird ja auch mal Zeit, daß du die Klamotten wechselst!«

»Hoffentlich haste noch ne Reservegarnitur mit, sonst mußte ja nackend di-da-di-ditt machen!«

Ich habe natürlich noch frische Wäsche im Spind. Diese Wäsche ist allerdings nicht mehr ganz so frisch. Sie hat bereits durch Feuchtigkeit Flecken bekommen, die sich dunkelgrau auf dem Gewebe breitmachen.

Als ich meine nassen Sachen zum Trocknen in den E-Maschinenraum bringe, sagt der Steuermann zu mir: »Daß man Sie auf die Brücke gelassen hat bei Windstärke sechs, ist mir unerklärlich.«

Am Abend machen wir wieder ein Alarmtauchen zur Übung. Feindliche Schiffe sind nicht zu sehen. So setzen wir im Anschluß daran die Überwasserfahrt fort.

Der Alte wird langsam kribbelig. Er möchte Feindberührung haben. Doch es ist weit und breit nichs zu sehen.

Der Sturm nimmt zu. Die Brücke ist jetzt für alle gesperrt. Nur die Brückenwache muß in diesem Sturm angeschnallt oben bleiben. Sie sind zu bedauern. Bei dem Wetter macht es keinen Spaß.

Von meinem Funkschapp aus höre ich das Platschen des Wassers in die Zentrale. Durch die überkommenden Brecher wird viel Wasser durch das Turmluk in die Zentrale gedrückt. Es läuft über die Flurplatten in die Bilge ab. Die Lenzpumpen arbeiten und sorgen dafür, daß die Bilge nicht überläuft und wir nicht doch noch bis zu den Knien im Wasser stehen müssen.

Im Boot kommt alles, was nicht festgezurrt ist, ins Rutschen. Mein Bleistift rollt auf der Tischplatte hin und her. Ich höre, wie schwer sich das Boot mit dem Wasser tut. Die Brecher klatschen gegen die Bordwand. Ich bin froh, daß ich jetzt im Trockenen sitze. Außerdem bin ich froh darüber, daß ich diesen Seegang gesundheitlich vertrage.

Im Dieselraum lag der lange Bert vorhin schon wieder lang. Aus seinem blassen Gesicht fiel das Essen der letzten Mahlzeiten. Man wundert sich, wo das alles herkommt. Soviel gab es doch gar nicht zu essen. Es müßte doch mal aufhören. Doch Bert ist unermüdlich, die Wanne wird wohl nicht reichen. Er möchte sterben. Und wenn er an Land ist, will er wieder hinaus auf See.

»Wumm!« Es knallt weiter von Steuerbordseite gegen unsere Bootshülle. Na, die ist wenigstens stabil.

Um 22.30 Uhr geben wir unsere Standortmeldung mit Wetterbericht an die BdU-Stelle ab. Kurz danach empfangen wir ebenfalls einen Funkspruch über die Wetterlage des Atlantiks.

Aus der Zentrale höre ich die neue Kursänderung vom Kommandanten:

»Auf hundertdreißig Grad gehen.«

Kurze Zeit später meldet der Rudergänger: »Hundertdreißig Grad liegen an.«

Weicht der Alte dem Wetter aus, oder will er Feinde suchen? Ich glaube eher das letztere. Denn diesem Sturm, der oben tobt, kann man nicht entgehen. Höchstens mal für einige Zeit durch Tauchen. Je nach Seegang ist ab einer Tiefe von 40 oder 50 Metern der Sturm nicht mehr zu spüren. Das Boot fährt dann ruhig, es gibt dort unten keinen Seegang mehr.

Am nächsten Tag ist es noch schlimmer. Die See kocht und brodelt. Das Unterseeboot ist als Überwasserboot ein Spielball der Wellen. Wir werden hin und her geschleudert. Trotzdem versuchen wir den Kurs zu halten. Das ist natürlich nicht mehr hundertprozentig möglich. Die See versucht, das Boot ständig aus dem Wasser zu werfen. Die Bedienung der Tiefenruder wird für die Rudergänger zur Strapaze. Bei einer solchen See muß es erhebliche Kursabweichungen geben. Allerdings haben wir nach der Kursänderung weniger Wasserstürze in die Zentrale. Als auch die Brückenwache bestätigt, daß so gut wie keine Brecher mehr überkommen, wird die Brücke am Abend für kurze Zeit zum Rauchen freigegeben.

Wie es den Verbrecher an den Ort seiner Taten zurückzieht, so zieht es nun auch mich wieder auf die Brücke. Ich werde mit »Hallo« empfangen.

»Unser Badeengel ist wieder oben.«

»Ich möchte nur eine Zigarette rauchen, länger bleibe ich nicht.«

»Wenn Sie jetzt über Bord gehen, dann können Sie umsteigen, auf den da.« Der I WO zeigt mit der Hand auf einen Pottwal.

»Der begleitet uns schon eine ganze Weile«, sagt Stanke.

In gewisser Entfernung bleibt der Pottwal immer auf unserer Höhe. Mal ist er überhaupt nicht zu sehen, dann taucht er plötzlich für kurze Zeit wieder auf.

»Der spielt Unterseeboot. Mal taucht er weg, und dann ist er wieder oben.«

»Schwapp!« Meine Zigarette ist verschwunden, und ich bin mal wieder pitsche-patsche naß.

»Nein, das gibt's doch nicht!« höre ich den Stanke brüllen. Seit Stunden soll es trotz Seegang auf der Brücke friedlich und trocken zugegangen sein. Kaum bin ich oben, darf ich wieder Bekanntschaft mit dem nassen Element machen.

»Auf mich hat man es abgesehen. Ich melde mich ab von Brücke.«

»Jawohl, Sie nasses Würstchen.«

Nun bin ich das Würstchen. Wäre ich doch nur unten geblieben. Ich kann mich wieder umziehen. Die Sachen von gestern sind kaum trocken.

»Klarmachen zum Tauchen!«

»Geht das schon wieder runter?«

»Ja, warum auch nicht. Wenn es dir nicht gefällt, mußte dich beim Alten beschweren«, höre ich die beiden Torpedomechaniker quatschen.

»Der alte Fritz wird meine Beschwerde nicht entgegennehmen.«

»Nee, bestimmt nicht. Der wird sagen: Deuna, deuna, Sie wollen doch Geld verdienen, darum tauchen wir.«

»Gegen Geldverdienen habe ich nichts. Außerdem können wir uns mal wieder ein bißchen vom Seegang erholen.«

»Stimmt genau.«

»Was kriegen wir denn fürs Tauchen?«

»Fürs Tauchen kriegste zwei Mark extra.«

»Wir verdienen eigentlich nicht schlecht mit unseren Zulagen.«

»Das kannste glauben. – Überleg mal: Der normale Wehrsold, dann Marinezulage, Gefahrenzulage, Tauchzulage, Zulage für außerheimische Gewässer, außerdem Tropenzulage. – Raumbeschränkungszulage, Kleiderzulage, was issen noch? – Ja, Maschinenzulage.« Dabei zählt Golm jede Zulage an den Fingern ab. »Na, ich hab sicher noch was vergessen.

Dabei ist das schon zehnmal soviel wie ein Landser kriegt.«

»Dafür kriegste ja auch keine Kränze – und 'ne Beerdigung mit Musik kriegste auch nicht, wenn du hier abblubberst.«

»Das stimmt auch. Und an Land könnten se uns wenigstens noch 'ne Puffzulage geben.«

»Fluten!« tönt es aus der Zentrale. Das Boot geht unter Wasser. Es wird auf 40 Meter Tiefe eingependelt.

Wir bleiben eine Weile unten. Es ist Mitternacht vorbei. Ich ärgere mich wieder auf meiner Koje über das andauernde Tropfen des Schwitzwassers vom Gestänge.

Liege ich auf der linken Seite, tropft es in mein rechtes Ohr. Habe ich mich rumgedreht und bin ein bißchen eingedöst, tropft es ins linke Ohr.

»Da soll doch einer die Motten kriegen«, höre ich mich selber sagen. So kann das nicht weitergehen. Ich werde morgen Dosen – leere Dosen, die ich mir vom Smutie geben lasse – über meiner Koje aufhängen.

10. Mai. Nach der Frühwache habe ich die ersten 4 Dosen an den wichtigsten Tropfstellen aufgehängt. Nachdem ich am oberen Rand der Dosen zwei Löcher gemacht hatte, zog ich dünnen Draht und Bindfaden hindurch und konnte so die selbsterfundenen Regenschirme aufhängen.

»Funker, was machst du denn da?«

»Ich sammele Wasser zum Suppekochen. Der Schmutt hat kein Frischwasser mehr.«

»Witzig, witzig. Aber laß mal sehn.«

Jetzt gucken und staunen sie alle und »finden das Ganze gar nicht so schlecht«.

»Der Mann hat sich zu helfen gewußt.«

»Leute mit Erfindergeist, die kann ich in meinem späteren Betrieb brauchen.«

»Was faselst du da, Balduin? Du glaubst doch nicht, daß du nach dem Krieg von der Marine entlassen wirst.«

»Warum denn nicht?«

»Die paar Mariner, die übrigbleiben, werden se behalten müssen.«

»Ich will mich selbständig machen«, beteuert Balduin, »und die ganze Scheiße hier vergessen.«

»Was willste denn machen?«

»Ich hab doch Konditor gelernt. Wenn ich eine pikfeine Konditorei mit Kaffee aufgemacht habe, könnt ihr mich mal besuchen.«

»Komm, hör auf zu spinnen. Du kriegst doch keine Leute nach dem Krieg, die sind doch alle weggeschossen.«

»Ich nehme nur erstklassiges Personal, das werde ich schon kriegen.«

»Wie willste denn das machen?«

»Du fragst aber auch dämlich. Ich annonciere: Gesucht wird Sohn achtbarer Eltern, der an ein sauberes, akkurates, kalkulationssicheres und selbständiges Arbeiten gewöhnt ist. Vielseitig auf allen Gebieten – oder so ähnlich.«

»Prima, Mensch! Du weißt, wies gemacht wird. Und dann, glaubste, kommen nur achtbare Kinder von wohlerzogenen Eltern zu dir?«

»Ach, laßt mich doch in Ruhe. Ihr könnt das ja doch nicht verstehen!«

»Ich schlage dir vor, du nimmst den Fähnrich mit zum Törtchen drehen!«

Alles brüllt vor Lachen.

Heute hat der Fähnrich bewiesen, daß er doch in der Lage ist, das WC zu bedienen. Ich freue mich mit ihm; denn er tat mir schon ein bißchen leid.

Der hohe Seegang hält noch immer an. Ich lasse mich nicht entmutigen und entere auch heute wieder auf die Brücke. Ich genieße die herrlichen, sich dem Auge darbietenden Meereswellen. Ein sich ständig veränderndes Bild.

Die Luft ist etwas diesig. Sichtweite mit bloßem Auge zirka 200 Meter.

Die Brückenwache muß schwer »auf Draht sein« und luchsen. Bei dieser kurzen Sichtweite wäre das Aufkreuzen eines feindlichen Schiffes verhängnisvoll. Ich staune immer wieder über die guten Augen der Brückengasten.

Bei klarem Wetter schaffen sie es, auch nachts, die Kimm mit bloßem Auge auszumachen.

»He, sieh mal da, Haie!«

Wir sind von Haien umgeben, die trotz dieses Seeganges auszumachen sind. Sie bleiben aber dem Boot fern.

Gegen Abend heißt es: »Alarm!«

Es ist keine Übung.

Die Brückenwache hat mehrere Schatten ausmachen können. Das Boot ist schwer auf Sehrohrtiefe zu halten.

»LI, Boot schneidet unter!« höre ich die Stimme des Kommandanten aus dem Turm.

Der LI gibt Anweisungen an die Rudergänger.

Plötzlich Befehl vom Kommandanten: »Auf Tiefe geben!«

»Boot fällt.«

»Auf sechzig Meter gehen und einpendeln. Schleichfahrt!

Warum greifen wir nicht an?

Wollte der Alte doch keine Feindberührung?

Als das Boot auf 60 Meter ist, höre ich das Klicken des Bordlautsprechers:

»Hier spricht der Kommandant. Wir haben Geleitzug gesichtet. Greifen aber nicht an. Unsere Aufgabe ist es, den Golf von Mexiko und die Karibik zu erreichen. Um vom Geleitzug nicht bemerkt zu werden, gehen wir jetzt auf Schleichfahrt. Ich bitte mir absolute Ruhe aus. Alle Freiwachen nach Möglichkeit schlafen. Ende der Durchsage.«

Kallies und Haucke halten sich im Horchraum auf. Sie können mit dem Horchgerät den Geleitzug klar ausmachen.

Im Boot ist es nun ganz still geworden. Ich höre nur das Summen der Lüfter.

Unser LI läßt das Boot ohne Maschinenkraft durch das Wasser gleiten. Nur mit Legen des Höhen- und Tiefenruders ist dieses Kunststück zu vollbringen.

»Die scheinen uns nicht ausgemacht zu haben«, flüstert mir Aust zu, »sonst hätten sie schon Wabos geworfen.«

Jeder auf seinem Posten

Wir liegen in den Kojen und können natürlich nicht schlafen. Man horcht nach etwas, von dem man sich wünscht, daß es nie kommt. Nur keine Wasserbomben. Wir haben zwar eine gute Tiefe erreicht und könnten notfalls mit dem Boot noch einiges tiefer gehen. Doch wenn sie anfangen, uns mit Wasserbomben zu beharken, dann hören sie erst auf, wenn die Mütze unseres Kommandanten an der Oberfläche erscheint.
Die Wabos sind gefährlich, am gefährlichsten in 40 Meter Tiefe. Wir könnten so tief tauchen, daß uns die Bomben nicht erreichen; aber was machen wir nach 18 Stunden? Dann müssen wir wieder hoch, um frische Luft zu tanken. Dabei hat es viele Boote erwischt. Ein Boot, das beim Auftauchen in unmittelbarer Nähe vom Gegner ausgemacht wird, hat kaum eine Überlebenschance.

Sobald eine Wasserbombe unterhalb des Bootes explodiert, ist das Boot verloren. Die Explosion unter Wasser hat eine Sprengwirkung, die das Boot auseinanderreißt. Explodiert die Bombe über dem Boot, kann es durch Splitter beschädigt werden. Noch schleichen wir. Als nach einer Stunde immer noch Ruhe ist, sind wir überzeugt, daß uns die Bewacher des Geleitzuges nicht entdeckt haben.

Vom Horchraum wird gemeldet, daß die Schraubengeräusche auswandern. Wir fahren nun mit E-Maschinen »Halbe« und können uns vollkommen absetzen.

11. Mai. Am Vormittag begleitet uns beim Überwassermarsch wieder ein Pottwal. Sollte es derselbe von vorgestern sein? Leider sind diese Tiere selten geworden.

»Vor Jahren sind die noch in Rudeln um unser Schiff gewesen«, sagt der LI beim Mittagessen. Der LI ist vor dem Krieg auf einem *Windjammer* gefahren. Wie das Schiff wirklich geheißen hat, habe ich nie erfahren. Er spricht immer nur von seinem *Windjammer.*

»Wie ist das Wetter?«

»See wird stärker. Die Tage der steifen Brise sind vorüber. Ich glaube, daß wir bei diesem Sturm nicht mehr über Wasser vorwärts kommen.«

»Das sagt der Steuermann auch. Seiner Berechnung nach ist die Mühle auf der Stelle getreten.«

Bei Windstärke 10 ist nun auch nach Ansicht der Offiziere wirklich kein Vorwärtskommen mehr. Wir können uns drehen, wie wir wollen. Die heftige Sturmsee hindert uns am Vorwärtsmarschieren.

Gleich nach dem Essen entschließt sich der Kommandant zum Tauchen. Ist es schon beim Essen schwer gewesen, alles auf der Back zu halten, so geht es jetzt, beim schnellen Abgleiten des Bootes, unaufhaltsam über die Schlingerleisten. Ich habe das Gefühl, daß wir mächtig unterschneiden und vorlastiger als sonst nach unten schießen. Die wollen wirklich raus aus dem Sturm, denke ich noch.

»Entlüftungen schließen!«

Ich sammele anschließend meine restlichen Teller vom Boden auf. Nicht einer ist entzwei. Das ist enorm. Warum nehmen wir überhaupt Porzellan mit?

»He, Smutje«, rufe ich, »warum haben wir Porzellan mit?«

»Weiß ich nicht. – Immer vornehm geht das U-Boot unter.«

Bei der Unterwasserfahrt kommen wir vorwärts. Normalerweise ist das umgekehrt. Das Boot fährt über Wasser mit

Dieselantrieb seine 17 Seemeilen; doch unter Wasser sind höchstens 8 sm drin. Aber was soll die Überwasserfahrt bei Sturm, wenn es nicht vorwärts geht und die Fahrt langsamer als eine Unterwasserfahrt ist, dann lieber gleich im Keller weiterfahren.

12. Mai. Vom Sturm nichts mehr zu spüren, Gott sei Dank. Der Dieselheizer Bert kann wieder aufatmen und seinen leeren Magen vollstopfen. Das Boot fährt aufgetaucht im leichten Seegang, der später in leichte Dünung übergeht.

»Ein Mann auf Brücke?«

»Jawohl, genehmigt.«

Jetzt ist die Brücke wieder frei und ohne Angst vor Nässe zu betreten.

Ich gehe in den Wintergarten und setze mich auf die Mittelstange. Meine Arme schlage ich über die oberste Stangenbegrenzung. So lasse ich mich auf Staatskosten über den Atlantik schippern.

Das Boot wiegt sich jetzt in der Dünung und dieselt dabei ganz schön vorwärts. Vom Heck her höre ich die Dieselgeräusche, welche aus den Dieselabgasklappen hervordringen. Der blaue Abdampf der Diesel bleibt jetzt wieder länger in der Luft stehen, ehe er sich ganz auflöst. Kein Wind pustet. Seefahrt kann auch herrlich sein, wenn sie nicht mit Krieg verbunden ist. Wie hatte Marie in Lorient gesagt: »La guerre grande merde.«

Ich amüsiere mich über die Tümmler. Sie spielen, haschen sich, schießen paarweise aus dem Wasser und machen Kapriolen bis zu drei und vier Meter. Ein herrlicher Anblick. Es sind immer mehrere zusammen. Sie begleiten uns sehr lange. Es könnte alles so friedlich sein. Ob diese Delphine auch mal Krieg untereinander haben? Vielleicht um lebensnotwendige Beute? Aber das Meer gibt ja so viel. Sie werden sicherlich keinen Streit nötig haben.

Als ich zur Ablösung in den Funkraum komme, entschlüsselt Haucke einen empfangenen Funkspruch. Er bezieht sich auf einen geplanten Angriff des von uns gesichteten Geleitzuges und ist an die auf diesen Geleitzug angesetzten Boote gerichtet.

Die Alarmglocken schrillen.

»Klar bei Entlüftungen!«

»Fluten!«

Das Boot rauscht ab.

Stanke bleibt beim Einsteigen am oberen Teil des Turmdeckels hängen.

Als der II WO endlich das Luk schließen kann, stürzt im selben Moment auch schon das Wasser über das Luk hinweg.

»Schwein gehabt«, murmelt der Zentralegast.

Stanke ist kreidebleich.

»Vorderes Ruder fünfzehn – hinten zehn.«

»Auf vierzig Meter einsteuern.«

»Stanke, was war los?« Der II WO will es genau wissen.

»Ich bin mit dem Fernglas hängengeblieben.«

»Na, das darf aber nicht passieren!

»Schweinerei. Das hat mir zu lange gedauert«, hören wir den Alten. Er war gleich nach dem Schrillen der Alarmglokken in der Zentrale.

Das Horchgerät wird besetzt.

»Frage Horchpeilung?« ertönt es nach kurzer Zeit.

»Peilung in dreißig Grad, noch sehr schwach.«

»Boot fährt auf vierzig Meter.«

Ich horche weiter und drehe von Zeit zu Zeit die ganze Skala ab. Doch nur in 30 Grad bleibt es fast gleichmäßig geräuschvoll.

Nach einiger Zeit kann ich melden: »Peilung wandert aus. Nur noch schwaches Geräusch in vierzig Grad.«

Am 13. Mai haben wir unseren großen »di – da – di – ditt-Tag«.

Die Funksprüche fliegen hin und her.

Wir fahren bei leichter See aufgetaucht und haben in der

Funkerei vollauf zu tun. Die Geleitzugaufreibung ist abgeschlossen. Der von uns gesichtete Geleitzug wurde vollkommen aufgerieben. Nur ein paar Zerstörer sind entkommen.

Die einzelnen Boote geben nun ihre Erfolgsmeldungen durch. Am Nachmittag werden dann die Fanfaren im deutschen Radio erklingen. »Sondermeldung! Deutsche Unterseeboote versenkten ...«

Wir haben jetzt damit zu tun, alle Funksprüche reinzukriegen und zu entschlüsseln.

Am Nachmittag fragt der Alte, ob wir alle Funksprüche erfaßt haben.

»Alles unter Dach und Fach, wir sind auf dem laufenden, Herr Kapitän.«

»Fein, dann werden wir jetzt Alarmübungstauchen machen, damit wir auch wieder aufs laufende kommen. Gestern hat mir das Schnelltauchen nicht gefallen.«

Also doch. Er hat es nicht vergessen. Es liegt dem Alten sehr daran, daß die Mannschaft auf Zack ist. So etwas wie gestern, als der Stanke im Turmluk hängenblieb, darf im Ernstfall nicht vorkommen.

An diesem Nachmittag klappt es bei der Übung hervorragend. Als wir unten sind, höre ich den Alten: »Na also, ihr könnt es doch. So und nicht anders möchte ich das in Zukunft haben.«

Am Abend liege ich auf meiner Koje. Ich kann nicht einschlafen, wälze mich hin und her. Die Nerven sind zum Zerreißen angespannt. Die vielen Funksprüche in den letzten Stunden. – Das ständige di – da – di – ditt in den Ohren. Es klingt jetzt auf der Koje noch nach. Ein ständiges Klingeln im Ohr.

Um Mitternacht muß ich wieder ins Funkschapp. Ich möchte noch ein bißchen schlafen, aber es geht einfach nicht. Nach dem Übungstauchen sind wir wieder auf Überwasserfahrt. Das Boot fährt gegen die See seinem südlichen

Ziele zu. Ich träume mit offenen Augen. Meine 4 Blechdosen sind inzwischen auf 6 verstärkt worden. Sie schaukeln leicht über meiner Koje. Nun werde ich wenigstens vom Schwitzwasser nicht mehr beleckt. Im Bugraum ist es fast dunkel. Es brennt nur die Nachtbeleuchtung. Die Gedanken kreisen. –

Hier oben geht die Führungsleine. – In Richtung Zentrale zeigen die spitzen Seiten der Holzgriffe an der Leine. Sie sollen uns bei völliger Dunkelheit den Weg erfühlen lassen, falls wir bei Gefahr zur Zentrale müssen. Möge es nur nicht soweit kommen. – Aber man muß daran denken. Also hochfassen – und mit der Hand an der Leine längsgehen. Alle Meter kommt ein eingehängter Holzgriff. Ich muß gegen die flache Seite des runden Griffes stoßen und über die spitze Seite weitergehen, dann bin ich auf dem rechten Weg zur Zentrale.

Dumme Gedanken – und doch so wichtig. Wenn wir aber nicht mehr rauskommen, hier im Atlantik? Ist doch nicht so einfach, wie man es uns auf der Schule gesagt hat. Vielleicht stehen wir dann in der Zentrale und können uns nur noch in der komprimierten Luft aufhalten. Alle 52 Mann? –

Ist doch unmöglich. Der Kommandant hat Gift mit? Gesagt wurde das. Aber stimmt das auch? Wenn wir zur Zentrale kommen, werden wir einzeln vergiftet? Quatsch. Warum schlafe ich nicht? Kommt jetzt der U-Boot-Koller? – Heute nachmittag haben sich schon ein paar Kumpels im Bugraum angeschrien. Wegen einer Lappalie. Hätte nicht viel gefehlt, und sie hätten sich sogar geschlagen. –

Eintönigkeit? Wir haben aber keine Eintönigkeit. Es gibt doch genug zu tun. Sicher, aber was tun wir? Unter welchen Voraussetzungen müssen wir es tun? Immer dieselben Gesichter um sich. Keine dreißig Schritte, die man laufen kann. Immer nur gebückt, und selbst wenn ich hier in meine Koje will, krieche ich noch über Aale. Warum schießen wir sie denn nicht in die See? Einfach irgendwohin. Das darf nicht sein. Die Torpedos haben sie ja nicht umsonst gebaut. Das sieben Meter lange Ding kostet dreißigtausend Mark. Eine lange Stange Geld.

Ich bin müde und schlafe trotzdem nicht ein. Das Boot hebt und senkt sich. Ein leichtes Zittern läuft durch den ganzen Schiffskörper. Die Diesel arbeiten in gleichmäßigem Takt.

Meine Gedanken kreisen weiter. Warum mußte ich in der Freizeit nach dem Mittagessen den »Amphitryon« lesen. Nur weil mich die Rolle des Sosias reizt? Habe ich nicht schon genügend geistige Arbeit zu verrichten durch die Funkerei? Sicher; aber wer will schon verblöden. Ich muß geistig rege bleiben. Dabei fängt die Fahrt doch erst an.

Der Alte ist nun auch schon kribbelig. Komisch, daß man ihm das anmerkt. So ein erfahrener Fuchs. Der müßte doch ein dickes Fell haben!

Hat er auch! Aber was hat er noch? Verantwortung. Ja, Verantwortung.

Und nicht zu knapp. Die Verantwortung möchte ich nicht haben. Mir reicht mein Aufgabengebiet. – Dafür hat er eine feine Koje mit einem schönen Raum, und ich liege hier auf der einfachen Lederkoje, die nie kalt wird.

Bin ich doch noch eingedusselt? Ich spüre, daß ich wachgerüttelt werde.

»Funker, komm hoch – zwölf Uhr.«

Mitternacht – ach ja, Dienst. Habe ich eben nicht noch wach gelegen? Ich bin noch gar nicht ganz da. Ich torkele noch halb im Schlaf durch die O-Messe in die Funkerei.

Stülpe die Kopfhörer auf, muß hellwach sein; denn wieder geht es für 4 Stunden di – da – di – ditt.

Noch bevor ich den ersten Funkspruch aufnehme, muß ich an das Funkerlied denken: ». . . und alle Mädel singen mit: didadiditt, di – da – di-ditt.«

14. Mai. Unser Boot dümpelt schon wieder ganz schön. Die See wird unruhiger. Es regnet. Auf den Funkwellen ist

nicht viel los. Die Funker an Land weiden sich wohl noch an den Erfolgen, welche von den U-Booten über die letzte Geleitzugsaufreibung gemeldet wurden. Ich habe in dieser Nacht jedenfalls nicht viel zu tun. Höre dafür dauernd das Platschen des Wassers in die Zentrale. Das Boot neigt sich schon wieder ganz schön von einer Seite auf die andere.

Im Kopfhörer habe ich einen ganz gemeinen Störsender. Sicherlich geben die Landfunker auch deshalb nicht so viele Funkspruchwiederholungen durch. Die haben den ja auch auf der Leitung. So etwas Gemeines habe ich selten gehört. Der orgelt mir ganz schön das Trommelfell voll. Und da soll man nicht nervös werden. Ich merke, daß ich meine Beine unter der Tischplatte nicht stillhalten kann. Ich wackele mit ihnen hin und her. Die Füße stehen fest auf dem Boden; jedoch die Knie wollen immer zusammenkommen. Eine typische Funkerbewegung. Kopf und Hände sind oben eingespannt, nur die Beine haben nichts zu tun. Darum lädt sich in ihnen die aufgestaute Nervosität ab. Sie wackeln, als wollten sie sich freischütteln.

Indessen orgelt mein Störsender mir weiter die Ohren voll. Hoffentlich kommt jetzt kein Funkspruch, ich würde nur die Hälfte mitbekommen.

Am Morgen tauchen wir und bleiben den ganzen Tag unter Wasser. Es hatte in Strömen geregnet, und der Seegang nahm mächtig zu, da entschloß sich der Alte zu tauchen.

Wir haben uns nun vorwiegend mit dem Horchgerät zu befassen. Mit der Funkerei ist es in der Tiefe des Meeres vorbei. Unsere Essensmahlzeiten stellen wir heute, am 14. Mai, nach der MGZ um. Wir stoßen jetzt immer weiter in südwestlicher Richtung in den Atlantik vor.

15. Mai. Das Wetter ist nach wie vor miserabel. Trotzdem fahren wir heute den ganzen Tag über Wasser. Jetzt sind die Leute auf der Brücke wieder zu bedauern. Als Funker sitze ich wenigstens im Trockenen. Aber sitze ich gesünder?

Die Brückenwache muß viel stehen. Stehen in gesunder Luft. Bei dem Wetter aber trotzdem kein Vergnügen.

Noch schlimmer sind die Heizer dran. Im Dieselraum möchte ich nicht arbeiten. Der Gestank und die heiße Luft. Mir reichen die 30 Grad, die jetzt ständig im Funkschapp anliegen, vollkommen aus. Nur gut, daß wir im Tropenzeug sitzen können.

Torpedomechaniker möchte ich aber auch nicht sein. Ich habe sie noch nie mit sauberen Händen gesehen. Ständig sind sie mit dem Schmieren und Einfetten ihrer Aale beschäftigt. Und dauernd diese Zieherei an den Flaschenzügen zum Bugsieren der Torpedos, davon werden die Hände auch nicht besser. Es hat also jeder sein schweres Los zu tragen. Und doch sind alle mit ihrer Arbeit zufrieden.

16. Mai. Das Wetter wird besser. Die Brückenwachen kommen tagsüber mit fröhlicheren Gesichtern vom Turm.

Einhellige Meinung: »Wir kriegen schönes Wetter.«

Am Abend kommt wieder Alarmtauchen zur Übung. Der Kommandant will uns nicht aus der Übung kommen lassen.

»Boot klarmachen zum Tauchen!«

»Boot ist klar zum Tauchen!«

Die üblichen Tauchkommandos schallen wieder durch das Bootsinnere. Nur das jetzt der Alarm fingiert wird. Im Ernstfall heißt es nicht mehr: »Boot klarmachen zum Tauchen«, sondern nur: »Alarm!« Und jeder flitzt ganz automatisch auf seine Tauchstation. Um schnell nach unten zu kommen, fahren wir die vorderen Tauchzellen auch bei der Überwasserfahrt bereits voll geflutet. Durch die Schwere dieser Untertauchzellen ist das Unterseeboot vorlastiger. Es rauscht schneller in die Tiefe.

»Klar bei Entlüftungen!«

Die Zentralegasten melden die Entlüftungen der Tauchzellen klar.

Meldung nach oben: »Entlüftungen sind klar!«

»Fluten!« ertönt es von oben zurück.

Ein gewaltiges Dröhnen des eindringenden Wassers in die Tauchzellen ist zu hören. Das Boot neigt sich nach vorn, und abwärts geht es in die Tiefe. »Auf fünfzig Meter gehen.«

Die Rudergänger haben jetzt ihr Augenmerk auf die Rudertafel gerichtet. Nur nichts falsch machen. Jeder Befehl und jede Anweisung muß korrekt ausgeführt werden.

Ich hänge meine Kopfhörer an den Haken. Es ist mal wieder aus mit der Funkwelle. Je tiefer es geht, desto schneller wird es auf der Leitung still. Nicht mal der Störsender hat hier unten eine Chance. Absolute Funkstille tritt jetzt ein.

»Boot ist auf fünfzig Meter!«

Der LI hat das Boot durchpendeln lassen. Die letzte Luft ist aus den Tauchzellen entwichen. Das ruhige Summen der E-Maschinen ist zu hören. Vielleicht bleiben wir für einige Stunden auf ruhiger Unterwasserfahrt. Wer weiß es? Der Kommandant, der LI, der Steuermann, die Zentralegasten? Ich weiß es nicht. Kallies hat jedenfalls das Horchgerät besetzt. Ich habe nun etwas Ruhe.

Wir hören die Stimme des LI: »Was steuern wir? Was liegt da an? Mann Gottes, auf fünfzig Meter steuern!«

Antwort aus dem Turm: »Das Hauptruder klemmt!«

»Was klemmt?«

»Hauptruder ist ausgefallen.«

»Meldung an Kommandant: Hauptruder im Turm ausgefallen.«

Der Alte springt von seiner Koje auf. Er wetzt in die Zentrale.

»Klarmachen zum Auftauchen.«

Ist nichts mit langer Fahrt unter Wasser, denke ich.

Die Tauchzellen werden angeblasen.

»Boot steigt.«

Na, wenigstens kommen wir wieder hoch, denke ich.

»Dreißig Meter. – Zwanzig Meter. – Turmluk ist frei!«

Ich nehme meine Kopfhörer wieder vom Haken und schalte mich in den laufenden Funkverkehr ein.

Inzwischen machen sich zwei Mann im Taucheranzug fertig. Das Boot macht jetzt langsame Fahrt und stoppt für kurze Zeit ganz. Wir haben Glück, daß die See ruhiger geworden ist. Nach einer halben Stunde melden die beiden Außenbordtaucher, daß der Schaden am Hauptruder behoben ist.

Abends frage ich Stanke: »War's schlimm «

»Was heißt schlimm? Schlimm ist alles bei uns, merk dir das. Schlimm ist auch, daß die Meeresjungfrau sich am Sonntag ans Hauptruder gehängt hat und ich am Sonntag tauchen muß, wo doch die Sonntagsruhe heilig sein soll. Und dann noch mitten im Atlantik. Wenn ich das meiner Mutter erzähle, das glaubt die mir nie.«

Ich merke, daß er müde ist und seine Ruhe haben will.

Ich frage nicht weiter. Ich kenne Stanke. Wenn der erzählen will, beginnt er meistens mit einer Gegenfrage und antwortet nur mit knappen Worten. Macht er aber einen langen Satz mit zum Schluß müde werdender Stimmlage, dann ist es besser, man läßt ihn in Ruhe. Im Moment sind wir alle leicht gereizt. Ein falsches Wort, und gleich bekommt man von seinem Gegenüber eine dämliche Antwort an den Kopf geknallt.

»Eine Wuhling hoch drei! Räum mal deine Zwetschen hier zusammen!« höre ich den Frenzel zum Stanke brüllen.

»Ach leck mich doch am Arsch!«

»Du Blödmann, das könnte dir so passen, du kannst mich doch nicht zum Naschen verführen.«

»Laß den Stanke in Ruhe. Siehste nicht, daß der fertig is?«

»Hoffentlich ist nun bald Ruhe im Puff!« schreit nun auch noch der Torpedomixer Golm aus seiner Koje.

Mit den beschwichtigenden Worten des Torpedomaaten Beißer: »Na na, nu mal sachte und friedlich mit den jungen Pferden« hört der Radau auf, und es tritt Ruhe im Bugraum ein.

17. Mai.

»Ein Mann auf Brücke?« Die obligatorische Frage, um nach oben zu kommen. Nach der Genehmigung bin ich schnell an der frischen Luft. Heute ist es herrlich. Wir haben ruhige See.

»Melde mich ab zum Oberdeck.«

»Genehmigt.«

Ich bin nicht der erste. Auf dem Oberdeck sind mehrere Kumpels der Freiwache. Wir können heute mitten im Atlantik den Sonnenschein und die klare Luft genießen. Bisher durfte nur die Brücke betreten werden, und diese auch nur von höchstens zwei Mann zusätzlich zur Brückenwache. Jetzt ist fast die halbe Besatzung oben und genießt den Sonnenschein. Hier sind wir vor Fliegern sicher. So weit trauen sie sich nicht in den Atlantikraum vor. Schiffe würden durch unseren Ausguck rechtzeitig bei Auftauchen an der Kimm entdeckt werden.

Bei dieser ruhigen See und unserer ruhigen Fahrt setze ich mich backbords auf die Reling und lese etwas über »Zarathustra«. Der Bootsmaat Zillmer hat mir das abgegriffene Buch gegeben mit dem Bemerken: »Das müssen Sie lesen, so etwas liest unser Führer auch.«

Jetzt ärgere ich mich, daß ich das lese. Ziemlich schwer. Muß ich überhaupt lesen, was unser Führer liest?

Ich habe ja nicht mal das gelesen, was der geschrieben hat. »Mein Kampf« – das Buch für Brautpaare. Die bekommen das bei der Hochzeit geschenkt. Also werde ich das noch kriegen, wenn ich mal heirate.

Zarathustra gefällt mir nicht. Der Gott des Führers muß ja nicht mein Gott sein. Mag er doch an den Ahuramazda glauben. Ich glaube, daß mich Gott geschaffen hat. Wie heißt es weiter: samt allen Kreaturen. – Und noch erhält. – Ja, das stimmt. Er erhält mich noch. Ich sitze noch hier auf der Reling mitten im Atlantik, in irgendeinem Planquadrat, welches jetzt vom Steuermann in der Zentrale auf seinem Kartentisch festgehalten wird. Er wird seinen Zirkel ansetzen und wie an allen Tagen unsere Marschroute, mit Kreuzchen versehen, fein säuberlich eintragen. Datum und Uhrzeit kommen daneben, und wenn wir absaufen, sieht Neptun mit einem Blick, woher wir gekommen sind.

»Kaiser, Sie sind ein Träumer!«

Die Stimme des II WO schallt mir vom Turm entgegen. Ich werde aus meinen Träumen gerissen. Klar, daß man hier zum Träumer werden kann. Allerdings nur, wenn das Wetter und die Überwasserfahrt so herrlich wie jetzt sind; angenehm und ungefährlich.

Ich schlage die alte Schwarte vom »Zarathustra« zu und beobachte eine Weile die Tümmlerfische.

Dann taucht der Smutje auf und meint: »Ich darf mal hier um das Eintrittsgeld bitten.«

Euseebius stellt sich ihm in den Weg und sagt: »Du bist hier nicht im Zirkus! Hier, faß mal die Turmumkleidung an.« Dabei führt er die Hand des Bordkochs auf das Panzerkleid.

»Hui!« ruft der Smutjei, »das ist ja ganz schön heiß.«

»Denn zeig mal waste kannst, brat uns mal ein paar Spiegeleier auf dem Turm.«

»Keine schlechte Idee, werde ich morgen machen, es soll noch heißer werden.«

Es wird wirklich heißer. Auch heute, am 18. Mai, fahren wir den ganzen Tag über Wasser. Die Sonne knallt hernieder. »Schmutt, was willst du denn hier?« Alle jubeln vor Freude. Der Smutje hält Wort und knallt ein paar Spiegeleier auf die Turmbrüstung. Sie laufen zunächst etwas auseinander und – tatsächlich – beginnen zu bruzzeln.

»Ist das eine Hitze.« Der Smutje freut sich, daß ihm dies gelingt.

»Jetzt kannste deine Kombüse nach oben verlegen.«

»Ja, und beim Tauchen fängste gesalzene Heringe.«

»Du, streu aber jetzt bloß kein Salz über die Eier. Auf dieser Pfanne ist bestimmt noch Salz vom Tauchen.«

Inzwischen hat jemand dem Alten von der Spiegeleierbraterei berichtet. Er erscheint auf der Brücke und schüttelt humorvoll den Kopf. »Gute Idee.«

»Stammt von Euseebius, die Idee; aber Sie bekommen das erste Spiegelei, Herr Kapitän.«

»Nein, nein . . . eßt ihr mal.«

»Kommt gar nicht in die Tüte, Sie sind der erste Gast.«

Nach dem Spiegeleieressen sonnen wir uns weiter an Deck. Unsere bleichen und blassen Gesichter werden mal wieder etwas mit Farbe aufgefrischt. Mit den freien Körpern müssen wir vorsichtig sein. Wir haben nur Leibbinden und Tropenhosen an. Mein Rücken brennt schon mächtig. Gerade auf dem Rücken vertrage ich keine Sonne.

Ein Glück, daß es für mich die Ablösung gibt und ich – auch wenn ich nicht möchte – nach unten muß. Die Sonne ist abgeschaltet, es brennt nur wieder das »Grubenlicht«.

Ich gehe erst nachts wieder auf die Brücke. In der Nacht ist es hier oben doch etwas kühler, dagegen kühlt es sich im Inneren des Bootes nicht ab. Wir haben eine gleichmäßige Temperatur um 30 Grad im Funkschapp. Seit Tagen laufen ja nun auch die Diesel. Seit dem Ausfall des Hauptruders haben wir noch keinen Tauchversuch unternommen. Ob der Alte sich davor scheut? Nein, das glaube ich nicht. Mut hat er auf alle Fälle. Das Ritterkreuz hat er ja schließlich auch nicht umsonst bekommen.

In dieser Nacht ist ein herrliches Meeresleuchten zu sehen. So, wie man nachts im Wald manchmal alte Stuken leuchten sieht, ist jetzt die Meeresoberfläche wie mit vielen, vielen Stuken besät. Nur hier auf dem Wasser verschwindet das Aufleuchten immer schnell, um an anderer Stelle wieder als ein Aufblitzer zu erscheinen. Es handelt sich hierbei um Leuchttierchen. Alle möglichen Manteltiere, Quallen und Fische können es sein, die dieses phosphoreszierende Licht hervorrufen. Sehr zum Ärger unserer Brückenwache. Sie haben in der Nacht die Oberfläche des Wassers lieber ohne Blitzen.

Am Abend geben wir noch einen Funkspruch auf und erhalten auch einen FT mit Weisung für das Unternehmen »Sattelfest«.

Wir gehören mit zu den ersten Unterseebooten, welche die Aufgabe haben, in die Karibische See und den Golf von Mexiko einzudringen und dort entsprechend zu operieren. Wir haben die Anweisung erhalten, durch die Windward-Passage, zwischen Haiti und Kuba, bis in die Karibik vorzustoßen und von dort aus den Raum Karibische See und nördlich den Golf von Mexiko bis zur Mississippimündung zu kontrollieren. Wir werden uns hier einige Zeit aufhalten. Für dieses Unternehmen sind die Boote mit dem großen Aktionsradius vorgesehen. Wir müssen für lange Zeit ohne Proviant- und Ölübernahme auskommen können. Sollte unser Treibstoff für die Rückfahrt nicht reichen, dann müßten wir im Atlantik einen Treffpunkt mit einem Versorgungsunterseeboot ausmachen. Zur Zeit fährt unter dem Kommandanten, Korvettenkapitän von Willamowitz-Möllendorf, ein solches Versorgungsboot im mittleren Atlantik. Seine Aufgabe ist es, sich vor dem Feind zu verstecken und nur Treffpunkte mit deutschen Booten auszumachen, welche auf die Übernahme von Treibstoff und Lebensmittel angewiesen sind. Obwohl das Boot unter Willamowitz keine Feindberührung sucht, wird in der FT der Kommandant unter »Wilder Moritz« geführt.

19. Mai. Wir fahren bei ruhiger See immer südlicher. Die Diesel laufen eintönig ihren Takt und treiben die Kurbelwellen an. Die Besatzung geht turnusmäßig ihren Dienst oder döst in den Ecken des Bootes auf der Brücke oder dem Oberdeck.

Zur Auffrischung läßt der Kapitän am Nachmittag mal wieder Alarmtauchen zur Übung vom Stapel.

»Warum tauchen wir denn?« will Aust wissen.

»Damit sich das Oberdeck mal wieder abkühlt, sonst wirste dir in der Freizeit den Po verbrennen, wenn du dich auf den Grätings niederläßt.

»Du blöder Hund, kannst gleich was auf die Schnauze kriegen!«

»Denn frag doch nich so dusselig!« Mit dieser Antwort von Euseebius tritt wieder Ruhe ein.

20. Mai. Kurz nach Mitternacht höre ich den Alten sich von seiner Koje erheben. Er kann nicht schlafen. Klettert in die Zentrale und steigt nach oben. Ich ziehe die beiden schmalen Türen meines Funkraumes, welche nur angelehnt waren, ganz auf und frage zur Zentrale hin: »Kötscher, was Neues?«

Kötscher, der Zentralegast, unterrichtet mich immer, wenn es was Besonderes gibt. Von unserem Funkschapp aus können wir ja nichts sehen oder hören von dem, was sich auf der Brücke tut. Aber man möchte doch nicht so ganz im dunkeln fahren.

Kötscher steckt den Kopf durch das Zentraleschott und meint: »Wenn der Kommandant nachts nach oben schießt, dann ist meistens dicke Luft. Hat auf der letzten Fahrt auch immer gerochen, wenn son Dampfer kam.«

»Der berühmte Extrasinn?«

»Klar. Na, es sollte mich nicht wundern, wenn da doch was kommt.

Er wackelt mit seiner linken Hand und fährt sich dann an seine Nase: »Der Kommandant hat den richtigen Riecher dafür.«

Eine Welle bleibt es ruhig. Ich schreibe ein paar Funksprüche nieder. Dann höre ich unklare Anweisungen. Kurz danach gibt es ein Rucken durch das Boot, die Diesel laufen mit höherer Tourenzahl. »Da scheint wirklich was zu sein«, denke ich laut.

Obermaat Schoner horcht in die Zentrale und kommt zurück: »Es ist doch nicht zu fassen. Die haben doch tatsächlich einen Dampfer gesichtet.«

Eine Weile laufen die Maschinen nun AK. Plötzlich ist mir, als stoppten die Diesel ganz, doch das täuscht. Die Fahrtstufe ist verändert. Wir laufen wieder mit ruhiger Fahrt. Ich höre den Alten in der Zentrale: »Schweinerei. – Bei der Dunkelheit. Ich kann ihn doch nicht anstrahlen.«

Schoner raunt mir zu: »Der scheint entkommen zu sein.«

Tatsächlich, der Alte ist wütend, er zieht den Vorhang von seinem Kommandantenschapp hinter sich zu.

Als ich um 04.00 Uhr abgelöst werde, sause ich auf die Brücke. Der I WO bestätigt es: »Der schnelle Pott ist in der Dunkelheit verschwunden und weiß nichts von seinem Glück.«

Zu schnell nach unten

Wir bleiben den ganzen Tag über Wasser. Es ist wieder sehr heiß. Von unten der Golfstrom, von oben die Sonne. Zusätzlich heizen wir mit unseren Dieselmotoren noch ein.
21. Mai. Im Bootsinneren herrscht eine fast unerträgliche Hitze. Im Funkschapp lassen wir zwei Ventilatoren laufen. Heiße Luft! – Auch die Ventilatoren haben sich längst heißgelaufen. Wir anken und stöhnen alle. Sitzen nur mit Leibbinde, Netzunterhose und kurzer Tropenhose. An den Füßen die Segeltuchschuhe. Die Leibbinde muß sein. Wer ohne Leibbinde angetroffen wird, kann mit Bestrafung rechnen.

Das Wasser läuft uns aus allen Poren. Trotzdem gibt es nur sehr wenig zu trinken. Zusätzlich ein bißchen Kujambelwasser. Mehr als eine Tasse voll sollte es nicht sein; doch der Smutje gibt uns immer einen »Scheinwerfer« voll Kujambel heimlich in den Horchraum. Dort können wir ihn gut verstecken und haben wenigstens ein bißchen mehr zum Trinken.

Man müßte sich mal wiegen können. Ich habe bestimmt schon abgenommen. Kein Wunder bei der Hitze. Am Essen kann es nicht liegen, wir bekommen reichlich und gut. Das Frische ist nun allerdings verbraucht. Jetzt leben wir nur aus Dosen. Das Brot holen wir sogar schon mächtig verschimmelt aus den Dosen. Wir schneiden sehr viel weg und müssen den Rest mit Widerwillen herunterwürgen. Das

Brot schmeckt, als hätte man es bereits zum nächsten Sauerteig angesetzt.

Heute kann man nicht mal nach oben. Es regnet ziemlich stark. Oben könnte man etwas Meereswind um die Nase bekommen; aber bei diesem Wetter ist es nicht angebracht, auf die Brücke zu gehen.

Unsere Lüfter surren weiter und schwenken ihre Köpfe hin und her, als würden sie sagen: »Große Hitze ... Große Hitze.« Meine Taschentücher benötige ich hier nur zum Schweißabwischen. Die Seeluft ist so sauber, daß zum Naseputzen kaum ein Tuch erforderlich ist. Aber der Schweiß. – Es bilden sich Tropfen auf der Haut, und plötzlich geht's schwupp – und wieder ist ein Tropfen – eine Straße hinterlassend – abwärts gesaust.

In der Taillengegend werden alle Bächlein, die von oben kommen, gebremst. Die Leibbinde und der Hosenbund lassen nichts durch. Unter der Hose laufen die Tropfen an den Beinen lang und schaffen es mühelos bis zu den Socken und den Segeltuchschuhen. In der Hose können keine Schweißtropfen laufen, hier werden sie von der Leibbinde aufgesaugt. Man spürt die Hitze überall.

Erst am Nachmittag wird es schön. Es klärt sich auf. Wir können wieder auf das Oberdeck. Trotz des lange währenden Regens keine Abkühlung. Die Luft ist wieder heiß. Es hat während des Regens keinen Wind gegeben. Sogar die See ist wieder spiegelglatt. Wir fahren dahin, als wäre das Boot auf einem stillen Binnensee. Ein See ohne Wellen und Sturm. Die Sonne knallt unbarmherzig hernieder. Die Bermuda-Inseln liegen hinter uns, und wir nähern uns dem 20. Breitengrad. Hier steht die Sonne bereits so steil, als sei man am Äquator.

Auch heute fahren wir nur über Wasser. Wir nähern uns jetzt schnell dem eigentlichen Operationsgebiet. Den heutigen 22. Mai nutzen wir noch zum Sonnenbaden aus. Wer irgend kann, liegt an Oberdeck und tankt Sonne.

Am 23. Mai hören wir die Stimme des Kommandanten über die Bordsprechanlage: »Heute erreichen wir das Operationsgebiet. Das Betreten des Oberdecks ist ab Nachmittag nicht mehr möglich.«

»Junge, dann aber vorher noch mal hoch, bevor die uns hier wie die Maulwürfe unter die Erde schicken.«

»Was is denn heute für'n Tag?«

»Sonnabend.«

»Morgen is Sonntag.«

»Was heißt Sonntag . . . willste zur Kirche gehen?«

»Spinnst ja.«

»Könnte ja sein. Wenn du gehn willst, mußt du dich beim alten Fritz abmelden und nach Steuerbord aussteigen. Die Kirche liegt gleich hinter der Schule auf der rechten Seite.«

»Ja, ich weiß . . . Und der Friedhof ist daneben.«

»Vergiß aber nich, das Gesangbuch mitzunehmen.«

»Hört doch auf mit dem Galgenhumor!« ruft Beißer dazwischen.

»Wenn ihr nichts zu tun habt, dann geht doch an Oberdeck. Genießt noch mal die Freiheit.«

»Ach, erinnern Sie uns nur nicht an die Freiheit.«

»Freiheit ist doch was Schönes.«

»Klar, wissen wir auch. Aber er meint doch die »Freiheit« von Sankt Pauli.«

»Daß ich nicht lache. Auf Sankt Pauli? Auf Sankt Pauli? Da hat er sich doch mit ein paar Fliegern angelegt. Wie war denn das? – Haben sie dir nicht ein paar Zähne abgenommen?«

So geht das noch eine Weile weiter im Bugraum.

Ich öffne mein kleines Spind hinter der Koje und angele mir die angeschimmelten Zigaretten hervor, klemme mir eine abgegriffene Schwarte unter den Arm und verschwinde nach oben. Zum Lesen komme ich aber nicht. Ich genieße wie alle anderen die Sonne und lasse mich mit meinen Kameraden in ein Gespräch ein.

»Jetzt kommen wir in die Gegend, wo es die kaffeebraunen Mädchen gibt«, beginnt Aust den munteren Rees.

»So kaffeebraun wie der Euseebius.«

Euseebius ist ein dunkler Typ, er wirkt immer braun, auch ohne Sonnenbräune.

»Kannst ja aussteigen und rüberschwimmen.«

»Das wird er sich überlegen. Hier wimmelt es doch nur so von Haifischen.«

»Was wollt ihr denn mit den kaffeebraunen Mädchen, die sind doch meist verseucht.«

»Verseucht – wieso? – Haben die die Pest?«

»Nee, aber einen astreinen Tripper vielleicht.«

»Du, hör mal, hoffentlich holt sich der Alte nicht mal einen Windtripper.«

»Der Alte? Wieso das?«

»Ich hab ihn schon ein paarmal gesehn. Er kommt immer hoch und pinkelt gleich oben mit nem großen Strahl vom Wintergarten runter.«

»Na, da wird er ja nun nich gerade gegen den Wind pissen.«

»Meinste, der hält erst den Finger hoch und testet, wo der Wind herkommt? Nee, der stürzt sich gleich nach Backbord und schon hörstes plätschern.«

»Ach komm, der Alte weiß doch, daß man nicht gegen den Wind spuckt.«

»Wenn ichs dir doch sage. Kannste mir glauben.«

»Alarm! Alle Mann unter Deck!«

»Verfluchter Mist«, brabbelt Euseebius noch aus sich heraus, und schon sausen wir wie der geölte Blitz auf die Brücke und verschwinden nach unten.

Werner Haucke guckt aus dem Horchschapp und flüstert: »Ist nur Übung.«

Ich denke: So, das ist die Rache des Kommandanten. Weil wir uns nicht einig wurden, ob er sich einen Windtripper holen kann oder nicht, sind wir jetzt schnell und ohne großen Abschiedsschmerz vom Oberdeck in die Kellerräume gejagt worden.

24. Mai. Die Hitze im Bootsinnern wird immer unerträglicher. Jede Bewegung wirkt erlahmend und schwerfällig. Man möchte etwas tun und weiß nicht was. Alles wird einem zuviel. Man kann aber gegen diese verdammte Hitze nun wirklich nichts unternehmen. Was man auch unternimmt, Hitze überall, im ganzen Boot. Gegen Abend messen wir 40 Grad im Funkschapp. In der Nacht lassen wir die Türen des Funkschapps offen , damit wenigstens aus der Zentrale etwas kühlere Luft zu uns vordringen kann. In die Zentrale strömt ja durch das offene Turmluk immer etwas kühlere Nachtluft. Doch in der Nacht fällt unser Thermometer auch nicht unter 31 Grad.

Die beiden Lüfter orgeln weiter: »Große Hitze . . . Große Hitze«. Diese Hitze macht müde und schlapp.

Das Foto von der Braut des Funkmaaten Kallies ist bald nicht mehr zu erkennen. Kallies hat es nur oben und unten mit je einer Reißzwecke an einem der gebogenen Innenspanten befestigt. Nun haben sich die Seitenteile des Bildes mächtig zusammengerollt, und nur durch einen kleinen Schlitz guckt die Holde hervor, als würde sie uns zublinzeln. Schade, daß sie sich gekräuselt hat, sie ist so schön. Kallies brauchte sie also nicht zu verstecken. Ja, so ist es, selbst die Braut des Kallies krümmt sich schon vor allzu großer Hitze.

Von meiner Freundin hängt kein Foto. Ich bin der jüngste Funker an Bord und habe es darum nicht gewagt, andere mit ihren Bildern zu verdrängen.

25. Mai. Ich bin gerade eingeschlafen, da werde ich unsanft aus der Koje geworfen.

»He, was ist los?!«

Mein Kopf saust nach unten. Die Beine sind hoch in der Luft. Das Boot rauscht in fast senkrechter Sausefahrt abwärts in die Tiefe.

»Alle Mann achteraus!«

Ich rappele mich empor und flitze mit den anderen der Freiwache nach achteraus. Wir hangeln, schieben und stoßen und quälen uns, was das Zeug hergeben will, erkämpfen uns Meter um Meter den Weg nach oben. Wir müssen nach achtern, damit das Boot dort schwerer wird. Im Kugelschott zur U-Messe stoße ich mit dem rechten Knie gegen den Süll. Beim Vorwärtsstürmen sehe ich nur noch, daß es blutet. Nicht daran denken.

»Mensch, los weiter!« brüllt es hinter mir.

»Klar, los doch!« brüllt es auch vor mir.

Wir schieben und drängeln und versuchen, mehr an den Seitenwänden uns ziehend als auf dem Fußboden laufend, nach achtern zu kommen.

Wir stürmen um unser Leben und wissen noch gar nicht, wieso wir in diese mißliche Lage gekommen sind.

Als ich mit den anderen durch die Zentrale in Richtung Dieselraum sause, sehe ich nur, wie der LI mit den Rudergängern ackert. Sie kämpfen mit der Technik und versuchen, das Boot wieder in Normallage zu bekommen. Als ich in der E-Maschine ankomme, merke ich das leichte Ankippen des Bootes nach achtern. Wir schaffen es.

»Ja, wir schaffen es.«

Das rauschende Boot wird abgefangen.

»Manometer. Die Rudergänger haben das Boot auf den Kopf gestellt, die alten Zausels!«

Jetzt machen wir uns erst mal Luft.

Als wir wieder nach vorn klettern, ist das Boot in 90 Meter Tiefe. Der LI ist kreidebleich. Der Alte sagt nichts. Die Rudergänger haben feuerrote Köpfe. Wir wagen schon gar nicht zu fragen.

»Los, hau ab in den Bugraum.«

Der LI und seine Zentralemannschaft haben alle Hände voll zu tun. Sie trimmen das Boot wieder in die Normallage.

»Junge, das ist aber eigentlich nichts für Mutters Sohn.« Dabei richtet Oberbootsmaat Ellwig seine Koje wieder her.

Im Bugraum sieht es lustig aus.

»Das ist eine Wuhling, Mann, Mann!«

»Nächstes Mal könnten se einen ja auch vorher wecken, wennse einen Bolzen drehn.«

»Reise, reise aufstehn. Das war vielleicht ein Rutsch. Das erinnert an Sankt Pauli. Da gibts sone Herberge für Obdachlose. Da kannste abends hingehn und umsonst schlafen. Du hängst deine Arme über ne Leine und morgens, beim Wecken, da schlippen die auf einer Seite aus. Rumms! Alles liegt lang und is gleich wach.«

»Da bist du wohl immer zum Pennen hingegangen?«

»Freilich!«

»Ist man gut, daß das meiste hier bei uns festgezurrt ist.«

Jetzt besehe ich mir mein rechtes Knie. Das sieht ganz schön lädiert aus.

»Oh, Funker, da haste aber einen Ratscher weggekriegt.«

»Geh hin und laß dir Arnika draufmachen.«

»Keine schlechte Idee. – Ich nehme den Hörer des Bordtelefons vom Haken. »Ein Mann vom Bugraum zum Funkschapp.«

»Achtung Null.«

Ich sause ab.

Wir Funker sind an Bord die Sanitäter. Wir haben alle eine entsprechende Ausbildung mitgemacht. Reicht aber nur für so ein bißchen Tüttelkram. Funkmaat Kallies verarztet mich jedenfalls.

»Wir machen aber nichts drauf außer Arnika. Lassen Sie die Wunde ruhig offen. Wenn da Luft dran kommt, heilt das viel schneller.«

»Vielen Dank, Herr Funkmaat.«

Als er die Flasche wieder wegstellt, frage ich ihn: »Wieso sind wir denn so abgerauscht?«

»Fehler vom Befehlsübermittler.« Kallies legt seinen Finger auf den Mund zum Zeichen, daß ich nichts mehr fragen soll. Der Alte könnte es hören. Es scheint sowieso ein Donnerwetter gegeben zu haben.

26. Mai. Der Schmerz von gestern ist vergessen.

Nach meiner Funkwache von 08.00 bis 12.00 Uhr backe ich in der O-Messe auf. Wir haben die Einteilung etwas umgestellt. Im Operationsgebiet ist der Funker während der Funkwache nicht abkömmlich für den Backschafterposten. »Heute erlaube ich mir mal wieder, den Diener zweier Herren zu mimen.«

Der Alte guckt noch ein bißchen fragend; doch der II WO weiß, wie ich es gemeint habe.

»Funker und Oberkellner.«

»Ach so«, lacht der Alte.

»Sie sind aber auch nicht auf den Kopf gefallen.«

»Doch, gestern früh, Herr Kapitän, gleich nach dem Tauchen. Da saß ich mit dem Kopf vor dem Torpedorohr.«

Die O-Messe hat wieder ihren Spaß.

Nur gut, daß man so eine Sache auch wieder vergessen oder nach Stunden seine Witze darüber machen kann.

»An Kommandant: Mastspitze in achtzig Grad!«

Im Nu ist die Back in der O-Messe leer. Ich stehe allein mit meiner Serviette. Na, wenigstens haben sie alle gegessen.

Ich höre einige Wortfetzen aus der Zentrale über den Befehlsübermittler nach oben und umgekehrt.

»Eigener Kurs zweihundertzwanzig Grad.«

»Dampfer kommt auf.«

»Auf hundertsechzig Grad gehen!«

»He, Kötscher, warum fahren wir nicht AK?«

»Damit Sie erst in Ruhe Ihre Back sauber machen!« fährt mich der LI an. Au backe. Ich Kamel habe nur an Kötscher gedacht und nicht daran, daß ja schließlich der LI in der Zentrale das Kommando hat und alles hört, so auch meine dämliche Frage. Und wenn es um die Wurst geht, versteht der LI keinen Spaß.

»Fliegeralarm!«
Die Alarmglocken rasseln.
»Fluten!«
Beim Rasseln der Alarmglocken flitzt alles auf die Gefechts- beziehungsweise Tauchstationen.
Das Aufspringen der Brückenposten auf die Flurplatten in der Zentrale ist bei uns im Funkschapp deutlich zu hören.
»Das scheint ein großer Brocken zu sein.«
»Auf vierzig Meter gehen.«
»Ich glaube nicht, daß der uns gesehen hat.«
»Der Dampfer?«
»Nein, das Flugzeug.«
Wir bleiben eine Weile auf 40 Meter Tiefe.
»Der hat uns nicht gesehen. Wir gehen auf Sehrohrtiefe.«
Das Boot steigt.
Der Kommandant läßt das Sehrohr ausfahren und macht seinen Rundblick.
»Kurs beibehalten. Dampfer kommt gut auf.«
Nach einer Weile heißt es: »Auf hundertdreißig Grad gehen.«
»Hundertdreißig Grad liegen an!« ertönt es als Vollzugsmeldung.
»LI, der Bursche verschwindet. Der dreht nach Backbord ab.«
»Frage Horchpeilung?«
Funkmaat Kallies kurbelt persönlich.
»Schraubengeräusche in vierzig Grad gleichbleibend.
Der Steuermann zirkelt auf seinem Kartentisch.
»Auftauchen!«
Der Alte will näher ran.
Nach dem Auftauchen heißt es gleich: »Beide Maschinen AK voraus!«
Ein Stampfen und Wummern setzt ein. Das Boot drückt sich mit ungeheurer Kraft durch das Wasser. Jetzt werden

die Ventilstössel im Dieselraum auf und nieder ackern. Die Heizer werden ihr eigenes Wort nicht mehr verstehn.

»Dampfer wieder in Sicht!«

Wir jubeln alle.

»Ob wir den kriegen?«

»Warum nicht? Der Alte wird das schon machen.

Mit einem Ohr höre ich immer zur Zentrale rein.

Ich möchte doch wenigstens etwas mitbekommen von dem, was sich da oben tut.

»Scheint ein Einzelfahrer zu sein.«

»Ich glaube, der hat was spitz gekriegt. Jedenfalls zackt der.«

»Beide Maschinen halbe Fahrt!«

Die Fahrt wird sofort ruhiger.

»Fliegeralarm!«

»Klar bei Entlüftungen!«

»Fluten!«

Wieder geht es in den Keller.

Kallies ist gleich im Horchraum geblieben. Er hatte den Haucke im Funkraum belassen.

Kallies stülpt sich die Kopfhörer wieder auf und dreht die Skala des Horchgerätes ab.

Von der Zentrale her höre ich Stimmen.

»Boot fährt auf fünfzig Meter.«

»Der Bursche ist von Aufklärungsflugzeugen umgeben.«

Es bleibt aber wieder ruhig.

»Frage Horchpeilung?«

»Schraubengeräusche wandern nach sechzig Grad aus.«

»Mist! Auf Sehrohrtiefe gehen.«

»Boot steigt langsam.«

»Noch zwanzig Meter.«

»Boot ist auf Sehrohrtiefe!«

Der Spargel wird ausgefahren.

Der Kommandant gibt einiges von dem, was er sieht, nach unten. Ich höre nur etwas von einem »Achttausendtonner«

»Entfernung ist zu groß.«

»Entfernung zirka sechs Seemeilen.«

»Der Hund, der zackt schon wieder.«

»Ich glaube, der hat uns spitzgekriegt.«

»Ich glaube das auch. So oft ändern sie doch sonst nicht ihren Kurs.«

»Jetzt vielleicht doch. Vergessen Sie nicht: Einzelfahrer. Seit die ersten U-Boote von uns hier unten auftauchen . . .«

Inzwischen werden die regulären Wachen gewechselt. Ich muß auf Funkwache gehen. Praktisch bin ich noch gar nicht auf Freiwache gewesen.

Während der Unterwasserfahrt geht es ja hauptsächlich um die Besetzung des Horchgerätes. Obermaat Schoner übernimmt diese Aufgabe. Ich kann weiter auf meiner Tauchstation bleiben und mit einem Ohr zur Zentrale hinlauschen.

»Wir tauchen auf!«

»Anblasen!«

»Turmluk ist frei!«

Der Kommandant und die Brückenwache entern hoch.

»An ein Aufgeben ist noch nicht zu denken. Der Alte will den Zossen haben.«

»Hier in Landnähe haben die aber auch ganz schöne Flugsicherung.«

Unsere beiden Funkmaate unterhalten sich. Alle Funker halten sich zur Zeit in der FT auf.

Die Verfolgung des Schiffes dauert an.

Leider müssen wir aber zum dritten Mal wegen Fliegeralarm in den Keller.

»Gerade als wir Haiti und Kuba in Sicht kriegten, da kam wieder son Aufklärer angeflogen. Ich wette, die haben uns längst ausgemacht.«

»Die haben uns nicht ausgemacht, sonst würde es längst knallen. Oder meinste, die würden uns nur so einfach unter Wasser scheuchen?«

»Wir steuern jetzt die Windward-Passage an. Hoffentlich geht das gut!«

»Reinkommen werden wir schon. Ob wir aber auch wieder rauskommen? – Da sehe ich schwarz.«

Einer ist skeptisch. Er hat auch Grund dazu. Sollten wir erst mit dem Rabatz im Golf von Mexiko anfangen, dann wissen die Amerikaner ja, daß wir auch wieder rauswollen. Das westindische Gebiet können wir aber immer nur zwischen den Inselgruppen wieder verlassen.

So ein ähnliches Gefühl muß die Mannschaft von Prien empfunden haben, als sie nach Scapa Flow reinfuhren. Jetzt hat unser Alter das Sonderkommando, in den Golf von Mexiko einzulaufen. Unser Alter ist ein besonnener Mann. Er weiß, wieviel er sich und seiner Besatzung zumuten kann. Darum herrscht bei uns eine so gute Kameradschaft. Es wird niemand zu Unrecht angebrüllt oder zusammengestaucht. Wir sitzen alle im selben Boot und können entweder gesund und mit heilen Knochen zurückkehren oder gemeinsam absaufen.

Ein hartes Wort: ABSAUFEN!

Wer möchte schon absaufen?

Trotzdem wissen wir alle, was uns blühen kann. Es braucht nur einer durchzudrehen oder die Technik zu versagen.

Wir verfolgen den 8000-Tonner, bekommen sogar einen zweiten Dampfer in Sicht. Dieser zweite wird aber gut bewacht.

»Bewachungsfahrzeuge zu beiden Seiten.«

Der Befehlsübermittler gibt es dem Steuermann weiter.

Ich bin in mein Funkschapp gestiegen.

»Gestiegen« oder »geklettert«, sagen wir immer. Ein kleiner Raum. Platz nur für zwei Personen. Um hineinzukommen, müssen beide Schwenktüren geöffnet werden. Über eine Bodenkante hebt man sich je nach Seegang stolpernd oder schnell, oder bei Backbordlage des Bootes mit den

Händen ziehend, hinein. Sitzt man erst drin, dann kann es sogar recht gemütlich sein. Jedenfalls kann man bei hohem Seegang nicht allzu leicht umkippen. Man ist ja rundherum – Türöffnung ausgenommen – von kleinen Tischen eingeschachtelt.

Links hinter dem Türeingang steht der 200 Watt-Langwellensender. Daneben ein freier Tisch mit der Schlüsselmaschine. Geradezu die Schreibplatte zum Aufnehmen der Funksprüche. Über dem Schreibtisch hängt der Kasten für das Echolot. Mit diesem Gerät können wir sogar Treibminen ausmachen. Es wird ein Sendestrahl hinausgesandt; trifft er auf einen harten Gegenstand, zum Beispiel eine Mine, wird der Strahl reflektiert und zeigt uns im Gerät den Standpunkt an. Rechts haben wir in den Gummihalterungen unsere Kurzwellensender und Empfänger untergebracht, ganz oben zur rechten Hand das gute Radio. Leider hören wir in diesen Seebereichen aus diesem Kasten nichts mehr aus der Heimat.

Unter den Tischen haben wir genügend Raum zur Unterbringung unserer Funkhandbücher. Hinter dem Türeingang stehen unten die Schallplatten und darüber der Plattenteller. Etwas Musik muß hin und wieder sein. Sonst heißt es gleich: »Funker, sei nicht so geizig. Mach mal ein bißchen Musik.«

Jetzt kann ich auf die »Aufforderung zum Ständchen« nur erwidern: »Nun nicht mehr, mein Lieber, wir sind im Operationsgebiet. Jede Art von Musik ist vorübergehend verboten.«

»Ach, da ist der Wurm drin. Auf was für einem Dampfer bin ich bloß gelandet?«

Ich kann den Schmerz verstehen. Bei dieser Schufterei in ständiger Miefluft unter Wasser tut ein wenig Musik oft Wunder. Doch Befehl vom Kommandanten: »Keine Musik im Operationsgebiet.«

»Fliegeralarm!«

Geht das schon wieder los?

»Alarm – Fluten!«

So ein Quatsch, denke ich. Es hieß doch schon Fliegeralarm, wer brüllt denn da nochmal zusätzlich »Alarm«. Außerdem rasseln die Alarmglocken. Die kann man ja nun ganz und gar nicht überhören. Mehr als Alarm kann es doch nun wirklich nicht geben.

Doch jetzt sind sie alle ein bißchen nervös.

Wieder Fliegeralarm, nichts klappt. Es soll nicht sein. Der Alte kriegt die zwei Schiffe nicht.

Wir haben inzwischen geflutet und die Tauchzellen wieder voll Wasser gejagt. Wir gehen in die Tiefe.

Aus der Zentrale höre ich: »Die haben aber ihre Küste hier auch schon ganz schön unter Luftbewachung.«

»Flugzeug kam aus sechzig Grad auf Steuerbordseite.«

»Ich glaube nicht, daß wir jetzt noch eine Chance haben. Inzwischen wird es dunkel.«

Der Alte läßt später nochmal auftauchen; aber wie vermutet, von den Dampfern weit und breit nichts mehr zu sehen.

»Die sind uns entwischt.«

Ziemlich geschlagen kehrt der Alte von der Brücke in sein Kommandantenschapp zurück. Wenn er über die Flurplatten schlurft, weiß ich schon immer, daß er mit sich selber nicht zufrieden ist. Dann nur nicht ansprechen.

Gegen Mitternacht mogeln wir uns in getauchtem Zustand durch die Windward-Passage.

Das Echolot arbeitet.

»Frage an FT: Echolot?«

»Kein Echo!«

In diesem Fall gut. Anscheinend haben die hier noch keine Minen gelegt.

»Frage Horchpeilung?«

»Leichte Peilung im gesamten Bereich. Keine Gefahr.«

Klar, wir befinden uns zwischen den Inselgruppen. Hier gibt es auf der gesamten Skala Geräusche.

Die E-Maschinen laufen »Kleine Fahrt«. Wir fahren »Schneckentempo«.

Am 28. Mai können wir aber sagen: »Wir sind in der Karibik.«

Wir sind sogar so weit vorangekommen, daß wir auftauchen können. Ich bin froh, als endlich mal wieder ein kleiner Windzug durchs Boot geht. »Wieviel Grad Hitze haben wir denn?« Haucke kommt mich abzulösen. Beide stieren wir auf unser Thermometer, und wie aus einem Munde sagen wir gleichzeitig: »Vierunddreißig Grad.«

»Das reicht wieder.«

»Mir reicht es schon lange auf diesem Dampfer.«

»Ich dachte, du hättest dich hier eingewöhnt, es ist doch nicht deine erste Fahrt auf diesem Kahn.«

»Na eben . . . Darum reicht es mir ja nun.«

Die Hitze macht uns toll zu schaffen. Die Schweißtropfen bleiben in meinem ersten U-Boot-Fahrer-Bart hängen. Ein komisches Gefühl. Ständig will man sich kratzen, weil es am Kinn kitzelt.

Haucke hat heute viel zu tun. Er muß eine Menge Funksprüche aufnehmen, sehr viele CQ sind dabei. Die sogenannten Cäsar-Quatsch-Funksprüche sind an alle gerichtet. Weil wir den ganzen Tag über Wasser fahren können, bekommt Haucke alle Funksprüche mit.

29. Mai. Morgens tauchen wir zum Trimmen und setzen danach unsere Überwasserfahrt fort.

Der Kommandant ist heute unruhig. Seine Unruhe wird gegen Abend belohnt, als man ihm meldet: »Dampfer kommt Backbordseite auf.«

Nach dem Fluten gehen wir gleich auf Sehrohrtiefe.

»Der kommt gut. – Frachter hat tausendfünfhundert Tonnen.«

Nun kommt Leben in die Mannschaft.

»Rohr eins bewässern.« Der Kommandant gibt klar und überlegen seine Anweisungen aus dem Turm. Die Rechenanlage im Turm arbeitet. Hier wird automatisch über ein Kettensystem die Geschwindigkeit des Gegners mit unserer Fahrt gekoppelt. Der Vorhaltewinkel und der Paralaxwinkel werden über den Vorrechner angezeigt.

»Das arme Schwein bemerkt uns nicht. Er kommt direkt in unsere Schußrichtung. Entfernung jetzt zweitausend Meter.«

Wir fiebern alle unserem ersten Vernichtungsschuß entgegen.

»Rohr eins klar zum Schuß!«

Der Steuermann hat inzwischen das Handbuch über die Schiffstypen aufgeschlagen.

»Dürfte ein Bananendampfer sein.«

Wir hören jetzt nur das Summen der beiden E-Maschinen.

In diese angespannte Stille hinein ertönt der Befehl:

»Rohr eins los!«

Der Torpedo verläßt nach dem Ausklicken durch den Torpedomaaten das Rohr.

»Torpedo läuft!«

Wir zählen alle die Sekunden. Es ist still wie im Sarge.

»Hoffentlich geht der nicht vorbei.«

»Neun Sekunden, zehn Sekunden, elf Sekunden. Warum dauert das so lange?«

Irgend jemand flüstert, er zählt weiter: »Vierzehn Sekunden, fünfzehn Sekunden, sechzehn Sekunden.« – Jetzt verstummt der Zähler. Er zählt wohl leise weiter. Vielleicht glaubt er nicht mehr an einen Treffer.

»Wumms!«

»Es hat gekracht!« Ein Freudenschrei geht durchs Boot.

»Klar zum Auftauchen!«

»Anblasen!«

»Turmluk ist frei!«

Der Kommandant öffnet das Turmluk und gibt für ein paar Leute die Brücke frei.

Da ich Freiwache habe, sause ich mit auf die Brücke.

»Den hat's erwischt!« höre ich den Stanke ausrufen, als ich meinen Kopf durchs Turmluk stecke. Mit einem Satz bin ich oben.

Auf spiegelglatter See sehe ich den Frachter achterlastig in die Tiefe gehen. Das Heck ist bereits vollkommen unter Wasser. Jetzt richtet sich der Bug in die Höhe, und über den Achtersteven wird das Schiff wie durch einen Magneten nach unten gezogen.

»Beide Diesel große Fahrt!«

Wir halten auf die Stelle zu, wo eben noch der Dampfer war. Ein Rettungsboot treibt oben.

»Da gibt es Überlebende.«

»Achten Sie auf den Himmel, daß wir keine Überraschung erleben.«

Die Brückenwache muß weiterhin den Himmel und die Kimm abgucken. Wir steuern auf ein gelbes Rettungsboot zu. Noch können wir mit dem bloßen Auge nichts Genaues ausmachen. Durch das Glas erkennt der Alte, daß es sieben oder acht Leute sind.

»Jetzt winkt einer.«

»Es war wirklich ein Bananendampfer, die ganze Oberfläche schwimmt ja voller Bananen.«

Wir fahren durch ein Bananenfeld und sind jetzt so nah, daß wir alles erkennen können.

Im Rettungsboot sind 3 Weiße und 5 Schwarze.

»Was ist das denn? – Warum jumpen denn die ins Wasser? Sind die verrückt?«

»Die wollen sich lieber von den Haien fressen lassen als von uns.«

»Das sieht mir fast so aus.«

Vier Schwarze sind über Bord gesprungen und verstecken sich hinter ihrem Boot, das den Namen »Allister« trägt.

»Beide Maschinen stopp!«

Wir kommen längsseits zum Rettungsboot.

Ein jammervolles Bild. Ein Schwarzer liegt auf dem Boden und stöhnt. Die drei Weißen heben die Hände und versuchen, auf den Beinen zu stehen, was ihnen aber nicht gelingt. Die restlichen vier Schwarzen glauben sich hinter ihrem Rettungsboot verstecken zu können. Sie veranstalten ein mörderisches Gebrüll. Die Angst steht ihnen im Gesicht geschrieben. Sicherlich hat man ihnen gesagt: »Wenn ihr in die Hände der deutschen Unterseebootsfahrer kommt, dann wird man euch zerreißen.« Anders ist diese Ängstlichkeit nicht zu erklären.

»Der Schwarze im Boot blutet am Kopf, Herr Kapitän.«

»Verbandszeug hoch . . . und Maschinenpistole!«

Der Alte hat es ziemlich laut gerufen, während ein paar Seemänner von uns die Leute aus dem Boot an Oberdeck ziehen.

Da stürzt plötzlich ein ganz junger Bursche vor und läuft auf den Kommandanten zu. Er fällt auf die Knie, umklammert die Beine des Alten und ruft in tadellosem Deutsch: »Nicht schießen, nicht erschießen, nein! Bitte, bitte, nein! Ich habe eine deutsche Mutter!«

Dabei laufen ihm die Tränen über das Gesicht.

Es würgt auch uns in der Kehle. Wie ist das möglich?

Der Alte reißt sich los von ihm und zieht ihn hoch.

»Wer sind Sie und wie alt sind Sie? – Du bist doch noch ein Junge!«

»Ich bin erst vierzehn Jahre, nicht erschießen. Ich bin noch jung – ich will nicht sterben. Bitte, bitte.« Er weint herzzerreißend. Die beiden anderen Weißen stehen schlotternd am Oberdeck. Ihre Augen gehen hin und her. Sie verfolgen jede unserer Bewegungen.

Inzwischen ist Funkmaat Schoner mit dem Verbandskasten eingetroffen.

»Was ist mit dem da?« fragt der Alte den Jungen und zeigt auf die kümmerliche Figur, welche noch im Boot liegt.

»Er ist am Hinterkopf verletzt, ist mit dem Kopf beim Abspringen aufgeschlagen.«

»Los, hochziehen den Mann!«

»Nicht erschießen.«

»Nein, nun beruhige dich mal. Wir wollen ihn verbinden. Ihr braucht keine Angst zu haben. Wir tun euch nichts.«

Der Schwarze hat eine große Platzwunde am Hinterkopf. Als wir ihn verbinden, kommen die anderen Schwarzen hinter dem Boot hervor. Mit ängstlichen, aber auch neugierigen Gesichtern verfolgen sie, was bei uns auf dem Oberdeck geschieht.

»Steuermann!«

»Herr Kapitän.«

»Ich möchte, daß wir ihnen Proviant mitgeben, die können mit ihrem Boot sicherlich eine Insel erreichen.«

»Jawoll, Herr Kapitän.«

»Frischwasser auch. Für zwei Tage.«

»Wird gemacht.«

Der Steuermann holt ein paar Dosen Brot, einige Dosen Fleisch und gibt einen Wassersack voll Frischwasser mit.

»Die Wache soll aufpassen!«

Wenn jetzt Flugzeuge kommen, dann weiß ich auch nicht, wie schnell wir hier unsere Haut retten können.

Der Kommandant fragt jetzt den Kleinen aus. Ich kann es leider nicht verstehen. Höre aber nur, daß er aus Nordamerika stammt und seine Mutter Deutschland vor 12 Jahren verlassen hat.

Inzwischen trägt der Schwarze einen weißen Verband um den Kopf. Wir sagen ihnen, daß sie mit ihrem Boot die Chance haben, eine der Inseln zu erreichen. Als Hilfe geben wir einen kleinen Taschenkompaß mit und erklären, daß sie in 20 bis 30 Grad nördlicher Richtung »bestimmt eine Insel erwischen«.

Was hat er gesagt? »Eine Insel erwischen?« Als wenn die Inseln vorbeigeschwommen kommen.

Ausgerüstet mit Proviant, Frischwasser und Kompaß sowie ein paar Schmerztabletten steigen die Kerle nun wieder in ihr Boot. Als sie abstoßen, hören wir den Jungen rufen: »Ich fahre nie mehr für Amerika!«

»Mensch, nur weg jetzt! Die haben wir aber vielleicht schnell umgeschult!«

Als wir die Diesel auf »Halbe Fahrt« schalten, merke ich, daß wir spontan alle zurückwinken, als würden wir Abschied von Freunden nehmen. Sicherlich hat der Vierzehnjährige unsere Herzen gerührt.

»Der arme Bengel«, hören wir den Obersteuermann sagen. Wir klettern wieder ins Boot. Ich liege noch lange Zeit mit hellwachen Augen auf meiner Koje. Ich drehe mich zur Wand, weil ich nicht möchte, daß andere sehen, wie ich mir nun doch ein paar Tränen abwischen muß.

Ich falte die Hände und bewege meine Lippen: »Lieber Gott, laß sie eine Küste erreichen.«

Noch in der Nacht sichten wir einen Dampfer. Er kommt aus der Richtung unserer Schiffbrüchigen. Es ist möglich, daß die armen Kerle auf diesem Schiff sind. Vielleicht freuen sie sich schon, daß sie gerettet wurden. Sind sie aber wirklich in Sicherheit?

Wenn sie auf diesem Dampfer sind, dann haben sie Pech.

In den frühen Morgenstunden wird auch dieses Schiff versenkt. Bei der Vernichtung dieses Schiffes sind wir alle still. Kein Jubelschrei. Wir empfinden, wie schmutzig das Kriegshandwerk ist. Alle hoffen wir, daß der junge Deutschamerikaner und seine Kameraden nicht dabei sind.

»Der war auch nicht größer – auf die Tausendfünfhundert hätten wir ja auch verzichten können.«

»Das sagt Euseebius. Hört euch den an. – Mensch, Krieg ist Krieg!«

»Und Schnaps ist Schnaps – ja, ich weiß, die alte Leier.«

Die rauhen Töne halten wieder Einkehr.

Nach dem Versenken eines Schiffes gibt es zwar keinen

Schnaps, aber ein Glas Sekt wird für jeden eingeschenkt. Die leeren Flaschen werden zerschlagen und mit leeren Dosen, die oben und unten ein Loch haben müssen, in einem Sack über Bord geworfen.

So langsam wird das Boot leichter.

Wir tauchen zum Trimmausgleich. Heute, am 30. Mai, trage ich heimlich in mein privates Kriegstagebuch ein: »53 Grad Hitze im Boot. 35 bis 40 Grad Luft. Wassertemperatur 31 Grad.

Kurs: Richtung Golf von Mexiko.«

Am 31. Mai sichten wir in der Frühe einen Passagierdampfer. Er wird von zwei Zerstörern begleitet. Sie entkommen uns, da sie 18 sm laufen.

Am Abend heißt es: »Steuerbord voraus Dampfer in Sicht.«

Der Gesichtete kommt näher.

»Das ist kein Dampfer.«

»Könnte ein U-Boot sein.«

»Dann aber ein deutsches.«

»Sollen wir ES schießen?«

»Abwarten.«

Wir tasten uns gegenseitig näher.

»Das ist ein deutsches Boot, klar auszumachen.«

Bei ruhiger See können wir uns ziemlich dicht nebeneinander manövrieren. Ich sehe, es ist das Boot von Kapitänleutnant Rasch. Gerade als es interessant wird zum kurzen gegenseitigem Plausch, da muß ich hinunter in die Funkerei.

Es dauert höchstens 10 Minuten, da höre ich die Diesel wieder stärker anlaufen. Das kurze Zusammentreffen ist beendet. Sicherlich haben sich beide Kommandanten Hals- und Beinbruch und viele Erfolge gewünscht.

Am 1. Juni geben wir einen Funkspruch ab und empfangen einen für unser Boot.

Als ich auf der Brücke stehe, um etwas frische Luft zu schnappen, sehe ich, wie sich etwas Grünliches aus dem

Wasser hebt und durch die Luft saust, um genauso schnell wieder im Wasser zu verschwinden.

»Fliegende Fische!«

»Das gibt's doch nicht!«

»Die gibt es nicht? – Natürlich – haben Sie doch gesehn. Passen Sie mal auf. – Da! Wieder einer.«

»Tatsächlich! Ich dachte immer, das sei Seemannsgarn mit den fliegenden Fischen.«

»Oh – – – ! Hol den Smutie, jetzt ist einer auf der Back gelandet!« brüllt die Nummer Eins vor Freude los. Der Koch kommt, klettert mit Genehmigung des II WO auf Deck und holt den Fisch vom Vorschiff.

»Der kam direkt so im Gleitflug von Steuerbord und wollte über die Bugspitze weg, und platsch – machte er eine Bauchlandung«, jubelt die Nummer Eins.

»Den hau ich Ihnen in die Pfanne«, sagt der Smutje zur Nummer Eins.

»Ich bitte darum – und ein großes Kühles dazu!«

Ja, bei der Hitze könnte man ein Bier vertragen. Bier habe ich auf dieser Reise noch nicht zu trinken bekommen.

Jetzt zeigt uns der Smutje den komischen Fisch. Er schillert in allen Farben, vorwiegend aber grünlich-grau. Gleich hinter den Kiemen sitzen große Brustflossen, diese kann er spreizen und damit weit über hundert Meter durch die Luft fliegen. Sicherlich nahm er Reißaus vor Haifischen. Dieser kleine Fisch hier landet nun nicht im Rachen eines Haifisches. Er kommt in die Pfanne und wird dann wohl im Rachen der Nummer Eins verschwinden.

Die Nummer Eins ist aber großzügig. Kutschera gibt ab, und so teilt sich der Fisch in kleine Bissen auf.

Wer zuerst »hier« gerufen hat, bekommt ein Stückchen, und alle, die ihn probieren, sind der einhelligen Meinung, daß der fliegende Fisch gut schmeckt.

Am Abend sichten wir ein Leuchtfeuer. Wir fahren durch die Yucatan-Straße in den Golf von Mexiko.

2. Juni. Morgens fahren wir eine Stunde lang getaucht. Nach dem Trimmausgleich geht es wieder hoch. Unsere Brückenwache bekommt dunkelbraune Gesichter. Hier, in diesen Breitengraden, liegt die Sonne an. Man könnte sogar sagen, sie steht fast senkrecht.

5. Juni.

Die Alarmglocken schrillen.

»Fluten!«

»Wir gehen gleich auf Sehrohrtiefe.«

»Auf Sehrohrtiefe gehen!«

Dazwischen platzt eine Meldung von achtern: »Wassereinbruch im Dieselraum!«

Der LI schwingt sich durchs Kugelschott zum Dieselraum.

»Verdammter Mist!« Der Alte flucht aus dem Turm.

Der Zentralemaat meldet: »Boot ist auf Sehrohrtiefe!«

Inzwischen kehrt der LI zurück.

»Wassereinbruch an der Abgasklappe vom Backborddiesel. Schaden wird behoben.«

»Gerade jetzt habe ich zwei Pötte im Sehrohr.«

Als nach einiger Zeit die Klarmeldung von der Dieselmannschaft kommt, nimmt der Alte sich den einen Pott aufs Korn. Wir fahren Angriff.

Plötzlich verlangsamen wir die Fahrt.

Der Angriff wird abgeblasen.

Was ist los?

Der Alte und der LI lachen schallend in der Zentrale. Nun dringt es bis zu unserem Funkraum vor: Der zweite schnelle Dampfer ist entkommen und der erste, auf den wir jetzt den Angriff starten wollten, entpuppte sich als eine große Segelyacht.

»Der zweite hatte seine viertausend Tonnen; aber der ist spurlos verschwunden.«

»Vielleicht hat ihn der Rasch versenkt«, lacht der LI.

»Das hätten wir gehört, außerdem ist Rasch nicht mehr in diesem Gebiet.«

»Auftauchen!«

Wir setzen unseren vorhin unterbrochenen südöstlichen Überwassermarsch fort, und nun bleiben wir einige Stunden oben.

Vor dem Dunkelwerden müssen wir wegen Flugzeugsichtung nochmal tauchen. Schade, gerade ist auf der Funkwelle Hochbetrieb.

Aber am 6. Juni können wir tagsüber oben bleiben, dadurch bekommen wir alle noch fehlenden Funksprüche mit.

So wie hier in der FT habe ich noch nie geschwitzt.

7. Juni.

Kurz nach Mitternacht kommt wieder ein Dampfer in Sicht.

»Alle Mann auf Gefechtsstation!«

»Beide Maschinen äußerste Kraft voraus!«

Die Diesel laufen auf hohen Touren. In allen Teilen des Schiffskörpers vibriert es. Wir preschen vor! Diesmal soll es klappen!

»An Bugraum: Rohr eins bis vier klarmachen zum Schuß!«

Die vier Torpedorohre werden bewässert.

»Der Bursche zackt mächtig.«

Wir laufen wieder neuen Angriff. Alle Berechnungen waren umsonst. Es klappt nicht immer auf Anhieb mit der Schießerei. Sind alle Berechnungen klar und der Kommandant will schießen, kann es passieren, daß der Gegner in dem Moment abdreht. Dann muß ein neuer Angriff gefahren werden. Oft ist der Feind nur unter Aufbietung aller menschlichen und technischen Kräfte wieder einzuholen. Kommt man in die gute Schußposition, müssen die Berechnungen wieder stimmen, ehe es heißt: »Torpedo los!«

Endlich kommt das erwartete Kommando: »Rohr eins – los! – Rohr zwei – los!«

Große Pause.

Vereidigung der 2. Ausbildungskompanie in Breda.

Meldung der Besatzung an Kommandant.

U-Boot-Hafen Neustadt.

U-Boot-Einsatz Ostsee zum Auslaufen bereit.

Wohnschiff Wilhelm Gustloff während der Ausbildung in Gotenhafen und Oxhöft.

Ankunft in Lorient. Blick vom BdU-Zug aus.

Eingang zur Saltzwedel-Kaserne Lorient.

Das sind Fahrensleute. Sie haben viel erlebt.

Port Louis.

Drehbrücke. Le Pont tournant Lorient.

U-Boot-Bunker Lorient.

U-Bootfahrer-Heim.

.orient vor der Zerstörung durch englische Bomber.

altzwedel-Kaserne von oben gesehen.

Ausguck! Jetzt fahren wir auch tagsüber aufgetaucht.

Wohn-, Schlaf- und Arbeitsraum des Kommandanten.

Wir nähern uns schnell dem eigentlichen Operationsgebiet.

Ich sehe den Frachter achterlastig in die Tiefe gehen.«

Wumm! Von unserer Seite.«

»Der Dampfer brennt. Eine Feuerwand auf dreihundert Meter Länge.«

»Als ich Mitternacht auf Funkwache gehe, habe ich noch kein Auge zugemacht.«

Die abgerissene Flurplatte.

Zwei Boote laufen heute gemeinsam ein!

Einlaufen nach der Feindfahrt.

Auf Anlegeplatz A 3.

Die Autoreifen der Marke Firestone als Trophäe.

Nach der 1. Feindfahrt als Funkgefreiter im Urlaub.

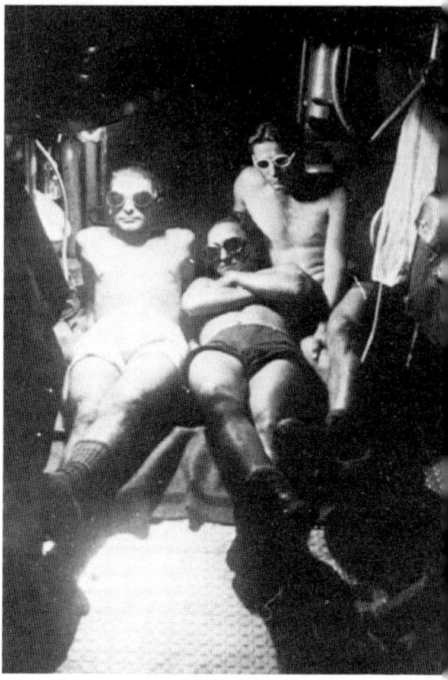

Höhensonne in der Tiefe des Mittelmeeres.

Eingang zum Lager Lemp.

Rückkehr von erfolgreicher Feindfahrt.

Die Zehnkommafünf. Hätten wir damit noch schießen können?

Wir warten und schweigen.

Wir warten lange.

Es tut sich nichts. – Da stimmt was nicht. »Rohr drei – los! – Rohr vier – los!«

Wieder warten. Sekunden mitzählen.

Das dauert eine Ewigkeit. – Was ist los?

Nein, das gibt es doch nicht!

Wir wollen es nicht wahrhaben.

Doch der Dampfer zieht seine Bahn und zackt inzwischen wieder nach backbord.

»Ein Zehntausendtonner, der nichts von seinem Glück weiß!«

Der Alte schimpft.

»Torpedorohre Heckraum – klarmachen zum Schuß.«

Wir fahren neuen Angriff.

»Deuna, deuna! Ich hab den jedes Mal im Fadenkreuz . . . und die Aale gehen glatt vorbei.«

Als der Heckraum die Rohre klar zum Schießen meldet, dauert es nicht lange, und es folgt das Kommando: »Rohr fünf – los!

Rohr sechs – los!«

Wieder banges Warten.

Die Mannschaft sitzt gekrümmt und hofft, den großen Knall zu hören. – Doch vergebens.

In dieser Nacht ist das Glück nicht mit uns.

6 Torpedos verschossen.

Es herrscht lähmende Ruhe im Boot. Keiner wagt, sich hierzu zu äußern.

Wir wissen alle, daß das am allerwenigsten der Alte gewünscht hätte.

Er hat 6 Torpedos verschossen.

Er tut mir leid, unser Alter. Ich glaube, alle haben Mitleid mit ihm.

Woran kann dieses Versagen gelegen haben? Es wird nie zu klären sein, denn die Torpedos sind futsch und können von uns nicht nachträglich untersucht werden. Ein schwarzer Montag für uns.

Die Torpedomechaniker schuften wie die Kümmeltürken.

(Ich weiß überhaupt nicht, wie Kümmeltürken schuften.) Naja, sie sind jedenfalls sehr fleißig, unsere Torpedoleute, und nun hieven sie die Torpedorohre wieder voll. Ich kann meine Koje nicht benutzen, sie ist hochgeschlagen, weil die Torpedos unter den Flurplatten hervorgehievt werden. Es wird fieberhaft gearbeitet; denn wir wollen mit den Torpedorohren wieder klar zum Schießen sein.

Ich muß noch lange über den Kommandanten nachdenken.

Was mag er wohl ins Logbuch schreiben?

6 Torpedos verschossen ... Frachter von 10000 BRT entkommen ...

»Deuna, deuna«, kann ich da auch nur sagen.

8. Juni. Während ich Funkwache gehe – eigentlich müßte es bei mir ja heißen, während ich Funkwache sitze –, kommt Mitteilung von Brücke an Kommandanten: »Rauchfahne in zweihundertvierzig Grad backbord achteraus.«

Der Kommandant flitzt. Hoffentlich hat er den Schmerz von gestern überwunden. Es scheint so. Ich glaube, er ist wieder der alte. Wir fahren mit neuem Kurs und Braßfahrt.

»Junge, jetzt will es der Alte aber wissen. – Hoffentlich klappt es.«

Wir wünschen es uns alle.

»Fluuuuten!«

Ab geht es wieder. Die Brückenwache rutscht an der Leiter herunter. Zur gleichen Zeit strömen die Wassermengen in die Tauchtanks. Es rauscht und gurgelt. Die letzte Luft entweicht.

»Auf Sehrohrtiefe gehen!«

Das Boot wird durchgependelt und kommt nach der Achterlastigkeit wieder in Normallage.

Das Sehrohr wird ausgefahren.

Die E-Maschinen summen wieder. Die Dieselheizer haben Ruhe. Der Kapitän hängt am Okular und läßt den Dampfer nun nicht mehr aus den Augen.

»Torpedorohre eins und zwei klarmachen zum Unterwasserschuß!«

»Schraubengeräusche nehmen zu«, meldet Obermaat Schoner; er hat das Horchgerät besetzt.

»Beide Maschinen halbe Fahrt. – Kurs beibehalten!«

Der Kahn scheint ja recht zu kommen.

»Der läuft gleichmäßig in unsere Schußposition«, hören wir die Stimme des Kapitäns, und damit wird meine Vermutung bestätigt.

»Schraubengeräusche werden stärker!«

Der Kommandant benötigt die Angaben des Horchers jetzt aber nicht, da er den Einzelfahrer bestens vor dem Objektiv hat.

»Entfernung jetzt tausend Meter. – Kurs recht so.«

Wir warten alle auf das erlösende Kommandowort.

Da kommt es schon: »Rohr eins los! – Rohr zwei – los!«

Wir sitzen und zählen wieder. Obermaat Schoner hält eine Stoppuhr in der Hand.

Er kann sich das Zählen ersparen.

»Wumm!« Und kurz danach: »Rawummmm!«

»Getroffen!« schallt es durch das Boot.

Dieses Mal also nicht daneben. Das Flitzen der Mannschaften in Richtung Bugraum nach dem Verlassen der Torpedos war jetzt nicht umsonst.

»Der Dampfer brennt. Eine Feuerwand auf dreihundert Meter Länge!« berichtet der Alte zu uns herunter.

»Der bricht auseinander!« ruft Schoner. Er muß es prima hören mit seinem Horchgerät.

Wir hören jetzt – auch ohne Horchgerät – gewaltige Detonationen. Es kracht, berstet und rumort.

»Die Feuersäule ist so hoch wie breit. Der Bursche hat bestimmt Munition geladen!« Die Stimme des Alten überschlägt sich fast vor Aufregung. »Auf fünfzig Meter gehen!«

Das Sehrohr wird eingefahren, wir gehen tiefer.

»Eine unheimlich große Feuersäule schießt zum Himmel«, hören wir den Alten erklären, der jetzt zur Zentrale heruntergestiegen ist. »Auf achthundert Meter Entfernung saß der erste Torpedo vorn und der zweite landete achtern unterm Mast. Oben fliegen jetzt Brocken durch die Luft, ich glaubte schon, mein Sehrohr würde zerschlagen«, erklärt jetzt überschwenglich der Alte weiter.

»Frage Horchpeilung?«

»Dampfer sinkt mit gewaltigen Explosionsgeräuschen.«

Tatsächlich setzt jetzt ein unheimliches Poltern ein. So etwas haben wir noch nie gehört. Neben dem Krachen und Splittern ein Rauschen. Es hört sich an, als würde Stahl an einer Mauer entlangschleifen.

Der Obersteuermann bemerkt: »Der geht ab auf achtzehn Grad fünfzehn Nord und fünfundachtzig Grad zwanzig West.«

»Viertausend Tonnen!« Der Alte hat seine gute Laune wieder.

»Durch die beiden Torpedos, welche wir ihm verpult haben, hat der sich vollkommen in Atome aufgelöst«, erklärt der Alte immer noch redselig, »ich sah dann nur noch eine Feuerwand und gewaltige Brocken durch die Luft fliegen.«

Es bleibt ruhig oben, und wir entschließen uns nach genau 4 Minuten zum Auftauchen.

Als es heißt: »Turmluk ist frei!« folgt kurze Zeit später auch das »Brücke frei!«

Mit einigen Kumpels stürze auch ich zur Steigleiter und entere so schnell ich kann mit nach oben.

Von dem Dampfer ist nichts mehr zu sehen.

Wir halten lediglich auf ein Trümmerfeld zu.

Am Himmel steht eine riesengroße Haufenwolke.

»Der Bursche hatte wirklich Munition geladen«, bestätigt nun noch einmal der Kommandant.

»Achtung! – Mann, da kommen ja noch große Farbplatschen aus der Luft angesegelt!«

Die großen verkohlten Teile müssen sich die ganze Zeit über in großer Höhe befunden haben, sie segeln jetzt langsam hernieder, und Teile davon landen auf unserem Boot.

Wir fahren näher und erreichen das Trümmerfeld. An den herumtreibenden Wrackteilen ist die Herkunft des Schiffes nicht mehr zu erkennen. Überlebende oder treibende Seeleute sind nicht auszumachen.

»Mein Gott, wie sieht das aus! – Da ist auch nicht eine Menschenseele lebend herausgekommen. – Da, was ist das!« Damit schauen wir alle auf etwas Rundes. Dieses Runde kommt in Abständen aus dem Wasser und springt im großen Bogen zurück.

Wir fahren dichter auf.

»Autoreifen!«

Ja, genau. Aus dem Wasser kommen jetzt Autoreifen geschossen und landen nach großen Kraftsprüngen an der Wasseroberfläche. Nach einiger Zeit ist auch dieser Spuk vorbei. Wir fischen ein paar Reifen und Schläuche aus dem Wasser.

»Die nehmen wir als Trophäe mit«, entscheidet der Kommandant. Teile von Rettungsbooten treiben vorbei. Leider kein Name auszumachen.

Kisten von 2 Meter Länge und 1 Meter Breite treiben im Wasser. Auf den Kisten kann als Bestimmungsort Bombay ausgemacht werden.

»Flugzeugteile!« kommentiert der Alte, »da treiben ja auch Scheibenräder. Na, da werden sich die Japaner freuen, daß wir ihnen diesen Brocken auf den Meeresgrund geschickt haben.«

Der unangenehme Geruch nimmt immer stärker zu.

Die pinienhafte Rauchwolke steht jetzt bis zu einer Höhe von 1200 bis 1500 Meter über uns.

Da für uns die Kopfschmerzen fast unerträglich werden, entschließt sich der Alte zum Absetzen.

Mit großer Fahrt verlassen wir das Trümmerfeld, hinter uns bleibt der große Rauchpilz stehen. Noch stundenlang sehen wir ihn und erleben seine Wandlung von einer Haufenwolke zu einer riesigen Zirruswolke mit.

Da es oben trotzdem ruhig bleibt und sichtmäßg keine Gefahr auszumachen ist, gibt der Alte den Befehl zur Übernahme der Torpedos aus den Oberdecksbehältern. Hierzu wird das vordere Torpedoluk geöffnet.

Das Ladegeschirr und die Winsch werden fieberhaft schnell auf dem Oberdeck in Stellung gebracht.

Die Flugzeugabwehrkanone wird besetzt.

»Nur jetzt keine Flieger«, höre ich den Kallies stöhnen.

Einen 7 Meter langen Torpedo kann man ja nicht in Windeseile aus den Oberdecksbehältern ziehen und ins Bootsinnere bugsieren. Das braucht seine Zeit.

Hängt aber der Torpedo in der Gleitschiene zur Beförderung durch das Luk, dann kann ein Boot ja nicht tauchen.

Doch wir haben Glück. Es klappt ohne Zwischenfall.

Der zweite Dampfer dieses Tages, ein 1500-Tonner, kommt uns nachmittags vor die Rohre.

Wir können wieder tauchen und schießen zwei Torpedos auf ihn ab. Ich sitze am Horchgerät. Schoner, Kallies und Haucke stehen in meiner Nähe. Die gesamte Funkmannschaft ist vertreten. Wir sind alle noch viel zu aufgeregt von den Ereignissen des Tages. Niemand könnte jetzt ruhig auf der Koje liegen.

»Hören Sie was?« Schoner ist nervös.

»Ich höre die Schraubengeräusche des Dampfers. Er mahlt seinen Stiefel runter.«

»Mensch, müßte doch jetzt knallen.«

Es knallt aber nicht.

Wieder zwei Torpedos vorbei.

Jetzt wird der Kommandant energisch: »Versager! Wir tauchen auf zum Artillerieangriff!«

»Auf Gefechtsstation zum Überwasserangriff!«

»Sie bleiben im Funkraum!« ruft Schoner mir zu.

Ich besetze das UKW-Gerät. Hinter mir wird die 10,5-Last aufgerissen. Die Granaten werden nach oben befördert.

Zur gleichen Zeit heißt es: Auftauchen!

»Turmluk ist frei!«

Der Kommandant, die Brückenwache und die Geschützbedienung steigen in hastiger Eile aus. Jetzt geht es um Minuten, ja sogar nur um Sekunden, welche entscheiden können zwischen Leben und Tod. Für einen wird es sicherlich der Tod sein. Ich habe den feindlichen Dampfer auf der 600-Meter-Welle. Er funkt wie ein Irrer. Er muß uns also gleich bemerkt haben. »Feindliches Schiff funkt!« gebe ich zur Zentrale.

Der Befehlsübermittler gibt es nach oben auf die Brücke weiter.

Dann höre ich einen mächtigen Knall, und ein Zittern geht durch unseren Bootsleib. Der erste Schuß aus der 10,5-cm-Kanone ist abgefeuert.

Sogleich hört das Funken drüben auf.

»Schiff funkt nicht mehr!«

Ich brülle vor Freude.

Der erste Treffer hat die Antennenleitungen des Gegners zerstört.

Funken kann er nicht mehr. Aber jetzt geht die Ballerei los. Schießen kann er noch. Er erwidert gleich das Feuer und schießt aus allen Rohren. Ich sehe es nicht hier unten; höre aber die Einschläge in unmittelbarer Nähe. Die Aufschläge im Wasser. Ich muß durchhalten. Ich habe das Gefühl, als würde sich vor meinen Augen der Schiffsrumpf öffnen müssen. Ich denke an einströmendes Wasser. Ich male mir einen Volltreffer aus. Hole tief Luft. Komm, Junge, denke ich, nur nicht durchdrehen. Du siehst doch nichts, also bilde dir nichts ein. Es knallt nur draußen. Ich muß an den »Psychologen von Lorient« denken. Ob er jetzt auf seiner Munitionskiste im Arsenal schläft?

»Tschummm!« Das saß aber in unserer Nähe. –

Hoffentlich erwischt es den bald richtig.

Hinter mir gehen weiter die Granaten aus der Last nach oben.

Ich denke, wieso haben wir so viel Granaten mit?

Du hast doch gar nicht gesehen, daß sie eingeladen wurden.

Ist das denn noch nicht bald zu Ende?

Ich höre auf meinen Ohren bald nichts mehr.

Ich muß hören. Ich bin doch Funker. Ein Funker ohne Ohren ... Wieso denke ich »ohne Ohren« ... Die können mir doch nicht die Ohren allein abschießen.

»Wumm!« von unserer Seite.

»Wummwummwumm!« die anderen. – Immer noch kein Ende.

Ich spreche mit mir selber, murmele etwas, um mich abzulenken: »Deuna, deuna, wird der Kommandant sagen, ist das ein zäher Bursche.«

Er schießt immer noch, wir aber auch. Solange der Vorrat reicht. Komisch, an was man alles denkt.

Ich stiere wieder auf die Wand vor mir. Sehe auf das aufgerollte Foto der Kallies-Braut.

Hat der auch noch nicht gradegebügelt, denke ich.

Kann ich überhaupt noch denken?

Von drüben wird nicht mehr geschossen. – Nein? –

Nein! Es ist still geworden von der Gegenseite.

Wir schießen noch. – Demnach haben wir die Geschützleute von dem Pott über Bord gefegt. Vielleicht haben sie auch keine Granaten mehr. – Dummheit. – Die haben genug. Die sind am Ende. Ich hoffe.

Ein Freudenschrei aus der Zentrale erlöst meine Ungewißheit. »Versenkt! Wir haben ihn versenkt. Er geht zu den Fischen!«

Ich atme auf.

Für viele bedeutet die entscheidende Minute oder Sekunde den Tod. – Wir leben. –

Laufen jetzt mit AK ab. Nur weg, nur weg, ist alles, was ich im Moment denken kann.

Die Flurklappen zur 10,5 cm-Last werden geschlossen.

Stanke lehnt sich erschöpft an mein Funkschapp, er lacht mir zu aus einem vollkommen verschwitzten Gesicht. Ich spüre den Schweißgeruch. Er steht in meinem Funkschapp. Ich kann nichts dagegen tun. Es wird sicher mein Angstschweiß sein, welcher sich mit dem Schweiß von Stanke vermischt.

»Einhundert Schuß waren es genau. Mit unserem hundertsten Schuß haben wir ihn unter Wasser gedrückt!«

Komisch, daß ich jetzt denken muß: »Hundert Schuß sind billiger als ein Aal, da haben wir Glück gehabt und Geld gespart.«

Ich bin mit dem Sortieren meiner Gedanken noch nicht einig, da höre ich, daß der Ausguck auf der Brücke wieder einen Dampfer ausgemacht hat. Heute ist Großkampftag.

Wir fahren einen neuen Angriff.

Die Diesel müssen ihr letztes hergeben. Es gilt, schneller zu sein als der Feind.

Die Besatzung gibt auch ihr letztes her. Wieviel Stunden sind wir eigentlich schon auf dem Posten? Ich hätte doch längst mal wieder die Koje drücken müssen. 18 Stunden. Ja, 18 Stunden, ohne auch nur einmal an der Matratze zu horchen – und es geht weiter! Vier Stunden frei, vier Stunden Dienst – das ist wohl nur, wenn gar nichts passiert. Jetzt passiert ja nur noch was. An Schlaf ist nicht zu denken.

Es ist sogar gut, daß ich jetzt noch Funkdienst habe. Meine Nerven sind aufgepeitscht, ich hätte keine Ruhe zum Schlafen. Im Bugraum soll »Wuhling hoch drei« sein. Dort sind die Torpedomixer mit dem Nachladen der Rohre beschäftigt. Es gilt, wieder schußbereit zu sein. Neue Aale müssen in die Abschußrohre. Bei der Arbeit an den Taljen darf man die Torpedoleute nicht stören, die werden sonst sauer.

Ein Torpedo hat schließlich ein Gewicht von 30 Zentner, und die Beschickung der Rohre ist kein Vergnügen.

»Alarm!«

»Fluuuten!«

»Na! Na! – Das geht doch besonders schnell und aufregend!« rufe ich aus dem Funkraum. Da bekomme ich auch schon die Erklärung.

»Fliegeralarm!«

»Auf Tiefe gehen!«

»Vorn hart unten – hinten zehn!«

Die Tiefenrudergänger haben das Boot jetzt in der Hand.

»Boot fällt gut. – Vierzig Meter.«

Ich besetze das Horchgerät.

»Sechzig Meter«, höre ich weiter aus der Zentrale.

Weiter geht es in die Tiefe.

» LI, steuern Sie auf hundertzwanzig Meter ein.«

»Auf hundertzwanzig Meter gehen!«

»Wummm!Wummmm!Wummmm!«

»Fliegerbomben, die Brüder haben uns doch gesehen.«

» LI, wir werden tiefer gehen.«

Ich kurbele am Horchgerät.

»Horchpeilung in achtzig Grad. Schraubengeräusche gleichbleibend.«

»Das ist der Kahn, den wir aufs Korn nehmen wollten.«

Inzwischen fallen weitere Fliegerbomben.

Es ist komisch, daß man bei jedem Knall nach oben guckt.

Obwohl nichts zu sehen ist, glaubt man, seinen Blick dorthin lenken zu müssen, woher die Gefahr kommen kann. Ich bin mir nicht sicher, ob uns die Fliegerbomben in dieser Tiefe erreichen können. Sollen wir glauben, was man uns erzählt hat, daß wir so tief tauchen können, daß uns Flieger- und Wasserbomben nicht erreichen können?«

»Neue Horchpeilung in vierzig Grad – kommt stark auf.«

»Gut einpeilen! – Können Sie Genaues ausmachen?«

»Den Geräuschen nach das typische Mahlgeräusch eines Zerstörers.«

»Geben Sie mal her.« Funkmaat Kallies nimmt mir die Kopfhörer ab. Sein Gesicht wird zur Maske. Es ist nichts in ihm zu lesen. »Ja, das ist ein Zerstörer – Zerstörer stark aufkommend.«

Er gibt mir die Hörer zurück.

Ich kurbele die Skala in 360 Grad ab. Nur die beiden Peilungen; wobei die Zerstörerpeilung stärker wird.

»Frage: Horchpeilung?!« ertönt es aus der Zentrale.

»Erste Peilung in achtzig Grad wandert nach neunzig Grad aus – wird schwächer. Zerstörerpeilung nimmt zu. In dreißig bis vierzig Grad aufkommend.«

»Neuen Kurs steuern hundertsechzig Grad!«

»Hundertsechzig Grad liegen an!«

Im Kopfhörer röchelt sich der Zerstörer immer schneller heran.

»Rch-rch-rch-rch-rch-rch-rch.«

»Auf hundertachtzig Meter gehen.«

Vorsichtshalber schrauben wir uns jetzt noch tiefer.

Nach einer Weile: »Hundertachtzig Meter sind erreicht!«

»Lenzpumpen abstellen!«

Ich höre nur den Zerstörer: »Rch-rch-rch-rch-rch.«

Falls der unseren Standort kennt, müßte jetzt bald ...

»Rawumm! Rawumm!« Da ist es schon passiert.

»Wabos!« ruft irgend jemand.

Das Boot wird geschüttelt.

Die Flieger haben unsere Position gut an den Zerstörer übermittelt.

Jetzt wird der uns beharken.

»Frage Horchraum?«

»Rundum Peilung.«

»Mist, der ist genau über uns.«

»Schleichfahrt.«

Die Kommandos werden jetzt nur noch im Flüsterton gegeben.

»Rawummm! Rawummm!«

Wieder zwei Wasserbomben.

Unser Kahn zittert in allen Fugen.

Wir sitzen, können kaum etwas tun. Nur mit viel Geschick und großem Glück ausweichen.

Der LI macht nicht seine erste Feindfahrt. Er ist im Tiefensteuern ein As. Nur durch das Legen der Höhen- und Tiefenruder hält er jetzt das Boot auf ebenem Kiel.

Auf meiner Armbanduhr lese ich die Uhrzeit ab: 18.35 Uhr.

Vor einer halben Stunde, kurz nach 18.00 Uhr, hatte es den Fliegeralarm gegeben.

»Zerstörer nimmt neuen Anlauf«, melde ich zur Zentrale.

»Rawummmm!«

Mir fliegt der Hörer vom Kopf. – Mir ist, als hätte ich einen Schlag auf den Kopf bekommen. Ich höre Glas splittern. Das Boot ist stockfinster.

»Notbeleuchtung!« schreit jemand.

»Rawummmm!« Wieder Krach! – Zittern! – Wir haben Angst. Aber wir leben noch. Ich stülpe mir die Kopfhörer wieder über. Noch ertönen keine Grabgesänge wie bei Dante Alighieri.

Kallies ist gegen mich gefallen. Die Notbeleuchtung brennt, und ich sehe, wie Kallies sich wieder hochrappelt. Er muß auf dem Boden gelegen haben.

»Rawummmm!«

»So ein Biest«, stöhnt Kallies.

»Hoffentlich können wir ihn abschütteln«, wage ich einzuwerfen.

Kallies ist nervös, sehr nervös. Er will sich ablenken, nimmt mir die Kopfhörer abermals ab. Jetzt setzt er sich sogar ans Horchgerät.

»Ausfälle an Zentrale melden!« wird durchs Boot gegeben, Gott sei Dank werden wenigstens keine ernsten Ausfälle gemeldet.

Über der Tür unseres Horchraumes ist das Glas vom Notbeleuchtungskasten gesplittert. Die Scherben liegen auf dem Boden. Ich sammele sie leise auf.

Im Funkraum sitzt Schoner und führt eine Strichliste über die Waboabwürfe.

Hat der Nerven! Führt eine Strichliste! Er will sich wohl auch nur ablenken. Nerven haben wir alle, sonst wären wir ja nicht hier. Nur, wie lange wir eiserne Nerven behalten können, das ist die Frage.

»Rawummm!«

»Einundzwanzig.« Schoners leise Stimme.

»Rawummm!«

»Zweiundzwanzig.«

Wo ist Haucke, denke ich. Der liegt auf der Koje und pennt? Quatsch! Jetzt ist nichts mit Pennen. Der wird im Bugraum zittern. Ich spüre, wie auch meine Hände zittern. Mein Kopf tut weh. Eigenartiger Schmerz. Wie normale Kopfschmerzen mag es wohl nicht sein. Dieser Schmerz ist anders. Er beginnt hinter den Ohren und zieht von dort ins Genick, dann über die Schädeldecke zur Stirn. – Überdruck! Sicherlich haben wir längst Überdruck im Boot.

19.00 Uhr vorbei, und noch immer läßt der Zerstörer uns keine Ruhe.

»Klirr!«

»Asdicortung.«

»Der Schweinehund hat uns noch.«

»Frage Horchraum?«

»Zerstörer nimmt neuen Anlauf hundertachtzig Grad.«

»So dumm ist der nicht.«

»Können wir den nicht täuschen?« flüstere ich Schoner zu. »Irgend etwas außenbords drücken?«

»Jetzt? In dieser Tiefe? – Fahnenstangen, Lederzeug und Öl?«

Schoner schüttelt den Kopf.

»Rawumm!«

Er kann wieder einen Strich machen.

»Wieviel?« frage ich, als ob das lebenswichtig wäre.

»Vierunddreißig.«

Der rothaarige Schoner mustert mich, guckt im Halbdunkel der Notbeleuchtung zu mir herüber. Sein leicht gewölbter Nasenrücken glänzt wie eine Speckschwarte. Helle, aber ängstliche Augen sehen mich an. Was hat er nur für wasserblaue Augen? Passen sie überhaupt zu seinem kupferroten Haar? Was mag er denken? Denkt er: Warum muß die Jugend verheizt werden? Ich bin ein paar Jahre jünger als er. Vielleicht denkt er weiter als ich, denkt an Folgen, die ich mir noch gar nicht ausmalen kann? Ausmalen? – Hier gibt es nichts auszumalen. Alles, was ich hier erlebe, ist rauhe Wirklichkeit.

»Keine Peilung, absolute Stille«, gibt Kallies leise zur Zentrale durch.

Schoner legt seinen Bleistift hin. Seine Hand zittert.

»Sie sitzen nicht am Horchgerät?«

»Funkmaat Kallies hat mich abgelöst . . .

»Sie wollen uns in Sicherheit wiegen«, flüstert mir Schoner zu, ohne die fertige Erklärung von mir über die Horchablösung abzuwarten.

»Wumm! – Wumm, wumm!«

»Das sind Fliegerbomben.«

»Sind die auch noch da? Darum hat sich der Zerstörer zurückgezogen.– Verdammte Sauzucht!«

»Steuerbord zweihundertzwanzig Grad steuern.«

Die Befehle gehen leise, und ebenso leise erfolgt die Ausführung und Vollzugsmeldung.

»Zwohundertzwanzig Grad liegen an.«

Wir bleiben ruhig und versuchen, uns mit Schleichfahrt abzusetzen.

Der Fähnrich sitzt im Kugelschott zur Zentrale und blättert in einem Buch.

Ist der verrückt, oder will er sich ablenken? In was für einem Buch blättert er, vielleicht in einem Zentralehandbuch? Ich strenge mich an, das herauszukriegen. Beuge mich vor und sehe an dem Umschlag, daß es sich um einen Liebesroman handeln muß.

Da sage mir einer, die Menschen hätten keine Nerven.

Angst? – Ablenkung von der Angst. Der weiß doch bestimmt nicht, was er liest. In dieser Situation kann man doch nicht lesen.

Der Überdruck im Boot nimmt zu. Konnten wir das Boot beim letzten Auftauchen nicht genügend durchlüften? Nein! Daran kann es nicht liegen. Wir waren doch lange genug über Wasser bei der Überwasserballerei. Geht es hier überhaupt um Überdruck? Ja, so wird es sein. Wir, die Besatzung, hatten zu wenig Schlaf, unsere Nerven sind überreizt. Ich versuche mich zu beruhigen. Wir haben noch genügend Luft. Ruhe bewahren.

Draußen ist es ebenfalls ruhig. –

Seit 12 Minuten Ruhe. Sollten die uns hier so tief unten vergessen haben? Ich kann schon wieder lächeln.

Die wollen, daß wir hochkommen. Nach spätestens 18 Stunden müssen wir bestimmt hoch. Wir können wohl eine Weile durch Sauerstoffflaschen den CO_2-Gehalt der Luft verbessern. Aber die Kohlensäure entweicht deshalb nicht, und die Luft wird immer dicker und verbrauchter.

»Tschirrbumm!«

»Wer ist denn das?«

»Ich, Herr Kapitän.«

»Sind Sie wahnsinnig?«

»Was war denn?«

»Der Smutje hat einen Schraubenschlüssel fallen lassen.«

»Was macht denn der jetzt mit dem Schraubenschlüssel?«

»Seine Kochtöpfe wird er wohl noch später festzurren können.«

»Blöder Hund.«

»Ruhe!«

»Frage Horchpeilung?«

»Noch Ruhe.«

Das wird sich ändern, denke ich.

»Geräusche auf Backbord, Zerstörer nimmt Anlauf.«

»Rawumm!« geht es nun weiter.

»Da können wir uns beim ›Fliegenden-Fische-Brater‹ bedanken.«

Das hat er sicher nicht gewollt.

Wir werden durchgeschüttelt.

Daß das Boot so etwas aushalten kann.

Es ist ein unheimliches Gefühl.

Jetzt wissen die, daß wir noch in der Nähe sind. Nun werfen sie ihre Wabos wie die Verrückten. Die Reihenfolge der Abwürfe wird immer dichter. Sie legen weniger Wert auf gezielte Würfe als vielmehr auf Tempo. Bei dem Krach spielt es nun auch keine Rolle mehr: Unser LI läßt die Lenzpumpen wieder arbeiten.

Wir versuchen, uns trotzdem abzusetzen.

»Die schmeißen ungenau.«

Aber sie werfen, und solange sie werfen, sind wir in Gefahr. Unser Boot hat längst die Tieftauchmarke überschritten, und oft ist mir, als müßten die knackenden Spanten nachgeben und durchbrechen. Was dann geschieht, ist uns allen klar.

Wir würden abrauschen bis zum Meeresgrund.

Nicht auszudenken, daß die Spanten nachgeben.

Jetzt ist es 20.00 Uhr und die offizielle Wachablösung müßte vor sich gehen.

Kallies sitzt bereits am Horchgerät.

Er bleibt auch gleich dort.

Haucke lebt auch noch. Er kommt leise angeschlichen. Er wirkt müde. So, als habe er seit 18 Stunden ohne Unterbrechung geschuftet. Sicherlich sehe ich nicht besser aus. Ich habe ja hier keinen Spiegel, um mich zu kontrollieren. Wir sind ja auch 18 Stunden auf dem Posten.

»Rawummm!« Ich fliege vom Türrahmen des Funkschapps rüber zur Kojenbegrenzung der Kommandantenkoje.

In der Zentrale schreit Balduin.

»Nein! Nein! Ich, ich – ich . . .«

»Mann, drehen Sie nicht durch! Was ist mit Ihnen?«

»Was ist da los?«

»Reißen Sie sich zusammen, Balduin!« höre ich die Stimme des LI.

Der Rudergänger Balduin.

Was mag er empfunden haben? Sicherlich hat er auch das Krachen der Spanten gehört. Das geht auch nicht mehr lange gut. Es ist zum Wahnsinnigwerden.

Mir ist, als höre ich Wasser rauschen. Vielleicht ist wieder ein Manometer geplatzt? – Mir tun alle Knochen weh. Ich könnte nach vorne in den Bugraum gehen, mich auf die Koje legen, in der der Haucke bis eben noch gelegen hat. Ich stehe aber wie angewurzelt.

Ziehe mich an der Koje des Alten hoch und schwanke zum FT-Raum hinüber.

»Mist«, entfährt es mir.

Wenigstens kann ich noch sprechen.

Der Rudergänger Balduin wird abgelöst. Ich glaube, der Kötscher sitzt an seiner Stelle.

Das Rauschen in der Zentrale läßt nach.

Schweinerei, daß die einem nie sagen, was da alles los ist.

Der Fähnrich sitzt immer noch im Kugelschott und läßt mich nicht mal an sich vorbei in die Zentrale sehen. Der Fähnrich macht ein ganz mieses Gesicht. Er sitzt da wie ein armes Würstchen, das darauf wartet, jeden Moment außenbords gepumpt zu werden. Wieder fallen Wabos. – Es dürfte nun bald reichen. Die Flugzeuge haben wohl abgedreht.

Wenn ich hier je lebend wieder rauskomme, dann will ich ein besserer Mensch werden. Alles würde ich tun, wenn mir jetzt auch nur einer die Gewißheit gäbe, daß das hier bald ohne Schaden für uns vorüber ist.

»Rawumm! Rawumm – Rawumm!«

Es ist 21.50 Uhr, als Haucke meldet: »Schraubengeräusche wandern in hundertsiebzig Grad aus.«

Wir verhalten uns weiterhin ruhig.

Bootsmaat Zillmer schleicht vorbei, und mir ist, als hätte ich auf seinem Kopf graue Haare gesehen.

Hängt das mit dem trüben Licht zusammen? Haben meine Augen gelitten, oder hat Zillmer in diesen Stunden graue Haare bekommen? So schnell können doch keine grauen Haare wachsen. Vielleicht werden sie durch Angst und Schrecken so schnell grau?

Mir ist ganz elend zumute. Ich verspüre Hunger, habe aber keine Lust zu essen.

»Kaiser, Sie gehen nach vorn und legen sich hin. Um Mitternacht müssen Sie wieder hier sein.«

Schoner hat recht. Es nützt alles nichts. Auch in der Freizeit geht der Krieg weiter. Hier auf dem Boot unter Wasser ist es egal, ob Dienst, ob frei. Irgendwie ist man immer dabei. Hier wird keiner alleine absaufen. In dieser Tiefe sind wir alle dran, oder wir kommen auch alle wieder hoch. Ich melde mich ab zum Bugraum und frage vorher noch: »Wieviel?«

Dabei schaue ich fragend auf Schoners Strichliste.

»Achtundsiebzig habe ich gezählt.« Das reicht. – Dazu die Fliegerbomben.

Um 22.30 Uhr falle ich todmüde in die Koje. Noch anderthalb Stunden bis zum nächsten Wachgang. Ein Sauleben!

»Mensch, Konditor«, höre ich da noch jemand den Balduin anquatschen, »haste durchgedreht?«

Balduin antwortet nicht.

Es sind alle am Ende.

In der Hoffnung, daß wir nun doch Ruhe haben, schlafe ich ein.

Um Mitternacht werde ich wachgerüttelt. Mir ist, als käme ich aus einer fernen Welt.

»Was ist?«

»Komm hoch! – Ablösung.«

Ich reibe mir den Schlaf aus den Augen und torkele wie ein Betrunkener zum Funkerladen. Ich spüre noch immer den Schmerz in meinen müden Gliedern.

Frische Luft weht mir entgegen. Tatsächlich, wir fahren aufgetaucht. Ich habe nicht mal das Auftauchen mitbekommen. Die Wasser- und Fliegerbombenwürfe haben mich so müde gemacht, daß ich danach in einen Bombenschlaf gefallen bin.

Kallies hat einen Funkspruch für unser Boot aufgenommen und ihn durch Haucke entschlüsseln lassen.

Das Kommandantenschapp ist zugezogen. Sicher liegt der Alte jetzt lang und schläft den Schlaf des Gerechten. Seine Zeit ist nicht eingeteilt in vier zu vier Stunden. Er kann es sich nach seinem Gutdünken einteilen! Aber wehe, wenn der Gegner aktiv ist. Dann werden für den Kommandanten aus vier Stunden Dienst acht oder zehn oder gar noch mehr Stunden. Auf der letzten Fahrt soll der Alte mal fast zwanzig Stunden Angriff gefahren sein. Zwanzig Stunden im Turm, auf der Brücke oder in der Zentrale, je nach Lage der Dinge. Eine Mordsleistung!

Kommandant möchte ich auch nicht sein.

Gegen Morgen hat die Brückenwache wieder einen

Dampfer ausgemacht. Wir tauchen, kommen aber nicht in Schußposition. Der Bursche hat Asdic-Ortung und horcht uns ab. Er zackt laufend, und wir hören auf Steuerbordseite seine Ortungsstrahlen auftreffen.

»Der wird Zerstörer oder Flugzeuge anfordern.

»Schleichfahrt!« heißt es nun wieder.

»Absolute Ruhe.«

Niemand wagt, ein Wörtchen zum Nachbarn zu sagen.

Uns reicht es noch von gestern. Nur absetzen! Vielleicht haben wir Glück.

In 60 Meter Tiefe lassen wir uns treiben.

Die Freiwachen liegen in ihren Kojen. Nach Möglichkeit soll geschlafen werden. Aber wer kann schon schlafen bei dieser Aufregung und bei dieser Hitze. Die Temperatur ist fast unerträglich geworden.

Der Fähnrich liest wieder in seinem Liebesroman.

Der II WO liegt in seiner Koje, sonst hätte er den Fähnrich längst verjagt. Funkraum und Horchraum sind nur dem II WO als Funkoffizier und den Funkern vorbehalten. Der Kommandant darf natürlich auch einen Blick hereinwerfen; aber ein weiteres Vordringen in diese »heiligen Hallen« ist darüber hinaus niemand Unbefugtem gestattet.

Der Fähnrich ist unbefugt; aber er ist auch wißbegierig und hofft, bei uns einige Geheimdinge zu erfahren.

Was wir nicht sagen dürfen, sagen wir aber nicht. Schließlich sind alle Funker auf Geheimhaltung zusätzlich vereidigt worden. Der Fähnrich erhebt sich: »Ihr Funker sagt ja doch nichts.«

»Was sollen wir denn sagen?« frage ich ebenso leise.

»Ob ihr schon was wißt, wann es – wann ... wann es heimgeht. – Ihr, ihr kriegt doch laufend Funksprüche.«

Er kommt direkt ins Stottern.

»Nichts bekannt«, gebe ich zur Antwort.

Der Fähnrich verschwindet in der O-Messe.

Nach drei Stunden Schleichfahrt erscheint der Alte aus

seinem Verschlag und gibt nach Rücksprache mit dem LI das Kommando zum Auftauchen. Unsere absolute Ruhe ist bisher nicht gestört worden. Dafür geht es an der Oberfläche gleich wieder rund. Die Brückenwache hat einen Dampfer gesichtet. Wir verfolgen ihn. Können aber nicht genügend aufholen; denn plötzlich heißt es: »Fliegeralarm!«

Wir müssen runter in den Keller.

Der Dampfer entwischt uns.

Hier in der Karibik und dem Golf von Mexiko gibt es viele Möglichkeiten, einen Dampfer vor die Rohre zu bekommen. Es gehört allerdings auch eine Portion Glück dazu, den vernichtenden Schuß im rechten Augenblick anzubringen. Auf jeden Dampfer kommt ja meist auch eine Luftbewachung. Was nützt da ein Angriff über Wasser. Und unter Wasser können wir den Angriff oft nicht so fahren, wie wir möchten; denn dafür sind unsere E-Maschinen nicht stark und somit die Geschwindigkeit nicht hoch genug.

Als wir abends auftauchen, ist die See ruhig und auch aus der Luft keine Gefahr zu erwarten. Wir nutzen diese Zeit zum Abgeben eines FT an den BdU in Kernével.

Am 10. Juni sichten wir gegen Mittag einen Passagierdampfer.

Wir tauchen und versuchen, ihn nicht zu verlieren. Aus dem Handbuch liest der Obersteuermann die Tonnage ab.

»Vierzehntausend Bruttoregistertonnen!«

So, wie ich die Sache übersehe, ist der nicht mal bewacht. – Der Kommandant sitzt im Turm und nimmt sein Auge nicht mehr vom Sehrohr. Aus den Anweisungen, welche wir in der FT nur schwach mitbekommen, geht hervor, daß der Dampfer hin und wieder seinen Kurs ändert. Er weiß natürlich auch, daß hier Unterseeboote lauern.

»Die sind ganz raffiniert«, höre ich den Alten rufen.

»Sieh an! – Darum haben die keine Abwehr, die wollen uns täuschen. Deuna, deuna. – Wir sollen annehmen, es handelt sich um einen ganz gewöhnlichen Passagierdampfer, dabei hat der Bursche Flugzeugteile an Deck geladen.«

»Dann werden wir ihm eine verplätten!« höre ich die etwas heisere Stimme des LI rufen.

Jetzt gehen auch schon die Anweisungen an die Torpedoleute.

»Rohr eins und zwei bewässern!«

Der Kettenrechner läuft. Geschwindigkeiten werden gekoppelt und Winkelberechnungen ermittelt.

Doch bevor es zum Schuß kommt, zackt der Bursche wieder, und dieses Mal in eine für uns ungünstige Position.

»Den Burschen müssen wir kriegen!«

Der Kommandant läßt nicht locker.

Die E-Maschinen geben ihr äußerstes an Kraft her. Die Jagd dauert Stunden.

Inzwischen ist es dunkel geworden.

Wir tauchen auf. Über Wasser fahren wir schneller.

Die Diesel wummern und das Boot schiebt sich mit voller Kraft durch die glatte See.

Uns geht es jetzt darum, diesen Dampfer zu versenken. Wir denken nicht an Hitze und Strapazen. Der Alte steht im Turm oder auf der Brücke. Er kennt keine Essenszeiten und kein Ausruhen mehr. Ihm tun es alle gleich. Es ist längst Mitternacht vorbei, als wir tauchen und den entscheidenden Angriff fahren.

Der Dampfer kommt jetzt in Schußposition.

Es ertönt das Kommando: »Rohr eins – los! Rohr zwei – los!«

Einige Sekunden später hören wir es krachen.

»Getroffen!« geht wieder ein Schrei durch das Bootsinnere.

»Das war mein schönstes Geburtstagsgeschenk!« hören wir den LI jubeln.

»LI, Sie haben ja Geburtstag. Ich gratuliere!« ruft der Alte aus dem Turm.

»Danke, danke! Eine bessere Freude konnte mir nicht widerfahren.« Jetzt höre ich, wie die Zentralemannschaft dem LI gratuliert. Bei aller Aufregung und Jagd nach dem 14000-Tonner hatte man natürlich an den Geburtstag des LI, welcher heute am 11. Juni um 00.00 Uhr begonnen hat, nicht mehr gedacht.

»Das kostet eine Lage extra.«

»Natürlich, ich lade Sie für heute abend alle in die Bar Royal ein.«

»Aber LI. – Nicht doch! Wir fliegen nach Paris und feiern mit Ihnen im Cafe ›Le Triomphe‹, so ein Triumph muß doch gebührend gefeiert werden.«

Der Fliegeralarm läßt nicht lange auf sich warten. Wir müssen wieder tauchen und werden von Flugzeugen für längere Zeit unter Wasser gedrückt. In der Ferne fallen Fliegerbomben. Ob sie uns gelten sollen, ist nicht genau auszumachen. Wenn sie für uns gedacht sind, dann sind sie schlecht plaziert. In dieser Entfernung können sie uns nichts anhaben. Vielleicht hat man uns in der Morgendämmerung nicht genau ausmachen können. Der LI ist trotz des Bombenabwurfs froher Laune. Er freut sich, daß sein Geburtstag mit einem Bombenkrach begann.

Auf den Sieg und den Geburtstag des LI trinken wir ein Glas Sekt.

»Boot klarmachen zum Auftauchen!«

»Boot ist klar zum Auftauchen!«

»Anblasen!«

Mit Getöse stürzt die freiwerdende Preßluft in die Tanks. Das Boot wird nun leichter und hebt sich aus dem Wasser.

Die See ist frei und klar. Als wäre nichts passiert in dieser Nacht. Es wirkt alles friedlich und still. Ich darf für eine Zigarettenlänge auf die Brücke. Man möchte am liebsten in das warme Wasser springen. Mal wieder richtig schwimmen mit langen Stößen. Untertauchen ohne Bootshülle. Nur so – als schwimmender Mensch.

Elende Plackerei. U-Boot-Fahrer! Elitetruppe!

Ich mache einen tiefen Zug aus meiner Zigarette und werfe den Stummel über Bord.

Keine Zeit zum Waschen, denke ich weiter.

Ich bin gerade in der Zentrale, als es wieder Alarm gibt.

Beinahe wäre mir der Stanke auf den Kopf gesprungen.

»Flieger von Backbord«, sagt Stanke schnell zu mir.

Diese verdammten Flieger.

Unter Wasser fahren wir eine Weile in 40 Meter Tiefe und gehen schon bald wieder auf Sehrohrtiefe.

Der Horcher hat Schraubengeräusche in 140 Grad ausgemacht. Nachdem es heißt: »Geräusch kommt auf«, entschließt sich der Alte, auf Sehrohrtiefe zu gehen.

»Der kommt uns ja prima vor die Rohre. Heckraum, beide Rohre klarmachen zum Unterwasserschuß.«

Obermaat Ellwig murmelt vor sich hin: »Schon wieder ein Geburtstagsständchen für den LI.«

»Frachter läuft bei gleichbleibendem Kurs gut auf.«

Wieder dient das Handbuch für Tonnage als Helfer, um die Größe des Schiffes zu ermitteln. 4846 BRT wird anhand der Aufbauten und der Erkennungszeichen abgelesen.

Kurz nach dem Ausklinken der Torpedos hören wir heute zum zweiten Mal den ohrenbetäubenden Lärm des Detonierens. Auch dieses Schiff geht in die unbekannte Tiefe. Es nimmt seine Fracht und die Menschen mit.

Einige Teile werden oben schwimmen. Menschen sicherlich nicht. Dafür geht alles zu schnell. Die Treffer sitzen so gut, daß wir nach 8 Sekunden bereits das Abrauschen des Frachters hören. Er geht schnell in die Tiefe.

»Da gibt es kein Überleben«, höre ich Euseebius sagen. Danach bleibt es ruhig, und wir können auftauchen, um unsere Erfolgsmeldung abzugeben.

Der BdU benötigt Erfolge zum Durchgeben als »Sondermeldung«. Wir malen uns aus, wie daheim im Radio die Fanfare zur Sondermeldung erklingt.

Dieses Mal wird auch die Erfolgsmeldung unseres Bootes dabeisein.

»Unterseeboote versenkten in der Karibischen See und dem Golf von Mexiko ... Bruttoregistertonnen. Dabei hat sich das Boot unter Führung des Korvettenkapitäns ... besonders hervorgetan.«

So oder ähnlich.

Es ist der 12. Juni, und wir übernehmen in den frühen Morgenstunden die restlichen Torpedos aus den Oberdecksbehältern. Wir sind froh, daß wir diese Übernahme ohne Zwischenfall schaffen.

Das Wetter wird schlecht. Es regnet. Für uns eine leicht kühle Abwechslung. Da es keine Feindberührung gibt, können wir den ganzen Tag über Wasser fahren. Gegen Abend geben wir eine Wettermeldung ab.

14. Juni.

Kurz nach Mitternacht heißt es von der Brücke: »Dampfer kommt achtern auf.«

Der Kommandant flitzt auf die Brücke.

Unser Boot dreht auf 170 Grad. Ein stärkeres Wummern und Dröhnen setzt ein. Die Diesel laufen auf hohen Touren. Die Jagd beginnt. Der Kapitän will so nahe wie möglich ran, was in der Nacht ja auch gelingen könnte, ohne selbst gleich entdeckt zu werden.

»Rohr eins bis vier fertigmachen zum Überwasserschuß.«

Na, das scheint ein Großer zu sein, denke ich.

»Wenn die Torpedos alle sind, können wir nach Hause fahren«, meint Haucke ganz trocken.

»Haucke, du hier? – Ich denke, du liegst in meiner Koje?«

»In deiner Koje? Du meinst wohl in meiner Koje!«

»Na schön, sagen wir in unserer Koje.«

»Was soll ich denn da? Hier ist doch was los.«

»Nein, umgekehrt. Im Bugraum geht was los. Vier Torpedos werden gleich die Rohre verlassen.«

»Und wenns knallt, dann hoffe ich, auf die Brücke zu können.«

»Ach, so haste dir das vorgestellt. Sieh mal an. Neugierig wie Schmidts Katze.«

»Hör auf mit den Beinen zu wackeln.«

»Meckere nicht, leg dich lieber aufs Ohr.« Ich höre für eine Weile damit auf, die Beine zu bewegen. »Viertausendfünfhundert Bruttoregistertonnen.«

Das ist also der »große Dampfer«. Na, so groß ist der auch nicht. Gleich mit 4 Torpedos drauf. Das wird ja Hackfleisch. Gut, wenn die Torpedos alle sind, geht es heim. Haucke hat recht gedacht. Mir soll es darum auch recht sein.

Der Überwasserangriff scheint zu klappen. Es heißt nämlich gegen 01.30 Uhr: »Rohr eins und zwei – los! Rohr drei und vier – los!« Wir zählen nicht lange.

Der Knall und unser Jubelschrei: »Treffer!« vermischen sich. Haucke steht vor dem Kugelschott zur Zentrale. Er hofft, daß die Brücke freigegeben wird. Es passiert aber nichts.

Dafür höre ich im Kopfhörer einen zweiten Dampfer.

»An Brücke. Ein zweiter Dampfer funkt in unmittelbarer Nähe!«

Er muß die Vernichtung des 4500-Tonners mitbekommen haben; denn er funkt jetzt wie wahnsinnig.

»Beide Diesel Große Fahrt.«

Wir setzen uns ab.

»Klar zum Tauchen!«

»Boot ist klar zum Tauchen!«

»Fluten!«

»Auf Tiefe gehen!«

»Vorderes Ruder fünfzehn, hinten zehn.«

Die Diesel werden abgeschaltet. Die Welle auf E-Maschine gelegt. Das Tauchen ist eine sehr schnelle Angelegenheit. Bei dem Tempo! Wir schneiden vorn mächtig unter.

Was ist das?

Das Boot stellt sich fast senkrecht. Wir rauschen durch! »Alle Mann achteraus!« hören wir den schnellen Befehl aus der Zentrale. Ich verliere meine Kopfhörer und falle seitlich auf den 200 Watt-Sender. Es geht immer tiefer. Mein Gott! Dies ist das Ende. So geht es in den Tod? So schnell? Und man kann noch überlegen dabei. Warum passiert denn nichts? Ich höre fieberhaftes Hantieren in der Zentrale. Die müssen doch auch kopfstehen. Wie kommen sie nur klar?

So ein blödes Boot. Warum fängt es sich nicht?

Einige Lords versuchen, aus dem Vorschiff nach achtern zu kommen. Nur das Boot retten, dann sind auch wir gerettet. Ich komme gar nicht von meinem Sender hoch. Ich bin wie gelähmt. Gleich muß es zu Ende sein. –

Das Boot kippt leicht an. Etwas – noch etwas. Klappt es?

Ja, es klappt! – Wir kommen mit dem Heck etwas tiefer. Die sausende Tiefenfahrt kommt langsam ins Stocken.

Der LI schafft es. Nur nicht hier absaufen.

Das Boot wird immer achterlastiger. Wir haben es geschafft. Wie tief mögen wir sein? Ich höre hinter mir das Trippeln der Mannschaften.

Sie anken und stöhnen vom Geflitze. Vom Klettern. »Der Rudergänger hat vorn fünfzig gelegt statt fünfzehn«, stöhnt Euseebius zu mir in den Funkraum. Ich merke, daß ich nicht mehr auf dem Langwellensender liege. Das Boot hat seine Normallage, und alles steht wieder gerade. Einige Sachen sind allerdings vom Tisch geflattert. Meinen Kopfhörer und das Kladdenbuch ziehe ich unter meinen Füßen hoch.

»Lieber Gott, ich danke dir, daß du uns das Leben gerettet hast.«

In der Zentrale gibt es ein Donnerwetter. Der LI hat wenigstens in letzter Minute, ja, in letzter Sekunde, in wirklich letzter Sekunde das Boot abfangen können. Das Tiefenmanometer zeigt die genaue Tiefe nicht an. Der Zeiger steht vor dem Stopper. Wie tief sind wir wirklich?

Ganz langsam müssen wir uns nun wieder auf die normale Tauchtiefe begeben. Hier ganz unten kann jedes schnelle Anblasen unser Boot vernichten. Nur nicht denken. Jetzt nicht mehr denken. Ruhe. Junge, haben wir Glück gehabt. Nach Stunden können wir aufatmen und wieder die frische Seeluft über Wasser einatmen.

Wir geben einen Funkspruch ab und empfangen zwei wichtige FT.

Am 15. Juni heißt es: »Kurs: Richtung Heimat!«

Am Tage fahren wir über Wasser. Die Diesel laufen mit einem schönen runden Geräusch. Als ob sie wüßten, daß es heimwärts geht. Man glaubt, sie liefen schneller. Das ist bestimmt nur Einbildung. Doch die Freude auf die Rückfahrt weckt in allen ein beschwingtes Gefühl.

Wir sind gut durch die Florida-Straße aus dem Golf von Mexiko herausgekommen. Haben unsere Funksprüche ohne Zwischenfälle abgeben können und die Anweisung zur Rückfahrt erhalten.

Auch am 16. Juni geht die Fahrt nur über Wasser. Ein schönes Gefühl.

Damit wir nicht einrosten, läßt der Alte am 17. Juni mal wieder ein Prüfungstauchen vom Stapel.

»Die Leute spurten heute besonders schnell beim Tauchen, fanden Sie nicht auch, LI?«

Der Kommandant guckt den LI fragend an.

»Ja, das könnte mit der Freude auf den Rückmarsch zusammenhängen.«

»Da mögen Sie recht haben«, wirft der II WO dazwischen.

»Sie strahlen ja so, Kaiser. – Sie freuen sich auch, daß es nach Hause geht?«

»Jawohl, Herr Kapitän!«

»Der freut sich, weil er morgen Geburtstag hat«, läßt sich der LI vernehmen.

»Sie haben Geburtstag? Wie alt werden Sie denn?«

»Neunzehn Jahre, Herr Kapitän.«

»Mann, da sind Sie ja noch ein junger Spund! Dann dürfen Sie sich auch freuen, wenn es Richtung Heimat geht.«

»Der Kaiser ist ein Künstler, Herr Kaptän. Hier steht es, in seinem Führungsbuch.«

Der LI blättert in meinem Führungsbuch.

»Vortragskünstler steht hier. Deshalb haben Sie vor dem Auslaufen son tollen Bunten Abend hingezaubert.«

»Ich hätte vielleicht noch mehr gemacht, wenn ich nicht – Sie wissen – wegen meiner Mutter . . .«

»Ach ja, Sie konnten ja nicht mehr zur Beerdigung fahren. – Sie werden uns doch aber nach dem Einlaufen wieder Döntjes vormachen?«

»Ich werde sehn, was sich tun läßt.«

»LI, wie ist denn das mit den Torpedoleuten, die haben doch jetzt nichts mehr zu tun?«

»Ja – wie meinen Sie das, Herr Kaptän?«

»Na, von denen könnte hier ab morgen einer Backschafter machen, damit der Vortragskünstler mal abgelöst wird, zumal er doch Geburtstag hat.«

»Das läßt sich machen.«

»Grinsen Sie nicht, Kaiser! Sie sind noch nicht entlassen.«

Ich brauche also keinen Backschafter mehr zu machen? Weil ich Geburtstag habe? Oder weil man in meinen Papieren den Vortragskünstler entdeckt hat? Sollten sie das vorher noch nicht gewußt haben? Mir ist es egal. Hauptsache, wir kommen gut über die Meilen, ob nun als Backschafter oder als Funker, als Horcher oder Vortragskünstler.

»Kaiser, was wünschen Sie sich denn zum Geburtstag?«

Dumme Frage, denke ich blitzschnell. Was kann man sich hier schon wünschen? Kein Laden in der Nähe. Kein Kaufhaus. Ich soll mir was wünschen. Spinnt der?

»Na. irgendwas dürfen Sie sich wünschen.« Er drängt.

»Ich darf mir etwas wünschen?«

»Ja, natürlich!«

Ich habe das eben laut gefragt, nun muß ich auch antworten.

»Dann ... dann wünsche ich mir – eine Dose Pfirsiche!«

Schweigen ringsum.

Der Kapitän, der Leitende Ingenieur und der Zweite Wachoffizier sehen mich an, als sähen sie mich zum ersten Mal.

Der LI schluckt plötzlich und sagt: »Na schön. Sie kriegen 'ne Dose Pfirsiche.«

Diesen sonderbaren Wunsch hat wohl bisher nie einer geäußert.

Ein schöner Tag. Mein Geburtstag.

Ich sitze im Funkschapp und löffele eine Kilodose Pfirsiche leer. Der Smutje hat mir einen großen Löffel gegeben. Eine Wohltat. Nur Pfirsiche löffeln. Ich komme mir längst vollgestopft vor; aber ich gebe nicht eher auf, bis der Saft auch noch gelöffelt ist.

Vortragskünstler. – Ich muß nachdenken. Vortragskünstler, ha, da hat man sich auf ein paar Bunten Abenden hervorgetan, und schon steht im Führungsbuch: Vortragskünstler. So wie man sich aufführt, so schreibt es die Marine ins Führungsbuch.

Mir wird übel. – Wir haben ja heute auch noch »Hohe See«. Oh, wird mir übel. Die süßen Pfirsiche.

Durchhalten, immer nur durchhalten, Marineklarfahrersystem nach dem Motto: Halt dich fest, Junge!

Früh, bei meiner letzten Backschaft in der O-Messe, wurde mir von allen herzlich gratuliert. Mein Nachfolger, der Torpedogefreite Heddrich, stand schon als neuer Backschafter bereit und wurde von mir in die Geheimnisse der Offizierswünsche eingeführt.

Die Torpedos sind bis auf drei verschossen. Zur Pflege der letzten drei Torpedos wird der Torpedomechaniker Heddrich nicht mehr benötigt, das können seine Kameraden erledigen.

Oh, ist mir übel. Wenn ich mich jetzt übergeben muß? Ich kann doch die Kopfhörer hier nicht an den Nagel hängen und zum WC flitzen. – Ja. Die leere Dose! Natürlich, du hast sie ja leergefuttert, dann kannst du sie auch wieder vollmachen.

Nun bin ich beruhigt. Ich stelle mir die leere Dose zwischen meine Beine und komme gut über die Wachzeit. Ich habe meine Pfirsiche bei mir behalten und bin für den Rest des Tages vollkommen gesättigt.

In den nächsten Tagen geht es mit schneidiger Überwasserfahrt immer näher der Heimat zu. Das Wetter ist hervorragend, es kann nicht schöner sein, und die See hat sich wieder beruhigt. Bei leichtem Seegang fährt unser Tauchboot nun mit seiner Schnauze gen Nordosten. Ab 22. Juni wird die Brücke wieder freigegeben. Mal wieder auf die Brücke zu können ist herrlich. Frische Luft und Seewind um die Nase ist angenehm, aber schimmelige Zigaretten rauchen, welche jetzt überhaupt nicht mehr schmecken, ist unangenehm.

Am 23. Juni nehme ich mir eine Schale mit auf Deck und wasche ein paar Wäschestücke durch. Für diese Prozedur habe ich mich am Oberdeck vor dem Turm niedergelassen. Während ich mit den Händen die Unterhosen im Salzwasser rubbele, fallen mir die besten Sachen für den kommenden Bootsabend ein. Der Alte hatte ja schon gesagt: »Nach dem Einlaufen geben Sie was zum besten, Kaiser.« Ich werde versuchen, mein Bestes zu tun. Mir kommen da schon Einfälle. Dichterisch ist doch allerhand drin. Ja, zum Beispiel der Fähnrich.

. . . und der Fähnrich pumpt so schwer,
er kriegt doch das WC nicht leer.

Gut, gut, das könnte schon was werden. Mal weiter.

. . . er drückt den Schwengel auf und nieder,

daß ihm zittern alle Glieder!
Jawohl, so muß das kommen.

Vielleicht könnte ich auch so kommen.

Es donnern und rattern die Diesel-
Motoren, sie dröhnen mit Macht –
sie brechen durch Feindesgewässer
die U-Boot-Giganten zur Schlacht!

Ach Quatsch, das ist nichts, nein, das ist nicht gut. *Lützows wilde verwegene Jagd* oder so ähnlich. Lieber nicht.

Oder der I WO mit seinem Ruf, er habe was im Auge.

Der Kommandant griff daraufhin zum Tropenhelm und sauste auf die Brücke, da muß ja auch was kommen.

Hoppla, was kommt denn da?

Vor meinen Augen sehe ich meine Pütz sich von einer Welle erheben. Ein Brecher hat mir im gleichen Augenblick die Füße hochgerissen. Er rollt von Steuerbord nach Backbord über und nimmt die frischgerubbelten Unterhosen mit. Wo gibt's denn so was? Ich fliege mit ausgestreckten Händen greifend hinter meiner mir entgleitenden Unterwäsche her. Im letzten Augenblick bekomme ich die Pütz zu fassen. Das Boot hebt sich glücklicherweise aus dem Wasser hoch, und ich bleibe mit Pütz und Unterwäsche auf der Reling hängen.

»Deuna, deuna! Da haben Sie aber Glück gehabt! Verschwinden Sie jetzt aber nach unten!«

Verdammt noch mal, der Alte steht auf der Brücke und muß das natürlich gleich mitkriegen.

Ich melde mich ab und verhole zum E-Maschinenraum.

Hier hängt schon einiges. Da haben also auch noch andere Kameraden sich als Waschfrauen betätigt.

Im Bugraum angekommen, trage ich dann gleich meine Notizen für den Einlaufabend ein; denn Humor muß trotzdem sein.

In den letzten Tagen haben wir wieder Begleitung. Zwei Walfische und viele Schweinsfische sind in der Nähe unseres Bootes.

Wir schreiben den 27. Juni. Das Wetter ist diesig geworden. Heute heißt es mal wieder »Prüfungstauchen«.

Das Boot wird auf 40 Meter Tiefe eingesteuert.

Aus dem Dieselraum kommt bei dieser Tiefe die alarmierende Nachricht:

»Wassereinbruch im Dieselraum!«

Was ist da los?

Der LI saust nach achtern.

»Versager von der Kühlwasserleitung«, wird festgestellt. Durch diesen Versager rauschen über 10000 Liter Wasser in die Bilge.

Der Schaden wird behoben, und unsere Lenzpumpen haben tüchtig zu tun.

Rückmarsch durch die Biscaya

»Mal herhören! Hier spricht der Kommandant. Wir kommen jetzt in neutrales Gewässer. Spanische Küste. Das Oberdeck ist ab sofort wieder gesperrt. Unsere Rückfahrt durch die Biscaya verlangt von uns noch einmal das Äußerste. Darum bitte ich mir Disziplin und Aufmerksamkeit aus. In einer Woche werden wir in Lorient einlaufen. Ende der Durchsage.«

»Hallo, in einer Woche!« jubelt es nun ringsum im Bugraum.

»Mann, da geht's aber rund. Da kriegen die Weiber im Puff wieder was zu tun.«

»Du kannst es wohl nicht erwarten?«

»Na hör mal, zehn Wochen kein Weib gesehen.«

»Ach, hör auf zu sülzen.«

»Junge, Junge ...«

»Ja, Junge, Junge, laß uns erst mal ankommen. Noch sind wir nich durch.«

»Das stimmt, die Biscaya hat's noch in sich.«

»Der Alte wird das schon machen.«

»Hat es bis jetzt geklappt, dann haben wir vielleicht auch noch für den Rest Glück.«

»Was heißt vielleicht? Du zweifelst wohl?«

»Nee, nee, komm, so hab ich das nich gemeint. Trotzdem – die Engländer ... die können uns hier noch ganz schön die Hölle heißmachen.«

»Die Engländer könnten doch mal Urlaub machen.«

»Mann, in vierzehn Tagen geht's dann schon auf Urlaub. Da nehm ich einen Koffer voll Kognak mit.«

»Nur Kognak?«

»Was heißt nur Kognak?«

»Nun ja, ich meine, nur Kognak? Keine Unterwäsche?«

»Was soll denn das nun wieder heißen?«

»Der Schidtke von U fünfhundertsechs hat mal die Flaschen zwecks besserer Verpackung in Spitzenhöschen gewickelt. Als er zu Hause ankam, war doch ne Flasche Likör kaputtgegangen und die klebrige Soße in die Hosen gelaufen. Seine Freundin hat ihm eine gescheuert, weil sie dachte, er hätte ihr gebrauchte Unterwäsche mitgebracht.«

Die Stimmung an Bord ist gut. Was doch so ein paar Worte des Kommandanten zur rechten Zeit ausmachen können. Das Gefühl, es geht in den Hafen mit anschließendem Urlaub, läßt wieder Hochstimmung aufkommen.

»He, Frenzel, willst du dich nicht im Urlaub verloben? Ich habe so was gehört.«

»Der und sich verloben, den nimmt doch keine. Der ist doch als Stenz und Tätowierer bekannt.«

»Komm, hör bloß auf. Willste mal mein Mädchen sehn?«

Er kramt aus seinem Spind ein Bild hervor und läßt es rundgehn.

»Du versteckst sie im Spind. Haste Angst, daß sie dir einer wegnimmt?«

»Die ist prima. Tolle Figur. Sag mir mal die Adresse. Vielleicht komme ich vor dir auf Urlaub.«

»Die läßt dich gar nicht ran, du Großmaul!«

»Großmaul? Wer ist hier ein Großmaul?«

»Hör auf, das ist doch nur Spaß!«

»Großmaul bin ich aber noch lange nicht.« Nun wird es schon wieder ungemütlich. Komisch, daß kleine Äußerungen dieser Art sofort wieder auf den Reiznerv drücken. So schnell geht das.

Zehn Wochen Fahrt in einer engen Röhre. 52 Mann auf engem Raum, mit wenig Bewegungsmöglichkeiten. Die psychischen und physischen Belastungen sind enorm hoch.

»O Donna Klara . . .«, fängt jetzt einer an zu jubeln. Die Meute Mensch ist guter Stimmung. Das alles kann aber sehr schnell umschlagen. Unsere Stimmungslage ist nach vielen Wochen Feindfahrt sehr schwankend, es kommt leicht zu Streitigkeiten. Die Reizschwelle sinkt.

Es wird oft um Kleinigkeiten gestritten. Wir wollen jetzt heim. Nichts als heim. Erstmal die Nase voll. Darum heim. Wieder Mut und Frische auftanken für die nächste Fahrt.

»Mal herhören, wer von euch hat meinen Rasierpinsel gefressen?«

»Mal herhören, was sind denn das für Töne? Du bist doch nicht der Kommandant. Mal herhören, wer von euch hat meinen Rasierpinsel . . ..«, äfft Euseebius den Aust nach.

»Der Jäger aus Kurpfalz, der hat ihn sich an den Hut gesteckt! Hahaha! Was willste denn mit dem Rasierpinsel? – Sag bloß, du willst deinen Bart abnehmen?«

»Nein, aber . . .«

»Naja, das kommt ja auch gar nicht in Frage.«

»Ich will mich ja auch nicht rasieren. Aber ich kann doch wohl mal fragen, wo mein Pinsel geblieben ist. Der ist nämlich weg.«

»Na schön! Ich hab ihn nicht gefressen, die andern habn ihn nicht gefressen. – Also, wirste ihn selber gefuttert habn.«

»So, nun laß uns unsre Ruh; denn wir streben der Heimat zu«, läßt sich Euseebius vernehmen. Nun tritt eine Weile Ruhe ein.

»Du, Frenzel, willste dich nun wirklich verloben?«

Ich frage ihn und hoffe, daß er mir eine vernünftige Antwort gibt.

»Ja, das habe ich vor.«

»Und nach der nächsten Feindfahrt heiraten?«

»Ach, wo denkst du hin. So eilig hab ich das nun auch nich.«

»Wenn du heiraten willst, dann laß dich doch ferntrauen, hier vom Alten unter Wasser, das wär doch was.«

»Nee, so nich. Lieber zu Haus mit Kranz und Schleier, mit Pastor und Orgel. Wenn du in meiner Nähe wohnen würdest, würde ich dich zu meiner Hochzeit als Trauzeuge einladen, würdste da kommen?«

»Na klar, ich käme, ist doch Ehrensache.«

»Im letzten Urlaub hat der Dawitt geheiratet.«

»Der E-Heizer?«

»Ja, sein Ring glänzt doch jetzt immer auf dem Finger. Der Bruder meiner Zukünftigen ist auch bei der Marine. Der fährt Torpedoboot.«

»Dann wirste ja mal innerhalb der Marinekameradschaft heiraten.«

»So ist es.«

»Wieder Marineklarfahrersystem.«

»Ja, ja.«

Frenzel ist ein prima Kumpel.

Eigentlich, wenn man es so recht bedenkt, sind doch hier an Bord alle prima. Ich wüßte nicht, wen ich von einer guten Kameradschaft ausschließen sollte. Ich glaube, es geht hier ein jeder für einen jeden durch dick und dünn. So soll und muß es wohl auch sein. Wie könnte ein solches Unternehmen funktionieren und gutgehn, wenn die Besatzung nicht einwandfrei aufeinander eingespielt wäre. Sicher, Pannen kommen immer mal vor. Vor dem Angriff des Gegners, bei dem es um Leben und Tod geht, ist niemand sicher. Da hilft keine gute Taktik und kein Mut, kein Ehrgeiz und gemeinsames Aufeinandereingespieltsein, nein, da muß außer der Erfahrung und der klugen Taktik auch eine Portion Glück mit im Kampf sein.

Am Abend hat es uns aber erwischt. Das Glück ist nicht auf unserer Seite. Bin gerade von Funkwache gekommen und liege nun träumend auf meiner Koje. Das Boot fährt über Wasser. Plötzlich: Was war das? Hörte ich Schüsse, einen Aufschlag? An Oberdeck? Ja, das muß an Oberdeck gewesen sein. Die Alarmglocken schrillen!

»Alarm! Fluuuuten!«

Junge, was ist los?

Wir gehen schnell unter Wasser.

Ich höre jemand schreien. Fürchterlich schreien.

»Mein Bein, mein Bein!«

Ist das die Stimme des Bootsmanns?

»Mein Bein, mein Bein!«

Klar, Kutschera.

Ich will nach vorn.

Kann nicht.

»Alles bleibt auf Station!« heißt es.

»Was ist mit Kutschera?« höre ich mich fragen.

Das Boot wird durchgependelt und steuert sich in einer Tiefe von vielleicht 60 bis 90 Metern ein. Ich weiß es nicht genau. Im Bugraum ist man weit weg vom Geschehen in der Zentrale. Ich kann es daher nur ahnen. Der Lautsprecher knackt.

»Dawitt und Kaiser in die O-Messe!«

Ich sause. Jetzt werde ich sehen, was los ist.

Dawitt, warum Dawitt? – Dawitt ist doch ausgebildeter Sanitäter, genau wie alle Funker. Dawitt hatte eine Spezialausbildung bereits vor der Marinezeit. Es muß also etwas Ernstes sein. Eigenartig, daß man in dieser Situation das Richtige vermutet. Auf der Back in der O-Messe liegt Kutschera. Er sagt nichts mehr. Kein Wort. Ich denke: Ist er tot?

Nein, er bewegt sich, stöhnt jetzt.

»Kaiser, ins Horchschapp!«

Schoner bugsiert mich ins Horchschapp. »Los, besetzen Sie das Horchgerät. Aber aufpassen!«

»Was ist mit der Nummer Eins?«

»Fliegerbeschuß, rechter Fuß weggerissen. Ich weiß nichts Genaues.«

Der Bootsmann Kutschera muß eine Spritze bekommen. Der Kommandant, der I WO und II WO und beide Funkmaate sowie der E-Heizer Dawitt sind in der O-Messe und bemühen sich um den Schwerverletzten. Wie konnte das passieren?

Ich höre nur aufgeregte Anweisungen.

»Los schnell, daß der Mann nicht verblutet.«

»Die Hauptschlagader abschnüren.«

»Wir müssen den Blutschwall stoppen.«

Ich schaue auf den Gang vor meinem Horchschapp.

Eine Blutspur.

Wie haben sie den durch das Turmluk heruntergekriegt? Der arme Kerl.

Das war zu der Zeit, als er schrie: »Mein Bein, mein Bein!«

Kein Arzt an Bord.

Jede Besatzung freut sich, wenn kein Arzt auf Feindfahrt mitgeht, weil man dann immer glaubt, es gibt keine ernsten Operationsaufgaben.

Immer wenn ein Arzt oder Wochenschaureporter zusteigt, rechnet man mit den gefährlichsten Einsätzen.

Was wird aber nun?

Wer kann die Verantwortung für Kutschera und seine Verletzungen übernehmen? Jetzt müssen wir operieren ohne Arzt, aber wie? Und wer? Ich denke nur, du mußt aufpassen. Ich kurbele darum meine 360 Grad auf dem Horchgerät ab. Nichts. Hier ist wenigstens Ruhe.

Wenn der verblutet?

Ich höre ihn wieder stöhnen. Er sagt etwas: »Kinder, Kinder! Himmel . . . eine und noch eine . . .nein!«

Er spricht im Unterbewußtsein.

Haben sie ihm denn die richtige Spritze gegeben?

Mein Gott, was haben wir denn für Spritzen mit?

Ich habe ja auch Tropenspritzen aufgezogen und den Kameraden verpaßt. Immer langziehen die Haut und hinten rein ins Kreuz!

»Peng! Der nächste Mann!«

Verband anlegen? Gut gelernt. Gehörte alles mit zur Sanitätsausbildung. Das ist doch aber alles nur für den Hausgebrauch. Hier geht es um mehr.

»Die Verantwortung kann ich nicht übernehmen«, höre ich.

Wer sagte es? – Der Kommandant?

»Wir müssen sobald wie möglich hoch und Funk aufnehmen.«

»Geben Sie mir mal die Watte, so . . . das ist gut.«

»Das sieht aber böse aus.«

»Bei der Wolkendecke mußte das so kommen. Der schoß wie ein Raubvogel herunter und ballerte auch gleich übers Oberdeck.« Der II WO hatte Brückenwache, und seine Leute haben das Flugzeug zu spät entdeckt.

»Es ist niemand verantwortlich zu machen.«

»Frage Horchpeilung?«

»Keine Peilung!« kann ich beruhigt zurückgeben.

»Wenigstens hat der keine Bomben, sonst hätte es schon gerumscht.«

»Deuna, deuna . . . Kallies, machen Sie mal einen Funkspruch fertig.«

»Jawohl, Herr Kapitän!«

»Fliegerangriff – Beschuß. Durch Treffer auf Flurplatte an Oberdeck rechter Fuß Bootsmann Kutschera durchschlagen. Erbitten ärztliche Anweisung. Dringend.«

Sobald wir können, werden wir hoch müssen.

Wenn das bloß gutgeht?

»Können Sie die Blutung stillen?«

»Ich glaube schon, Herr Kapitän, nur . . .«

»Was ist, Schoner?«

»Das ist so nicht zu machen. Wir kriegen ihn nicht durch bis zum Einlaufen.«

»Dawitt, was sagen Sie?«

Ich horche mit einem Ohr zur O-Messe und mit dem anderen in mein Horchgerät hinein.

Was wird Dawitt sagen? Er hat doch viel Ahnung und wohl auch Erfahrung. – Amateurdoktor. Wieso muß ich jetzt an so etwas denken?

»Herr Kaptän, wir können ihn nur retten, wenn ... wenn wir eine ärztliche Anweisung bekommen und ... und wissen, wie und wo wir beginnen sollen. Nur mit dem Blutstillen ist es nicht getan. Es müßte amputiert werden.«

Um Gottes willen, das können wir doch nicht!

»Wir müssen alles versuchen, um ihn zu retten.«

»Die Spritze wirkt wie lange?«

»Ich habe noch Beruhigungsspritzen. Morphium ist auch da.«

Hoffentlich werden unsere Männer jetzt nicht ratlos. So ein Scheißflugzeug, muß ich denken. Ausgerechnet jetzt, so kurz vor dem Ziel. In einer Woche wären wir daheim und könnten uns wieder freier bewegen. Kann Kutschera sich überhaupt wieder bewegen? Frei herumlaufen?

Kallies verschlüsselt den Funkspruch. Haucke macht jetzt auch noch Hilfestellung in der O-Messe. Schoner hat ebenfalls ausgezeichnete Sanitätserfahrung. Meine Sanikenntnisse sind dagegen stümperhaft. Ich bin froh, daß man mich in den Horchraum verfrachtet hat.

»An LI, wir tauchen auf. Auf Sehrohrtiefe gehen!«

Inzwischen höre ich weiter Hantieren in der O-Messe.

»Koch, der Koch soll kommen.«

»Ist schon hier.«

»Herr Kapitän?«

»Wir brauchen heißes Wasser. Großen Topf voll heißes Wasser.«

»Gucken Sie mal. Das sieht böse aus.«

»Fast durchgeschlagen zwischen Wadenbein und Fußwurzelknochen.«

»Daß uns das passieren mußte . . .«

»Hilft nun alles nichts.«

»Die Abschnürbinde haben Sie gut angelegt, Dawitt.«

Wo mag Dawitt sie angelegt haben? Sicherlich am Oberschenkel.

»An Kommandant! Boot ist auf Sehrohrtiefe!«

Nachdem der Kapitän einen Rundblick genommen hat, höre ich den Befehl zum Auftauchen.

Schoner und Kallies geben sofort den dringenden Funkspruch ab.

Hoffentlich haben sie gleich einen Arzt zur Stelle und können Anweisungen an uns zurückgeben.

»Mensch, wenn sie den erst aus der Kantine holen müssen und der ist blau«, höre ich die Stimme von Haucke hinter mir. »Gar nicht auszudenken.«

»Quatsch, das gibt es doch nicht.« – »Na, abwarten.«

»Sie werden schon einen vernünftigen Arzt herbeizitieren.«

»Kaiser, Sie gehen wieder in die Koje. Mitternacht müssen Sie wieder in Form sein. Los, verschwinden Sie!«

»Jetzt könnten Sie mich doch vielleicht noch brauchen?« wage ich einzuwenden.

»Nein, haun Sie ab, Mensch. Das ist hier jetzt nichts mehr für Sie.«

Ich melde mich ab und muß in der O-Messe an dem Verwundeten vorbei. Grausam.

Noch auf dem Weg zum Bugraum höre ich die Stimme des Obersteuermanns über Lautsprecher: »Niemand verläßt seine Räumlichkeiten. Die Bugraumleute bleiben im Bugraum, und die Maschinen- und Heckraummannschaften bleiben achtern.«

Natürlich, ist ja klar. Die können nicht alle zur O-Messe oder durch die O-Messe kommen und Staub aufwirbeln.

Schließlich haben wir ja keinen sterilisierten OP-Raum und können die O-Messe auch nicht dazu machen.

Als ich in den Bugraum komme, werde ich gleich mit Fragen überschüttet.

»Was ist los, Funker?«

»Haste was gesehn?«

»Was is denn nu wirklich passiert?«

Ich muß tief Luft holen. Mir ist fast übel, als ich mit Tränen in den Augen meinen Kumpels sage, daß der rechte Fuß von Kutschera von einem Geschoß durchschlagen worden ist.

»Wie konnte denn das passieren?«

»Genaues weiß ich auch nicht.«

»Da muß er doch auf Oberdeck gewesen sein?«

»War er wohl auch. Jedenfalls ist die Maschine aus den Wolken hervorgeschossen und hat losgeballert. Wir sind durch die Aufregung gar nicht zum Gegenschuß gekommen.«

»Das stimmt. Es hieß doch gleich: tauchen«, bestätigen die Brückengasten. Sie sind sehr erschrocken und aufgeregt.

»Und was haben wir jetzt vor?«

»Wir sind zum Funkspruchabgeben aufgetaucht. Brauchen ärztliche Anweisungen.«

»Was sagt denn Kutschera?«

»Der sagt nichts, der hat 'ne Spritze bekommen. Dawitt hat ihn behandelt, hat ihm das Bein abgebunden, mit Schoner zusammen – der hat ihm geholfen – die beiden machen das prima, die haben ihn verbunden und . . . und die Wunden verstopft.«

»Ist der LI auch dabei?«

»Nein, der war in der Zentrale; aber I WO und II WO haben ihn mit gehalten.«

»Mensch, hör bloß auf, mir wird ganz übel.«

Euseebius hatte vorhin noch die große dichterische Ader und dabei seinen Mund weit aufgerissen. Jetzt wird ihm übel, obwohl er noch nichts von alldem da vorn gesehen hat.

»Der II WO ist neulich mit dem Fuß im Oberdecksbehälter hängengeblieben. Da habe ich weggeguckt und gedacht, laß ihn doch da hängenbleiben. – Von mir aus bis zum Tauchen auf neunzig Meter Tiefe, jawohl, das gönne ich dem ...«

»Was sagste da, Euseebius?«

»Ja, das habe ich gesagt, haste recht gehört. – Doch es tut mir leid, daß ich das damals gedacht habe.«

»Junge, Junge, so was denkt man doch nicht.«

»Ich hatte mich über ihn geärgert.«

»Funker, du kannst doch nach vorne. Geh mal wieder hin, guck, was los ist.«

»Nein, darf ich nicht. Habe Anweisung von Schoner, mich nicht sehen zu lassen. Ich muß Mitternacht wieder ablösen, die lassen mich jetzt nicht hin.«

Inzwischen ist es dunkel geworden. Mit der Funkerei werden wir die Flieger noch mehr auf uns ziehen. Was werden wir machen?

In der Haut des Alten möchte ich jetzt nicht stecken.

Kutschera ist verheiratet, hat wohl auch Kinder.

»Du, Frenzel, hat der Bootsmann Kinder?«

»Ja, zwei Mädchen.«

Die Seeleute wissen es. Sie gehören zusammen, wie Funker zu Funkern. Genauso sind die privaten Verhältnisse der Torpedomechaniker eben nur diesen untereinander bekannt. Sie tauschen ihre kleinen Geheimnisse nur unter sich aus.

»Ob er das überlebt?« hören wir den Balduin von seiner Koje aus fragen.

»Wenn er nun stirbt – dann ...«

»Was ist dann?«

»Dann – dann müssen wir ihn doch hier in der Biscaya versenken, oder?«

Schweigen ringsum.

Nur das nicht.

»Werden sie es schaffen?«

Eine bange Frage. Sie läßt uns nun nicht mehr los. Niemand von uns kann schlafen. Wir sind bestimmt alle sehr müde. Trotzdem schließt keiner die Augen. Die bange Frage ist: »Was wird werden?« Sie beschäftigt uns ununterbrochen.

Als ich Mitternacht auf Funkwache gehe, habe ich noch kein Auge zugetan. Trotzdem bin ich hellwach. Es ist eben meine Zeit zum Funkdienst, und da ist der Körper gewohnheitsmäßig voll einsatzfähig.

Inzwischen muß viel geschehen sein.

Die O-Messe ist abgedunkelt. Kutschera liegt auf der Koje des LI. Mir ist, als höre ich ihn leise stöhnen.

Der II WO und Dawitt sind bei ihm. Kallies ist im Funkraum. Er bleibt auch noch zwei Stunden; denn Schoner hat sich erst vor kurzer Zeit hundemüde zurückgezogen. Die Wachzeiten sind etwas durcheinandergeraten.

»Was ist, Herr Funkmaat?« wage ich nun doch Funkmaat Kallies zu fragen.

Er winkt resigniert ab und sagt nur: »Daß so etwas möglich ist ohne Arzt an Bord, hätte ich nicht gedacht.«

Dabei stehen dem Kallies die Tränen in den Augen.

»Wenn man es genau nimmt«, fährt er fort, »dann haben sie dem armen Kerl mit der Eisensäge den Fuß abgenommen.«

»Nein«, entfährt es mir. Ich werde bleich.

»Hier, lesen Sie.«

Die Funkkladde ist offen. Ich lese.

... das blutende Glied stark abbinden ...

... genügend Lagen Mull mit einer Binde stark anwikkeln ...

... spätestens nach zwei Stunden Abschnürung lockern für zirka zehn Minuten ...

»Mein Gott, das machen die alles – und können das auch?« höre ich mich laut fragen.

»Das ist nicht das Schlimmste, lesen Sie mal hier.«

Da steht es. – Eine Anweisung, wie bei der Amputation eines Fußes im Bereich vom unteren Drittel des Unterschenkels vorzugehen ist.

Mir ist klar: Das Fußgelenk hing nur noch an einem »dünnen Faden«, und den galt es durchzutrennen.

... Gefahr der Wundinfektion äußerst groß. Weitere Anweisungen abwarten ..., lese ich zum Schluß.

»Wir fahren aufgetaucht wegen Anweisungen?«

»Genau. Da kommt noch etwas; aber was?«

Kurz nach Mitternacht trifft ein FT für uns ein. Nach dem Entschlüsseln wissen wir noch nichts. Wir müssen ihn zum Weiterentschlüsseln an den II WO geben.

Geheime Kommandosache.

»An Zentrale: Nordost fünfzig Grad steuern!«

Richtung Spanien? Ja, neutrales Gewässer. Das ist gut. Wenigstens sicher vor Flugzeugen.

»Beide Diesel Alle Fahrt!«

Das kann etwas bedeuten.

»Mal herhören, hier spricht der Kommandant.«

Seine Stimme klingt müde und abgeschlagen über die Bordsprechanlage. Kein Wunder.

»Wir haben nach einem Fliegerangriff dem verletzten Bootsmann Kutschera den Fuß abnehmen müssen. Die Chance, ihn heil bis nach Lorient zu bringen, ist nicht gegeben. Wir haben Anweisung, den Verletzten in spanische Gewässer zu bringen und so abzusetzen, daß eine ärztliche Rettung gewährleistet ist. Wir müssen die Nacht ausnutzen und fahren darum jetzt in das spanische Hoheitsgebiet. Wir wollen in den frühen Morgenstunden den Bootsmann Kutschera mit zwei Mann aussetzen, so daß alle drei die Küste erreichen und Hilfe bekommen können. Ich bitte um Meldung an die Zentrale: Wer ist bereit, den

Bootsmann freiwillig an die spanische Küste zu bringen? Ich mache darauf aufmerksam, daß wir zwar keine schwere See haben, die Sache aber trotzdem nicht ungefährlich ist. Es bleibt uns aber keine andere Wahl, um das Leben des Bootsmanns Kutschera zu retten. Noch etwas: Es sollten sich nur Freiwillige melden, die nicht verheiratet und nicht gebunden sind. Es ist möglich, daß die Freiwilligen und der Bootsmann in Spanien interniert werden und vorerst nicht nach Deutschland zurückkönnen. Ende der Durchsage.«

Kallies und ich, wir gucken uns an. Das ist der geheime Funkspruch.

»Darum laufen wir jetzt schon mit Sturm auf die spanische Küste zu«, sagt Kallies.

»Es scheint die einzige Möglichkeit zur Rettung überhaupt zu sein.«

»Wer sich meldet, für den ist der Krieg zu Ende.«

»Man sollte sich melden, um zu helfen.«

»Ich kann kein Spanisch.«

»Das braucht man nicht, wenn die sehen, was da kommt.«

Die ersten Meldungen gehen spontan in der Zentrale ein. Das hat niemand erwartet. Fast die gesamte Besatzung meldet sich freiwillig. Auch die Verheirateten.

»Kein Wunder, die gerade. Sie möchten alle den Krieg überleben.«

Natürlich, das ist es. Jeder will raus aus dem Schlamassel. Eine einmalige Gelegenheit, jetzt in ein neutrales Land zu kommen und den Ausgang des Krieges in Ruhe abzuwarten.

Nach kurzer Zeit meldet sich wieder die Stimme des Kommandanten:

»Wir haben einen großartigen Beweis von Kameradschaft und Pflichterfüllung zu spüren bekommen. Ich danke Ihnen allen. – Da ich die gesamte Besatzung nicht entbehren kann, bestimme ich, daß der erfahrene Seemann Oberbootsmann Ellwig den Bootsmann Kutschera begleitet, eine weitere Begleitperson wird durch Losentscheid ermittelt. Ich danke Ihnen. Ende der Durchsage.«

»Klack«, geht es. Ruhe im Boot.

Klar, wie soll es der Alte anders machen? Jeder möchte aussteigen. Ich finde seine Wahl in Ordnung.

Ich höre Kallies Stimme: »Das ist gut so. – Der Bootsmann Ellwig ist in jedem Falle der rechte Mann dafür, der kann etwas Spanisch und ich glaube, das ist doch wichtig. Außerdem ist er nicht mehr so jung.«

Das Los wird also entscheiden. Nun hoffen alle.

Der II WO macht Papierschnitzel im Kommandantenschapp zurecht. Der Alte ist inzwischen auf der Brücke. Unsere Diesel ackern mächtig. Wir wollen so dicht wie möglich an die Küste. Nur gut, daß wir diesen Standort haben und von hier die Möglichkeit zum Absetzen gegeben ist. Der II WO marschiert mit dem Scheinwerfer voll Papierschnitzel selber durchs Boot und läßt die Freiwilligen je ein Los nehmen. Auf jedem Stückchen Papier steht eine Nummer. 24 sind es noch. Noch 24 Freiwillige, unglaublich.

Die Gegenzettel werden ebenfalls mit 24 Nummern beschriftet, und der Zentralegast Kötscher, der sich nicht als Freiwilliger gemeldet hatte, zieht eine Nummer.

»Kötscher, ziehen Sie.«

Kötscher zieht.

Über Bordsprechanlage heißt es jetzt: »Wer die Nummer neun gezogen hat, bitte zur Zentrale.«

Wer mag es sein?

Da kommt einer zur Zentrale gehastet.

»Golm! Der Torpedogefreite Golm«, stellt Kallies befriedigt fest.

»Dem gönn ich das.«

»Freilich. – Außerdem ist nicht sicher, ob das alles so klappt.«

Golm gibt jedenfalls strahlend seinen Zettel ab und meldet sich für das Unternehmen dienstbereit.

Um 02.00 Uhr kommt müde und niedergeschlagen Obermaat Schoner in das Funkschapp gewankt.

»Kaiser, ich dachte, Sie wären jetzt ausgestiegen«, gähnt er müde vor sich hin. »Dann brauchte ich mich nicht mehr so viel mit Ihnen rumzuärgern.« Danach sperrt er noch einmal den Mund weit zum Gähnen auf.

»Sind doch nur noch ein paar Tage bis zum Einlaufen, Herr Oberfunkmaat«, gebe ich schlagfertig und Spaß verstehend zurück.

Kallies verzieht sich jetzt in seine Koje, und Schoner nimmt seinen Platz ein. Ich werde nach kurzer Zeit auch wieder in die Freiwache geschickt.

Als ich wach werde, umgibt mich vollkommene Stille. Die Maschinen laufen nicht. – Wir liegen still.

»Was ist los?«

»Das Boot der Spanienurlauber wird klargemacht.«

Kutschera mit der Hoffnung auf Rettung und die beiden glücklichen Begleiter, für die der Krieg vorbei sein wird. –

»Sind wir denn ziemlich an der Küste?«

»Fast dran«, antwortet mir Stanke, »ich war bis vor ner halben Stunde auf Brückenwache.«

»Ob das klappt, was sie vorhaben?«

»Da kannste beruhigt sein, Funker, das klappt. – Die See ist gut dafür. – Die können das schaffen. – Da sind zwar Berge; aber die werden schon 'ne Landungsmöglichkeit kriegen. Obermaat Ellwig macht das schon. Hab ich gar keine Angst.«

Er sagt das mit dem ruhigsten Ton von der Welt, so, als ob sie das schon immer so gemacht hätten.

»Hoffentlich kommen sie auch gleich in die richtigen Hände, sie müssen doch einen Arzt und ein Krankenhaus auftreiben.«

»Keine Sorge, Funker. Sonst wißt ihr immer alles. Diesmal hab ich die Anweisungen gehört, die der Alte ihnen mitgegeben hat.«

»Sind denn die schon vorhin auf der Brücke gewesen?«

»Ja, natürlich, sie haben schon durch die Nachtgläser die Küste mit abgeguckt und entsprechend die Lage gepeilt. – Und da hat ihnen der Alte gesagt, daß sie sich keine Sorgen zu machen brauchen.«

»Der ist gut, keine Sorgen machen«, falle ich ihm dazwischen.

»Sei doch mal ruhig. Er sagte, die Marineleitung hätte Kontakt mit der spanischen Marineleitung aufgenommen. Die würden sie wahrscheinlich schon in Empfang nehmen.«

»Ach so. – Das ist nicht schlecht.«

»Na siehste. – Die kennen unseren Standort, und wenn wir verduften, holen die Spanier unsere drei Schiffbrüchigen rein.«

»Na, Schiffbrüchige sind es ja nicht«, sagt Heddrich.

»Aber Aussätzige.«

»Du meinst Ausgesetzte.«

»Naja, is dasselbe.«

In dieser Nacht schläft keiner. Oben wird jetzt Abschied genommen von drei Mann der Besatzung. Wir hoffen und wünschen, daß sie gut an die spanische Küste kommen und dem Bootsmann Kutschera die Rettung bevorsteht.

Die Diesel laufen wieder? – Ja.

»Die Diesel laufen!«

15 Minuten später heißt es »Tauchen«.

Wir sind in neutralen Gewässern und haben Hoffnung, daß dieses Unternehmen für alle noch gut ausgehen möge. Die Stimmung im Boot ist nun merklich ruhiger geworden.

Es ist auch niemand mehr gereizt und schnell aufbrausend. Wir müssen alle an das Erlebte denken und an die Kameraden, die wir zurücklassen mußten.

Wir schleichen uns nun aus dem spanischen Küstengebiet in Richtung Biscaya mit Ziel Lorient.

Die See nimmt zu, und der Wind fegt Wolken heran. Es sieht aus, als würde es in den nächsten Tagen stürmisch werden. Wäre es vor der spanischen Küste so gewesen, hätten wir das Unternehmen gar nicht machen können.

»Stanke, wie siehst du denn aus?«

Stanke erscheint pudelnaß und kreidebleich.

»Ich hing schon auf dem Netzabweiser!« stöhnt er.

»Was?«

»Ja, ich – ich wär beinah – über Bord gegangen.«

»Wie kommt denn das?«

»Die Seen laufen von achtern auf. – Mit einem Mal fegt son Klatscher in die Brückenwanne, und schwupps, war ich oben übern Turm und hing auf dem Netzabweiser.«

»Junge, da haste aber Glück gehabt.«

»Er wollte auch nach Spanien – aber schwimmend!«

Die ersten Witzchen werden wieder gemacht. Ein wenig Galgenhumor angesichts der drohenden Gefahr bei der Fahrt durch die gefürchtete Biscaya. Hier erwischt unser Gegner die meisten deutschen Unterseeboote.

Hier müssen wir rein und raus und raus und rein.

4. Juli. Das Wetter ist in den letzten Tagen nicht besser geworden. Wir entschließen uns zum Tauchen. Fahren den ganzen Tag lang unter Wasser. Allerdings nicht nur wegen hoher See, sondern auch, um der Gefahr von oben auszuweichen. Ein Angriff wie der letzte genügt uns.

In der Meerestiefe ist es verhältnismäßig ruhig. Hier stört uns kein Seegang mehr. In der Ferne hören wir hin und wieder die Detonationen von Flieger- und Wasserbomben. Das gehört hier zum Ton der Biscayadurchquerung.

»Hätten wir denn dem dusseligen Flieger nicht was aufbrennen können mit unserer Dreikommasieben?«

»Jetzt fängt der schon wieder an. – Du weiß doch ganz genau, daß das ein Überraschungsangriff war. Das hätte noch böser ausgehen können, mein lieber Kötscher. Nee, nee, da war nischt drin!«

»Außerdem können wir froh sein, daß wir noch unter Wasser kamen.«

»Klar, der drehte doch bei und wollte sicherlich einen neuen Angriff fliegen.«

»Wenn der Bomben gehabt hätte ...«

»War ja kein Bomber. Wenn der ne Bombe geschossen hätte, dann wärste jetzt mit deinem Arsch auf Grund, das kannste mir glauben.«

Nach diesem Wortgeplänkel wird es im Bugraum ruhig. Die Freiwachen liegen auf den Kojen und versuchen zu schlafen. Der Raum ist abgedunkelt. Die Luft riecht muffig und nach Salzwasser. Der Gestank nach Torpedoöl steht zusätzlich im Raum.

Die Stimmung der Torpedoleute ist auf dem Nullpunkt, sie müssen an ihren Kameraden Golm denken. Er hatte das Glück, auszusteigen und mit Kutschera und Ellwig an der spanischen Küste anzulanden.

Wird es Kutschera schaffen und überleben? Diese bange Frage beschäftigt wohl alle. Besonders Bootsmaat Zillmer hat den Kutschera tief bedauert, er war mit ihm so gut wie befreundet.

»Er war der Mann, mit dem man auch mal über Zarathustra sprechen konnte«, ist die nachträgliche Meinung von Zillmer über seinen Freund Kutschera.

Die Gedanken aller Besatzungsmitglieder sind auch auf das Einlaufen gerichtet. Noch ein paar Tage, und wir können wieder an Land gehen. Können schimmelfreie Zigaretten rauchen und uns nach den Regeln des Seemanns besaufen.

Wie war die Regel des Seemanns? »Was nützt dem Seemann sein Geld, wenn er mit dem Arsch ins Wasser fällt?«

Gegenüber auf der Backbordseite höre ich jemand schnarchen.

Das kommt aus der Koje von Kötscher. Nun ist das Großmaul doch eingeschlafen und träumt vielleicht von dem Abschuß des »dusseligen Fliegers«.

So dusselig finde ich den gar nicht. Er dürfte für seine Auftraggeber die Sache zufriedenstellend ausgeführt haben. Vielleicht steckt man ihm dafür eine Auszeichnung an die Brust. – Ganz bestimmt . . .

Ich werde sehr müde. Noch denke ich vor dem Einschlafen: Auszeichnung an die Brust? Kriegen wir die auch nach dem Einlaufen? Vielleicht vom Dönitz persönlich an die Kolanijacke gesteckt? Alle sind müde. Ganz müde. Drei Stunden lang kann ich jetzt noch schlafen.

5. Juli. Ich sitze seit einer guten Stunde am Horchgerät. Es ist verhältnismäßig ruhig.

Sind noch alle müde? kommt es mir in den Sinn.

Jetzt nicht denken. Aufpassen! Es ist Nacht. Die feindlichen Flieger schlafen noch. Kein Abwurf einer Fliegerbombe ist zu hören. Komischerweise auch kein Schraubengeräusch. Eine seltene Ruhe ist in der Biscaya. Darum muß ich doppelt aufpassen. Nicht denken: Die könnten noch schlafen. Der Feind schläft nie!

Unser Kommandant schläft jetzt. Er schnarcht sogar. Ich kann es vernehmen, wenn ich den Kopfhörer ein wenig zur Seite schiebe.

Vom Gucken auf die schwach beleuchtete Skala des Horchgerätes werden meine Augen überanstrengt. Sie wollen zufallen. Doch das Kratzen im Kopfhörer läßt die vollkommene Müdigkeit nicht zu.

Wir fahren in 60 Meter Tiefe. Hin und wieder wird mein Blick durch das Schnarchgeräusch des Kommandanten auf seinen grünen Vorhang gelenkt. Er hängt wie ein Bühnenvorhang oder gleich einer Übergardine in voller Länge bis runter zum Fußboden. Ein ganz kleiner Spalt bleibt zwischen Vorhangende und Fußboden. Dieser Zwischenraum ist jetzt dunkel. Oft ist ein Lichtschimmer zu erkennen, dann weiß man, daß der Alte noch liest.

»Rrrchch!!!«

Ein mörderischer Krach.

Es ist nicht das Schnarchen des Alten.

Dieses Geräusch ist viel lauter.

»Rrrchch – rrrchch – rch – schiirrr!!!«

»Kaiser, was ist los?!« höre ich den Kommandanten rufen, und gleichzeitig wird auch schon sein Vorhang zur Seite gerissen. Der Kommandant steht neben mir. Hellwach.

»Ich kann im Horchgerät nichts ausmachen. Das muß direkt am Boot sein, Herr Kapitän!« Mehr kann ich im Moment wirklich nicht feststellen. Jedenfalls ist über das Horchgerät nichts zu ermitteln. Auf der gesamten Skala hatte ich bisher nichts gehört, nur das übliche Kratzgeräusch. Und jetzt dieser Krach.

»Es schiebt sich am Boot entlang, Herr Kapitän.«

Jetzt hören wir deutlich das Ratschen an der Außenbordwand. Es kommt von vorn und wird stärker in Richtung nach achtern.

»Fischernetz!« ruft der Alte. »LI, E-Maschinen Alle Fahrt!«

Das könnte es sein – und der Alte hat es sofort erkannt.

Unser Netzabweiser hat ein Loch in das Fischernetz gerissen und schiebt es jetzt über unseren Rumpf. Hoffentlich geht das gut. Wer fischt hier im Kriege? Wir sitzen im Netz!

Es schiebt sich weiter, das Loch scheint größer zu werden. Inzwischen laufen unsere Maschinen äußerste Kraft. Das fehlte uns noch. Bis jetzt alle Gefahren gemeistert und so kurz vor dem Ziel in einem dämlichen Fischernetz hängenbleiben!

Das Geräusch ist vom fürchterlichen Scharren zum hohen Quietschen übergegangen. Ein Quietschton, als wäre das Netz aus Stahl. Jetzt hören wir die fünffache Lautstärke eines Geräusches unter Wasser. So wie das scharrt und scheppert, ist es doch vollkommen unmöglich, hier heil durchzukommen.

Ich höre den LI Befehle an die Rudergänger geben. Klar, daß er seine Anweisungen schnell und überlegt geben muß.

Es scheint zu klappen. Das Geräusch ist vorbei. Wir sind durch, und so, wie es aussieht, hat sich das Netz auch nicht in den Schrauben verheddert.

»Na, LI, da haben wir aber Schwein gehabt«, höre ich den Kommandanten sagen, und mit einem »deuna, deuna« verschwindet er in seiner Schlafkabine. Die Maschinen laufen wieder ihre normalen Umdrehungen, und der Alte schnarcht bald, als wäre nichts Sonderliches passiert.

Der Obersteuermann wird ins Logbuch schreiben: »In 60 Meter Tiefe Fischernetz durchfahren.«

Das ist alles. Punktum, fertig.

Am Abend dieses Tages tauchen wir auf. Wir müssen das Boot durchlüften und die Batterien laden.

Als Stanke auf der Steuerbordseite einen Schatten ausmacht, heißt es sofort Alarmtauchen. Obwohl die Batterien nicht fertig geladen sind, will der Kommandant jetzt kein Risiko mehr eingehen.

Alle, die nicht auf Wache sind, müssen die Kojen aufsuchen und schlafen, damit wenig Sauerstoff verbraucht wird.

Am 6. Juli geben wir unsere Standortmeldung ab und empfangen einen Funkspruch für das Einlaufmanöver. Noch einmal tauchen wir und fahren das letzte Mal auf dieser Feindfahrt unter Wasser.

Fast zehn Wochen sind wir jetzt draußen.

In den Vormittagsstunden des 7. Juli steht die Pier im Hafenbecken von Lorient voller Menschen. Zwei Boote laufen heute gemeinsam ein. Das Boot von Hartenstein macht an der Pier A 4 fest, und unser Boot schiebt sich jetzt langsam auf den Anlegeplatz A 3 zu.

Auf dem Rohr unserer 10,5 cm-Kanone haben wir die Autoreifen der Marke Firestone als Trophäe aufgehängt. Daneben ist die Freiwache zur Begrüßung auf dem Vorschiff angetreten. Unsere langen Haare schauen wie Kräuselkrepp unter dem aufgesetzten Schiffchen hervor. Der Bart ist nach zehn Wochen zum wirklichen Bart geworden und sprießt rasierbedürftig und ungepflegt aus dem Gesicht eines jeden hervor.

Die Hände auf den Rücken gelegt, stehen wir in loser Stellung und schauen erwartungsvoll auf die Menschenansammlung auf der Pier.

Viele Gesichter schauen ebenso erwartungsvoll zu uns herunter. Sie mustern die Khakikleidung und hoffen, einen Bekannten darin zu entdecken. Die meisten, die uns neugierig erwarten, wissen erst im letzten Augenblick, welches Boot hereinkommt. Erst wenn sie die Unterseebootsnummer ablesen können, wissen sie, ob ihr Liebster oder Bekannter dabei ist. Vielleicht wartet jemand auf Kutschera, oder Golm, oder den Oberbootsmaat Ellwig. Noch wissen die da oben auf der Pier nicht, daß wir mit drei Mann weniger zurückkommen. Höchstens ein paar Offiziere, welche sich in ihren dunkelblauen Uniformen inmitten der Wartenden aufgebaut haben und jetzt die Hand zum Gruß an die Schirmmützen legen, werden wissen, daß drei Mann weniger an Bord sind. Es begrüßt uns keine Musikkapelle. Wir laufen still und ruhig ein. Nur die Menschen auf der Pier erheben ein Jubelgeschrei, als würden sie die ersten Menschen vom Mars begrüßen.

Einige Krankenschwestern haben Blumensträuße. Als wir nach der offiziellen Begrüßung das Land betreten, bekommen wir heimkehrenden müden Krieger Blumen ins Knopfloch gesteckt. Nun sind wir alle wieder munter. Es geht mit Hallo, wobei viele Hände geschüttelt werden, in die Hako-Kantine. Hier begrüßt uns der Flottillenchef.

Die Post wird uns ausgehändigt. Eine Menge Post für jeden einzelnen. Unsere Angehörigen haben fleißig geschrieben, obwohl sie von uns in der letzten Zeit keine Post erhalten haben. Doch, was macht das schon? Sie wußten zwar, daß wir auf Feindfahrt sind, aber geschrieben wurde trotzdem.

»Ach, das alles ist für mich?«

»Klar«, meint Haucke, »jetzt kannste paffen wie ein Schlot.«

Jeder empfängt einen Stapel Zigaretten. Unser Kontingent. Für jeden Tag, den wir draußen waren, werden 12 Zigaretten nachgeliefert.

»Und die sind nicht mal verschimmelt!«

Wer nicht zu den Rauchern zählt, kann die Zigaretten gegen Scho-ka-kola eintauschen. Muß aber nicht, denn mit Zigaretten kann man auch im Urlaub etwas anfangen. Zum Tauschen sind Zigaretten ein begehrter Artikel.

Am Morgen des 8. Juli erwache ich aus einem tiefen Schlaf. Ich kann es noch nicht fassen, daß ich die ganze Nacht schlafen durfte und auch durchgeschlafen habe. Niemand ist gekommen, der mich wachgerüttelt hat und mir sagte: »Komm hoch, Funker, dein Dienst beginnt.« Kein Vierstundentörn mehr.

Kein Schaukeln unter den Füßen.

Keine Schlingerbewegungen.

Die Handtücher bleiben normal hängen.

Wir tauchen nicht mehr.

Haben am Tage wirklich helles Licht durch die Sonne und nicht durch Glühbirnen.

Wir sind nicht mehr eingeengt in einer Röhre auf engstem Raum mit über 50 Mann.

Das alles wochenlang mit großem Risiko und vielen Alarmen. Wie hast du das ertragen? frage ich mich.

Da steht eine Waage, nichts wie drauf.

Der Zeiger zeigt 5 Kilo weniger an, als vor dem Auslaufen. Trotz des guten Essens in jeder Woche 1 Pfund abgenommen. Abgenommen oder ausgeschwitzt, was macht das schon.

Die Mehrzahl meiner Kumpels stürzt sich in das Nachtleben von Lorient.

Ich bin ein Kinofreund und muß erst mal wieder einen Film sehen. Ich gehe an Land und sehe mir den Film »Der große König« an. Mit einem Aufmunterungsfilm dieser Art will die oberste Führung uns weiter bei der Stange halten. Die Parole: »Freiwillige vor!« muß dann nicht erst befohlen werden.

Als ich am 12. Juli in Urlaub fahre, steckt das U-Bootkriegsabzeichen an meinem Kolani. Nun sieht man schon von weitem, zu welchem Verein ich gehöre.

Mein Vater holt mich vom Bahnhof ab und begrüßt mich mit tränenerstickter Stimme: »Junge, bist du wieder da?«

Wieder in Kernével

Eine stickige und heiße Luft in den Bunkerräumen unter der Erde. Die Funkzentrale des BdU in Kernével ist rund um die Uhr besetzt und einsatzbereit. Wir lassen die Lüfter schnurren, um das Arbeiten in diesen Kellerräumen einigermaßen erträglich zu machen.

Über unseren Köpfen trampeln die Offiziere vom Freikorps Dönitz herum. Sie haben ihre Lagebesprechung direkt über uns. Eigentlich sitzen wir noch eine Etage sicherer in unserem Mauseloch.

»Zur besonderen Verfügung«, hatte es geheißen.

Ich bin hier zur besonderen Verfügung.

Es soll eine Fronttournee zusammengestellt werden.

Als Ansager werde ich dabeisein. Bis es soweit ist, sitze ich hier beim BdU auf den Funkwellen herum oder werde mit dem Entschlüsseln von Funksprüchen beauftragt. In der Freizeit wird für die Tournee geprobt. Eigentlich wäre ich gern auf dem Boot geblieben; aber das Oberkommando der Marine hatte sich eingeschaltet.

Sicherlich spielten Beziehungen mit. Über eine mir befreundete Schauspielerin hatte ich Kontakt mit Bernhard Minetti aufnehmen können. Minetti, befreundet mit Kapitän Godt vom Oberkommando der Kriegsmarine, hatte wohl eine Empfehlung ausgesprochen. Schon lief die Sache. Kapitän Godt holte mich runter vom U-Boot und verhalf mir zu der nun bevorstehenden Fronttournee. Die Flottille hatte ebenfalls nichts dagegen – wie hätte sie auch können? Außerdem sind im Moment genügend Funker vorhanden. Ich konnte auf dem Boot also gut ersetzt werden. Für eine Fronttournee – welche zur Hebung der Moral wichtig ist – braucht man mich. Nun sitze ich hier auf einer Übungswelle. Ich muß zwar aufpassen, daß ich jeden Funkspruch mitbekomme, habe aber die Möglichkeit, meinen Gedanken nachhängen und ein bißchen Text für die Tournee vorbereiten zu können. Ich habe mich mit meiner neuen Aufgabe abgefunden und freue mich auf das Bevorstehende. Wenn ich es recht bedenke, eine erfreuliche Abwechslung.

»Na, Sie Tätowierer, träumen Sie nicht!« ruft mir Funkmaat Wippke zu. Ich lache zurück. Wippke ist ein prima Funkmaat.

Ich hatte mit ihm das erste Funkschlüsselgespräch der Welt gemacht.

Wie war das damals?

Hier in diesem großen Senderaum war es. Dönitz erschien aufgeregt und hatte mit dem diensthabenden Funkmeister gesprochen.

Ich sehe mich noch auf Platz vier sitzen. Neben mir Funkmaat Wippke. Dönitz stand hinter mir. Was er sprach, drückte ich in den Schlüsselkasten. Die aufleuchtenden verschlüsselten Buchstaben wurden von Wippke hinausgefunkt. Wir hielten Zwiesprache mit der Besatzung eines im Atlantik fahrenden Unterseebootes. Dies hatte es noch nicht gegeben.

Wir schrieben den 1. Februar 1942.

Uns gelang das erste Funkschlüsselgespräch. Hierbei kam es auf Schnelligkeit und Genauigkeit an.

Aber es klappte. Es klappte sogar prima. Die Verständigung mit dem Atlantikboot *U 105* unter dem Kommandanten Schuch war einwandfrei. Auf *U 105* saß der Funkmaat Karl Budde. Er spurte genauso einwandfrei wie wir. Dönitz gab Anweisungen an Kapitänleutnant Schuch. Schuch wurde mit einer Sonderaufgabe betraut. Es ging um die Bildung eines Aufklärungsstreifens. Vier Boote unter Oberführung von Schuch wurden beauftragt, nach Überlebenden zu fischen. Es galt, Überlebende des gesunkenen deutschen Dampfers »Spreewald« zu retten. Eine Tragödie, welche sich auf dem sogenannten »Atlantik-Rücken« östlich der Bermudas 45°15'N und 24°45'W abspielte.

Die Verständigung zwischen Dönitz und Schuch war einwandfrei.

Als wir geendet hatten, drückte Dönitz uns die Hand und sagte: »Ich danke Ihnen. Sie haben einen historischen Augenblick miterlebt. Wir haben das erste Funkschlüsselgespräch der Welt geführt.«

Ja, so war das damals. Ist inzwischen je wieder ein solches Gespräch gemacht worden? Ich frage Wippke. »Nein«, sagt Wippke, »von hier aus jedenfalls nicht.«

»Warum nicht?«

»Keine Ahnung, fragen Sie mal den neuen Funkmeester, der gestern gekommen is, der könnt' es vielleicht wissen. Der neue Funkmeester hat die erste Übung mit dem Schlüsselgespräch gemacht.«

»Der Funkmeister Hirschfeld?«

»Ja, der.«

Funkmeister Hirschfeld hat die Aufsicht im Schlüsselraum. Ich werde ihn mal fragen. Hirschfeld ist ein erfahrener Mann. Er fuhr auf *U 109* unter dem Kommandanten Bleichrodt, und wir sind froh, daß hier mal ein Funkmeister Einzug gehalten hat, der Fronterfahrung mitbringt. Er gehört nicht zu den gestriegelten und affektierten Funkern, welche den Tag totschlagen und warten, daß der Krieg zum Ende kommt. Er tut auch was und packt mit an, im Gegensatz zu einigen anderen.

Ein gewaltiger Knall.

Was ist passiert?

Eine Deckenbeleuchtung ist durch übergroße Hitze auseinandergeknallt. Die Scherben liegen jetzt in kleinen Splittern auf dem Fußboden und zwischen unseren Papieren auf den Schreibtischen. Nur gut, daß nicht zufällig jemand unter der Lampe gestanden hat.

Die Gespräche beim Truppenbetreuungsoffizier in Lorient sind zufriedenstellend verlaufen. Es wird ein Ensemble aus Angehörigen verschiedener Truppenteile zusammengestellt. Die Betreuung soll den Atlantikraum umfassen. Ich fühle mich nicht ganz wohl. Was kommt schon dabei heraus? Ein Haufen zusammengewürfelter Existenzen aus verschiedenen Waffengattungen. Nicht mal ein weibliches Wesen dabei. Keine Tänzerin oder Sängerin. Auch unter den Blitzweibern von Lorient ließ sich nichts finden. Die haben andere Interessen und betreiben die Offiziersbetreuung auf ihre Weise.

Mit einer Truppe, aus Männern bestehend, wird es also demnächst heißen:

»Die Truppe betreut die Truppe«.

Nach wirklich anstrengenden Proben war die Spreu vom Weizen getrennt worden. Es hatten sich viele gemeldet, auch solche, die glaubten, einen gemütlichen Zeitvertreib über die Bühne gehen zu lassen. So sollte es ja nicht sein. Was sich zum Schluß wirklich zusammengefunden hatte und aufeinander eingestellt war, waren acht Mann. Wobei die Musikkapelle aus vier Landsern bestand und die vier vortragenden Solisten von der Marine waren.

Eine kleine Truppe; aber die paar sind in Ordnung, und mit ihnen gehe ich gern für einige Zeit auf Tournee. Allein die Zauberschau von Kiesewetter, einem Schüler der Folkwang-Schule in Essen, ist eine Schau für sich. Er könnte einen Abend allein bestreiten. Nur gut, daß der Junge alle Requisiten nach Kernével mitgebracht hat. So können wir bei uns in der Freizeit noch einige besonders pikante Illusionen proben. Zum Beispiel das Verschwinden eines Menschen, das Hineinzaubern eines Ringes oder einer Armbanduhr in ein dick verschnürtes Paket, und als Höhepunkt die Hypnose. Bei all diesen Dingen werde ich als Medium von Kiesewetter benutzt. Erstens habe ich zwischen meinen Ansagen Zeit dazu, und zweitens kann ich hier in Kernével gemeinsam mit ihm proben und über die ach so simplen Tricks schweigen.

Jeder Trick sieht so einfach aus, wenn man ihn kennt. Ich habe nicht gedacht, daß Zaubern so einfach sein kann. Aber, man muß es nur können. Kiesewetter beherrscht es. Wobei er die Zauberkarten so nebenbei aus seinen Ärmeln schüttelt.

Als Kind hatte ich mal einen »Hokus-Pokus-Zauberkasten« geschenkt bekommen. Ich konnte damit Kugeln an einem Bindfaden herunterrutschen lassen und auf Kommando zum Stehen bringen, Karten geschickt umdrehen, damit sie eine andere Aussagefarbe bekamen, Falschgeld verschwinden lassen, wobei das Verbrennen von Papiergeld der teuerste Trick war. Nach 20mal verbrennen war nämlich das falsche Papiergeld alle, und der Trick ging nun nicht mehr, zumal mein Vater nicht gewillt war, echtes Geld aus seiner Ladenkasse für weitere Tricks zur Verfügung zu stellen. Nun wollten aber die Kinder immer wieder gerade diesen Papiergeldverbrennungstrick sehen. Ach, was mußte ich alles anstellen, um zu verhindern, daß dieser Trick auf allzu großes Drängen meines Publikums hin schließlich ohne Papiergeld anlaufen würde. Nachkaufen konnte ich nichts. Den mir geschenkten Hokus-Pokus-Kasten hatte mein Onkel irgendwo gekauft. Auf alle Fälle viele hundert Kilometer von dem Platz meines täglichen Zauberauftritts entfernt. So stand ich da mit meinem Talent. Ich mußte also mit viel Geschick diesen Zaubertrick immer hinausschieben und zum Schluß erklären, daß ich nun nicht mehr interessiert sei, noch was vorzuzaubern. Mit den lapidaren Worten: »Ich habe keine Lust mehr«, ging dann die Vorstellung zu Ende. Die Dorfkinder zogen ein wenig enttäuscht, aber letzten Endes doch heiter von dannen.

Hier mit Kiesewetter in Kernével ist das schon etwas Großes. Der Mann hat ein sehr gutes Repertoire, und damit werden wir den Landsern und Marinern und allen anderen Mackern an der Atlantikküste schon etwas verzaubern.

»Kiesewetter, wir müssen gut sein, sonst ist es aus mit der Truppenbetreuung.«

Auf diese meine Feststellung hin guckt er mich treuherzig an und meint: »Worauf du einen lassen kannst. – Wir sind die Wucht!«

Er ist bereits jetzt von sich überzeugt, wie alle großen Künstler, fährt es mir durch den Kopf. Muß wohl so sein.

Dann ist es soweit. Wir stehen vor unserem ersten Publikum. Als Premierenort wählten wir eine einsame Flakbatterie hier an der Küste in Lamor. Sicher ist sicher. Hier sind die Pannen zu verzeihen und irgendwelche Umstellungen im Programm noch zu arrangieren.

Hier sammeln wir auch gleich Erfahrungen mit unserem ersten öffentlichen Hypnoseauftritt.

Damit niemand von den Landsern auf die Idee kommt, sich auf die Bühne zu stürzen und sich freiwillig hypnotisieren zu lassen, kommt vorweg die obligatorische Ansage: »Es ist bei der Truppenbetreuung nicht erwünscht, daß Soldaten in Uniform zum Zwecke der Volksbelustigung in einen Trancezustand versetzt werden. Darum wird der Einfachheit halber auch heute wieder der Ansager als Medium wirken.«

So, nun geht's los. Ich stehe bereits auf der Bühne, Kiesewetter macht seine ersten Verrenkungen und versucht, mir die Luft eines Toten einzublasen. Langsam merke ich, daß ich steif werde. Das heißt, ich muß es merken. Ich bemühe mich mit allen Kräften, eine in mir nicht existierende Starre festzustellen. Es muß ja echt wirken. Also werde ich steif!

Kiesewetter fummelt vor meinem Gesicht herum. Er bepustet mich und streichelt mit seinen Fingern über meine Stirn.

Jetzt darf ich nicht lachen. Ich muß mich zusammennehmen. Am besten wird es sein, an etwas Trauriges zu denken.

»Denk, deine Oma sei gestorben«, hatte mir Kiesewetter bei den Proben gesagt. Ich habe nicht miterlebt, wie meine Oma starb. Bei meiner Geburt waren die Großeltern schon im Jenseits. Ich muß an den Tod meiner Mutter denken. –

Nun wird mir wirklich traurig zumute. – So ein Blödsinn, den wir hier verzapfen.

Die Landser wollen doch aber was sehen und unterhalten sein. Junge, steh durch, sage ich mir.

»Das Medium ist jetzt im Zustand der vollkommenen Hypnose. Sie können versuchen – allerdings von Ihren Plätzen aus – mein Medium zum Lachen zu bringen. Schneiden Sie Grimassen, erzählen Sie Witze, oder rufen Sie dem Medium alles zu, was Sie wollen oder loswerden möchten. Sie werden sehen, mein Medium bleibt in diesem Zustand!«

Ich stehe. Stehe eisern. Kiesewetter hebt vorher noch meinen rechten Arm in die Höhe. Der Arm fällt schlapp wie eine Leberwurst an meinen Körper zurück.

Nun auch mein linker Arm. Ich stiere dabei starr geradeaus und halte auch, solange ich kann, die Augen offen. Das ist mit einigem Training erreicht worden. Beim Üben tränten anfangs die Augen stark, das ließ aber mit der Zeit nach. Kiesewetter weiß, wie lange ich mit geöffneten Augen stehen kann. Befindet er sich mit seinem Körper dicht vor meinem, dann lasse ich schnell, zur leichten Erholung meiner starr blickenden Augen, auch mal die Lider herunterklappen.

Ich sehe alles, ich höre alles. Ich, das Medium, müßte lachen und darf es nicht. Ich bleibe stur und starr, obwohl dort unten das Publikum rumhampelt und Grimassen schneidet. Die ersten stehen bereits auf ihren Stühlen, weil sie glauben, das »Medium« auf der Bühne so besser aus seiner Fassung bringen zu können.

Ist denn das möglich?

Ich bleibe ernst. – Es klappt also!

Hoffentlich stürzt nicht ein wilder Enthusiast hier herauf und kitzelt mich. Dann garantiere ich für nichts. Kitzlig war ich schon immer. Wenn die mich anfassen, werde ich nicht mehr das steife Medium, sondern nur noch ein lachender und die Zauberinnung blamierender Popanz sein. Nur das nicht. Also durchhalten!

»Hinsetzen!« brüllt es nun aus den hinteren Reihen. Die haben ja recht, denke ich. Die brauchen hier vorn ja nicht auf die Stühle zu klettern, davon wird es nicht anders. Die aus den hinteren Bankreihen wollen ja auch etwas sehen, denn schließlich haben die hier vorn auf den Stühlen ebenfalls kein Eintrittsgeld entrichtet.

Also setzt euch hin, Jungs, fährt es mir durch den Kopf. Halt, denk an deine Mutter. Nicht lachen. – Daß ich meine Mutter hier mit reinziehen muß, gefällt mir gar nicht. Was tut man nicht alles für die »Kunst«.

Den Landsern gefällt es, und solange sie brüllen und Grimassen schneiden, bleibe ich eisern und lasse mich nicht aus der Ruhe bringen.

Nun bricht die Sitzpritsche eines Zuschauers mit einem mächtigen Donnerschlag zusammen. Er landet auf dem Fußboden, und der ganze Saal brüllt vor Lachen.

Das »Medium« aber steht eisern. Bis Kiesewetter beginnt, mich aus der versunkenen Welt in die Wirklichkeit zurückzubringen. Es scheint ihm zu gelingen. Schon bewege ich den Kopf. Ich höre aber nichts mehr. Ist etwas mit meinem Gehör nicht in Ordnung? Aber nein, es herrscht nur gespannte Stille im »Theatersaal«, sprich in dieser Flakbatteriebretterbude. Alles wartet gespannt auf meine Rückkehr in diese Welt.

Da bin ich. –

Ich kann sogar meinen Arm und die Beine wieder allein bewegen. Wer hätte das gedacht?

Ein donnernder Applaus setzt ein!

Ich verbeuge mich nach allen Seiten.

Hinter der Bühne umarmt mich Kiesewetter: »Mensch, Kaiser, du warst prima! Das Ding können wir jetzt immer steigenlassen.«

»Aber nicht im Offizierskasino«, wende ich ein. »Da mache ich nicht mit. Oder meinste, ich will mich als Medium bei den Einmanntorpedos wiedersehen?«

In unserem Bericht an den Betreuungsoffizier können wir jedenfalls von einem großen Erfolg schreiben. Das hat zur Folge, daß wir den Auftrag bekommen, mit unserem Programm weiterzuziehen.

Durch die nun folgenden öffentlichen Auftritte werden weitere »Künstler« auf uns aufmerksam. Einige von ihnen werden je nach Bedarf mit in das Programm aufgenommen.

So auch »Halladuda«, der Jodler.

Er bemüht sich nun alle Tage, das Volksbrauchtum nicht untergehen zu lassen. So jodelt er ständig sein »Zillertal, du bist mei Freud« ins Parkett. Von den Stühlen reißt das niemanden. Erst bei der täglichen Hypnosenummer, wenn jeder am Geschehen beteiligt ist, wenn es gilt, das Medium aus der Fassung und somit zum Lachen zu bringen, kommt die große Stimmung auf.

Ich schaue also an allen Tagen für einige Zeit steif und starr in eine hampelnde und gestikulierende Menge und halte alle meine Muskeln im Zaum, damit ja kein Lacher, keine unbedachte Regung zu bemerken ist. So auch heute.

Wir spielen vor den Kameraden einer Flakbatterie auf der einsamen Ile de Croix. Diese Insel ist der Biscaya vorgelagert. Ein kleiner Schaukeldampfer hat uns herübergebracht.

Ein dankbares Publikum empfängt uns. Männer, die hier einen Vorposten zu halten haben und nur zerklüftete Inselvorsprünge, hohe Steilküsten, Wind und Sturm und das ständig anbrausende Meer kennen. Keine beneidenswerte Situation.

Nun sind wir gekommen, um ein bißchen Freude und Abwechslung in dieses tägliche Einerlei zu bringen. Schon der Empfang ist berauschend. Man hat uns hier herzlich aufgenommen und möchte uns am liebsten nicht wieder fortlassen.

So sitzen sie, lange bevor die Vorstellung beginnt, bereits dicht gedrängt in der Kantinenbaracke. Der Koch hat Anweisung, uns ein reichliches Abendbrot aufzutischen. Wir müssen essen, daß uns fast die Nähte platzen und ich für den noch folgenden Auftritt das Schlimmste befürchte.

Es ist mal wieder soweit: Ich stehe auf der Bühne und »kämpfe« gegen das aufgekratzte Publikum an. Ich reiße mich zusammen, will ernst bleiben. Doch heute haben die Brüder soviel Staub aufgewirbelt, daß es in der Nase kitzelt. Ich weiß nicht, wie lange ich dies noch durchstehen kann. Je mehr ich an das Kitzeln in der Nase denke, um so mehr kitzelt es wirklich.

»Hattschiiii!!!«

Da ist es auch schon passiert!

Ein kräftiger Nieser.

Jetzt wird man mich zerreißen. Was tun?

Ich fange mich und bleibe eisern.

Stehe weiter fest und steif.

Ich will nicht lachen und lache auch nicht!

Schon höre ich die rettende Stimme Kiesewetters: »Hier haben Sie soeben erlebt, wie sehr mein Medium unter Hypnose steht. Es niest und bleibt starr! Das ist der Beweis! Warum soll das Medium nicht niesen können? Es niest und bleibt in der Hypnose!«

Kiesewetter steht nun wieder dicht vor mir. Hebt meine Arme hoch und läßt sie steif zurückfallen und wischt mir schnell mit einem Tuch meine Nase. Ich bleibe im starren Trancezustand.

Trotzdem sehe ich, wie der Feldwebel der Flakbatterie sich vor Lachen krümmt und sich auf die Knie schlägt. Ich höre ihn rufen: »Das ist einmalig, so was habe ich noch nicht gesehen. Hier wird der Hund in der Pfanne verrückt!«

Er muß den Braten gerochen haben.

Der Abend wird wie immer ein voller Erfolg, und es geht bereits auf Mitternacht zu, als wir endlich die Leute davon überzeugen können, daß nun ja auch mal Schluß sein müsse.

Am nächsten Morgen klettern wir unter Führung einiger Inselbewacher an der steilen Felsküste umher. Wir wagen uns bis zum Wasser hinunter und müssen dabei steile Klippen überwinden.

»Ihr wart gestern abend so gut, ihr müßt uns heute noch was vortragen.«

»Das geht doch nicht.«

»Doch, das geht. Euer Dampfer legt ja erst mittags wieder ab.«

»Wir sind doch noch gar nicht wieder in Stimmung.«

Alle Einwände unsererseits helfen nichts. Gleich nach der Klettertour an der zerklüfteten Inselküste und einem darauffolgenden kräftigen Frühstück steigen wir wieder auf die Bühne.

Wir tun es nur, weil es auf dieser Tournee unsere letzte Station ist und wir heute wieder zurück in die jeweiligen Dienststellen fahren.

Also tun wir unseren Kameraden den Gefallen und bringen noch ein paar Stunden Freude. Diese Flakposten auf den vorgelagerten Inseln sind ja wirklich nicht zu beneiden. Sie haben außer dem jährlichen Heimaturlaub kaum eine Freude zu erwarten.

Allerdings wird die Hypnosenummer nicht wiederholt.

Schließlich muß sich das Medium von einer so kraftvollen Trancenummer erst wieder erholen.

Ich trage einige Couplets von Otto Reuter und Hermann Abendroth vor, und im übrigen bestreitet den Hauptteil dieser Abschiedsmatinee unsere gut eingespielte »Hauskapelle«, bestehend aus 2 Mann Akkordeon, Geige und Schlagzeug.

Der Anderthalbtonner, welcher uns am Tage zuvor vom Inselhafen abgeholt hatte, bringt uns gegen Mittag auch wieder zum Hafen zurück. Von hier geht es mit dem Schaukeldampfer in Richtung Festland.

Kiesewetter und ich sind die einzigen, welche nach Kernével zurück müssen. Wir freuen uns auf ein paar ruhige Stunden. Unsere Funkwachen beginnen erst wieder morgen. So können wir die kommende Nachtruhe noch gut gebrauchen. Zumal wir ja auch noch auf der Rückfahrt tief in die rundgehende Flasche gucken. So ein Tourne-Abschied muß ja gebührend gefeiert werden. Unsere Kumpels von der Funkstelle Kernével begrüßen uns begeistert.

»Da kommen die Schauspieler zurück!«

Im Nu sind wir von einigen Funkern umringt. Sie alle wollen viel wissen. Wir können gar nicht so schnell antworten, wie gefragt wird.

Plötzlich taucht Gefreiter Weiß auf: »Kaiser, du sollst sofort zu Funkmeister Werner kommen.«

»Was will denn der?«

»Ich weiß nicht, aber auf alle Fälle sei auf Draht. Er hat mal wieder schlechte Laune.«

Der Werner kann uns nicht leiden. Er kommt von den Landfunkern und hat einen mächtigen Rochus auf alle fahrenden Seeleute.

Ich trotte ab zum Funkmeister Werner und melde mich zur Stelle.

»Kaiser, wir haben hier einen Ausfall. Ich weiß, daß Sie erst morgen wieder aufzuziehen brauchen; aber Sie müssen heute abend schon auf Wache gehen.«

»Herr Funkmeister, das kann ich nicht.«

»Warum können Sie das nicht?«

»Wir haben gestern abend und heute morgen noch auf

der Bühne gestanden, ich bin müde und fühle mich dem Funkdienst heute abend nicht gewachsen.«

»Ihr Firlefanz? Was geht mich denn der an? Wir sind hier eine Funkstelle!« brüllt er durch die Gegend. »Sie gehen um achtzehn Uhr auf Funkwache. Ich gebe Ihnen den dienstlichen Befehl! Weggetreten!«

Das war's.

Dieser Oberfunkmeister der Flotte, der nichts übrig hat für die U-Boot-Fahrer! Er schikaniert uns, wann immer er kann. Eine solche Gelegenheit läßt er sich nicht entgehen. Es bereitet ihm eine sadistische Freude, mich jetzt auf Funkwache zu schicken.

Das erste Mal schlafe ich mit den Kopfhörern auf dem Kopf um 20.00 Uhr ein. Als ich wieder zu mir komme, mache ich sofort Meldung und bitte um Ablösung.

Die Ablösung wird mir versagt. Ich muß durchhalten. Es ist 00.00 Uhr, als ich das zweite Mal einnicke und nun vom Obermeister geweckt werde. Er glaubt, eine Meldung machen zu müssen.

Aus dieser Meldung wird ein Tatbericht. Damit ist mein Erscheinen vor dem Kriegsgericht nicht mehr abzuwenden.

Leider kann mein Kapitän nicht helfen. Er befindet sich noch auf Urlaub. Als er zurückkommt, ist es zu spät. Seine tröstenden Worte: »Ich hätte das disziplinarisch geregelt, aber nun ist nichts mehr zu machen«, helfen mir auch nicht mehr. Ich stelle Antrag auf Bestrafung des Oberfunkmeisters. Nach § 62 des Militärstrafgesetzbuches hat sich nämlich der Oberfunkmeister strafbar gemacht. Er hätte meine Meldung akzeptieren und mich ablösen lassen müssen. Schließlich hatte er mich zu der Wache an meinem freien Tag gezwungen.

Obwohl ich einen Kladdenauszug anfordere und nachweisen kann, daß ich alle Funksprüche mitbekommen habe, noch dazu auf einer Nebenwelle, sieht das Gericht nicht von einer Bestrafung ab.

Der Kriegsrichter in Hennebont tut seine Pflicht und verdonnert mich, gestützt auf die Paragraphen des Wachvergehens, zu vier Monaten Gefängnis. Ein Verteidiger steht mir nicht zu, den gibt es nur bei Aussicht auf Zuchthaus oder Todesstrafe. Damit ist also alles gelaufen.

Noch am gleichen Tage lege ich Beschwerde ein.

Der Oberfunkmeister wird zwar nicht bestraft; doch meine Strafe wird auf Anordnung des BdU ausgesetzt. Mit der Bewährung ist dann alles abgetan.

Inzwischen ist viel Zeit ins Land gegangen.

Mein Freund Willi fährt jetzt irgendwo im Atlantik. Kiesewetter ist auf einem Boot und darf Fronterfahrung sammeln. Viele meiner bekannten Kameraden sind draußen geblieben. Nur Günter, der Quartalssäufer, ist noch immer beim Stamm in Kernével.

Mit Streit bin ich heute an den winterlichen Strand von Larmor gegangen. Wir sind zu Fuß von Kernével hergekommen. An unseren freien Tagen halten wir uns hier oft auf. Hier gibt es den schönsten Sandstrand weit und breit, und hier veranstalteten wir im Sommer unser privates Wettschwimmen. Immer raus bis zur Boje und zurück. Streit hatte auf einer unserer letzten Tourneen einen großen Erfolg. Sein weicher Bariton kam gut an, und er wurde überall als großer Sänger gefeiert.

»Na, Streit, was glaubst du, sind wir Weihnachten noch hier?«

»Ich weiß nicht, wann sie uns auf ein Boot holen.« Er bleibt stehen und fragt dann: »Wieso denkst du an Weihnachten? Ist dann was Besonderes?«

»Voriges Jahr hatten wir zu Weihnachten einen großen Bunten Abend gemacht, mit Bärenfänger und seiner Kapelle. Drei Mann Geige, Schifferklavier, Banjo, ein Mann am Flügel. Daneben der strahlende Christbaum.«

»Streit, glaubst du, daß wir den Krieg gewinnen?« –

»Nein!«

Ich schaue ihn an. »Das kommt ja bei dir wie aus der Pistole geschossen«, erwidere ich und frage weiter: »Bist du so fest von unserer Niederlage überzeugt?«

»Klar. – Denk doch mal an die Übermacht. Da kommen wir doch auf die Dauer nicht gegen an. In der letzten Zeit haben wir die meisten Boote verloren. Von zehn Booten, die rausfahren, bleiben doch immer sechs draußen.«

Das stimmt. Er hat recht. Von zehn, die rausfahren, bleiben sechs draußen.

Eine traurige Bilanz.

Heute laufen wir am Strand entlang und können uns noch des Lebens freuen. Sind froh, daß wir überhaupt noch am Leben sind. Ich durfte auf Tournee gehen und den Studiourlaub nach Berlin antreten, sonst hätte ich weiterfahren müssen mit meinen Kameraden. Mit Kallies, Schoner, Eusebius und Stanke. Mit Bert, der immer seekrank wurde. Mit Dawitt, jung verheiratet, Kötscher und Balduin, Frenzel und Aust. Der Zillmer mit seinem »Zarathustra« unterm Arm. Ja, wäre ich wieder mit hinausgefahren, dann läge ich jetzt mit all diesen Kameraden auf dem Meeresgrund.

Die Besatzung unseres Bootes hatte die letzte Feindfahrt nicht überlebt. Eine U-Jagdgruppe hatte das Boot am 30. 7. 1943 auf 45°33'N und 10°47' W im Ausgangsgebiet der Biscaya versenkt. Ich sollte meinem Schicksal dankbar sein. Seinem Schicksal dankbar sein kann auch der Kapitän. Er war ausgestiegen. Das Boot hatte einen neuen Kommandanten bekommen. Ebenso Haucke, er war auf Maatenlehrgang abkommandiert worden.

Dankbar können auch unsere Spanienfahrer sein. Sie hatten einer Kuriermeldung zufolge die spanische Küste erreicht. Kutschera wurde in einem spanischen Krankenhaus behandelt und sein Leben gerettet.

Ich sollte auch dem Oberfunkmeister Werner nicht mehr böse sein. Hatten wir uns nicht auf unsere Weise an ihm gerächt? Er wollte doch nachts auf Funkwache immer seine Bratkartoffeln mit Spiegeleiern haben. Zwei Mann wurden darum immer nach Mitternacht zum Bruzzeln in die Küche nach oben abkommandiert. Wir alle konnten den Oberfunkmeister nicht leiden. Darum haben wir in seine Bratkartoffeln mit Spiegelei ordentlich hineingespuckt. Bratkartoffeln mit Spiegelei und Spucke wurden ihm dann mit den Worten: »Wohl bekomm's, Herr Oberfunkmeister«, serviert.

Auf der Rückkehr nach Kernével schaue ich mit Streit bei der »schwarzen Marie« rein.

Ein Gegröle empfängt uns. Die meisten haben schon tüchtig Alkohol konsumiert. Der lange Wassmann steht vor der Theke und erklärt laut und feierlich: »Ich gehe jede Wette ein. Ich trinke jetzt zehn Gläser Calvados in zehn Sekunden aus!«

»Das kannste nicht!«

»Das kann ich. Marie, schenk ein!«

Die schwarze Marie stellt schon freudestrahlend zehn leere Gläser auf den Thekenrand und greift nach der Calvados-Flasche.

»Wassmann, laß das sein. Das kannst du nicht machen.«

»Laßt mich doch in Ruhe. Ich hab um eine Flasche Calvados gewettet, die wir dann morgen leermachen. – Aber jetzt trinke ich erst zehn extra in zehn Sekunden.«

Dabei wirkt er sowieso schon nicht mehr ganz nüchtern.

»Wassmann, du hast doch heute abend Funkdienst!« ruft ihm warnend der Funkgefreite Hamann zu.

»Na und? – Ich gehe nachher auf Funkwache, das werdet ihr schon sehn. Also los, Marie, schenk ein!«

Die kleine, pummelige schwarze Marie schenkt den Calvados Glas für Glas ein.

Es stehen nun zehn volle Gläser in einer langen Reihe auf dem vorderen Thekenrand.

»Halt«, ruft Wassmann, »bevor es losgeht, wird einer zählen. Hier, der Streit macht das. Du zählst immer einundzwanzig, das ist eine Sekunde. Also: immer ganz ruhig ein-und-zwan-zig, verstehste? Gut, dann ist nämlich immer eine Sekunde rum. Wennde zehnmal ein-und-zwan-zig gesagt hast, sind die Gläser leer. Jetzt gehts los!«

Unsere Einwände helfen nichts mehr.

Wassmann hat das erste Glas in der Hand und Streit beginnt zu zählen.

»Ein-und-zwan-zig.«

Wassmann kippt das erste Glas voll Calvados in sich hinein. »Einundzwanzig.«

»Nicht so schnell zählen«, sagt Hanno. »Ein-und-zwan-zig.«

Wassmann kippt das dritte Glas.

»Einundzwanzig.«

»Du sollst doch nicht so schnell zählen, der verschluckt sich ja.«

Nun geht es in Einhaltung der Sekundendauer weiter.

»Ein-und-zwan-zig.«

Wassmann kippt das fünfte Glas.

»Ein-und-zwan-zig.«

Wassmann kippt auch den sechsten Calvados hinunter.

»Ein-und-zwan-zig.«

Wassmann hebt an und kippt auch diesen Inhalt des Glases hinter die Binde.

»Ein-und-zwan-zig!« zählen nun alle schon im Chor mit.

Wassmann setzt an und trinkt aus.

»Ein-und-zwan-zig!« Die Spannung nähert sich dem Höhepunkt. Wassmann greift mit zitternder Hand nach dem letzten Glas. Mit glasigem Blick stiert er in die Richtung des letzten noch vollen Glases.

Er schnappt es sich, und mit dem zehnten: »Ein-und-zwan-zig!« setzt Wassmann an und kippt den Rest in sich hinein.

Wassmann kippt. Nun kippt er wirklich! Er kippt jetzt in voller Länge nach hinten über und landet unsanft auf dem Fußboden!

Alle schreien durcheinander.

»Der ist tot!«

»Das hat er davon!«

»So ein Blödsinn!«

»Da liegt er nun, der lange Wassmann ...«

»Mon Dieu, mon Dieu ...«, stöhnt die schwarze Marie und bekreuzigt sich. Sie füllt schnell ein Glas mit Wasser, um es dem Leblosen ins Gesicht zu schütten.

Das scheint zu wirken.

Wassmann bewegt sich und gibt einen nicht erkennbaren Grunzton von sich.

»Der stirbt uns noch.«

»Ach, der überlebt das.«

»Und wie geht der nachher auf Funkwache?«

Wir schauen uns der Reihe nach an. – Die Frage ist berechtigt.

»Na, erst mal hier weg. Wir bringen ihn in seine Koje, und für die Funkwache müssen wir uns was einfallen lassen.«

Jetzt buckeln zwei Mann den Wassmann hoch auf ihre Schultern, und durch den dunklen Abend transportieren sie ihn, gefolgt von einer teils nüchternen und teils torkelnden Menge, hinüber in den Schlafbunker. Hier wird Wassmann auf seine Koje gelegt.

»Wie konnten wir so was zulassen?«

»Ist doch nicht mehr zu ändern. Es ist nun mal geschehen.«

»Wassmann verträgt doch sonst einen Stiefel voll.«

»Aber doch nicht zehn Gläser voll Calvados, das waren ja schließlich keine kleinen Gläser ...«

»Und in so kurzer Zeit ...«

»Ich gehe mal rüber und spreche mit der Wache, wie wir das nachher mit dem Wassmann regeln können«, sagt Hanno und saust auch schon ab in Richtung Funkleitstelle.

Der Calvados, dieser gefährliche Schnaps, hat es in sich.

»Wassmann hatte ja auch nichts gegessen. Mensch, der ist, der ist doch schon einige Zeit in der Kneipe gewesen.

Wer weiß, was der vorher schon bei der schwarzen Marie getrunken hatte.

Als wir ihm die Schuhe abstreifen, stöhnt er vor sich hin: »Ich trinke zehn Calvados!« Dann fällt sein Kopf nach hinten, und Wassmann ist nicht mehr zu hören.

»Da liegt er, wie ein toter Wassermann«, ist Hamanns witziger Kommentar.

Als Hanno zurückkommt, strahlt er.

»Ich habe alles geregelt. Die Kumpels wissen Bescheid.«

»Was haste geregelt?«

»Wenn wir auf Wache ziehn, nehmen wir Wassmann ins hinterste Glied in unsere Mitte, damit wir vollzählig antreten.«

»Ja und dann?«

»Der Funkmeister darf natürlich nichts merken. Hauptsache ist, daß Wassmann ruhig bleibt ...«

»Das sag mal 'nem Besoffenen«, wirft Streit dazwischen.

»Der Funkmeister geht ja dann wieder in den Senderaum, und wenn die Kumpels von uns abgelöst sind«, setzt Hanno seine Rede unbeirrt fort, »dann nehmen die den Wassmann wieder mit zurück, und Spornheimer bleibt für ihn eine Wache länger.«

»Mann, das is ja prima von dem Spornheimer.«

»Ja, aber dafür macht der Wassmann dann in drei Tagen seine Abendwache durch, und Spornheimer schläft sich aus.«

»Na klar, das ist doch Ehrensache, und das macht der Wassmann auch.«

»Also, wir müssen nachher alle zusammenhalten und dem Saufkopp einbläuen, daß er sich wenigstens fünf Minuten zusammenreißen soll.«

Endlich haben wir Wassmann in die Senkrechte bekommen. Er kann aber allein nicht stehen. Wie ein Korkenzieher drehen sich seine Beine nach unten.

Wir ziehen ihm die Schuhe wieder an, stülpen ihm das Schiffchen auf den Kopf und klabastern mit ihm gemeinsam zum anderen Bunker hinüber.

Unterwegs versuchen wir, ihm begreiflich zu machen, wie wir es uns gedacht haben und wie alles laufen soll.

»Wassmann, du mußt absolut stille sein. Kein Laut. Reiß dich am Riemen! Klar?«

»Vollkommen klar«, murmelt er, und dabei weiß man nicht, ob er das erfaßt hat, und zwar so erfaßt hat, wie wir es uns vorstellen.

»Du darfst nichts sagen, Wassmann. Du gehst mit der Freiwache wieder zurück. Du mußt nur so lange da sein, wie die Ablösung läuft.«

»Klar, ich mache das. Ich bin ganz mucksmäuschenstill und sage überhaupt nichts, überhaupt nichts!«

»Leise, Mann.«

»Leise, leise«, wispert der lange Wassmann vor sich hin und legt dabei seinen Finger auf den Mund.

Wir bauen Wassmann im Vorraum des Sendebunkers im 3. Glied auf. Von jeder Seite stützt ihn einer. Eigentlich steht Wassmann ja immer ganz oben, er mißt 1,90 Meter. Doch wir hoffen, daß wir mit ihm beim Funkmeister nicht auffallen, er kommt ja nur heraus zum Abnehmen der vollzählig angetretenen neuen Mannschaft. Danach geht er wieder in den Senderaum, die neue Mannschaft löst nun die jeweiligen Funker auf ihren Plätzen ab. Das nimmt immer einige Zeit in Anspruch, da laufende Funksprüche von den Funkern, welche die Welle besetzt haben, erst noch abgegeben oder empfangen werden müssen.

Sobald die abgelöste Funkwache dann zur Abmeldung im Vorraum steht, kommt der Funkmeister ein zweites Mal und nimmt die Abmeldung entgegen.

Mit der abziehenden Mannschaft könnte Wassmann dann wieder zurück in den Schlafbunker wanken.

»Achtung, ihr wißt Bescheid. Ruhe jetzt. Ich gehe Meldung machen.«

Funkmeister Weber kommt. Weber ist beliebt bei uns. Ganz anders als der Werner.

Weber hat auch heute wieder seine schwarze Fliege angelegt. Er kommt nie im Schlips, immer eine schwarze Fliege. Steht ihm gut.

Die Mütze trägt er nach eigener Note, stets ein bißchen schief, wenn er im Gelände von Kernével herumspaziert. Er weiß, daß er schick ist.

Vielleicht haben wir bei ihm Glück mit unserem Betrunkenen. Ach klar, Besoffene und Kinder sollen doch Glück haben.

»Achtung! Melde Herrn Funkmeister, zweite Funkwache zur Ablösung angetreten!«

»Danke.«

Noch bevor der Funkmeister uns zur Ablösung entläßt, hören wir die lallende Stimme Wassmanns: »Herr Funkmeister, ich bin aber auch da . . .«

Ich sehe im Gesicht des Funkmeisters einen Muskel zukken und habe das Gefühl, als würde mein Blut stocken. Sicherlich bin ich jetzt kreidebleich. Ich höre mein Herz im Hals schlagen. Meinen Kameraden wird es nicht anders ergehen.

Der Funkmeister hätte sicherlich nichts gemerkt. Er wollte ja schon das Kommando zur Ablösung geben. Was wird er jetzt machen?

»Wassmann! – Ich sehe, daß Sie da sind! Aber Sie scheinen noch nicht hier zu sein! Sind Sie blau? Was ist mit Ihnen?«

»Herr Funkmeister, ich bin voll ... vollkommen nüchtern ...«

Das genügt dem Funkmeister.

»Wieso bringen Sie einen besoffenen Mann mit in die Funkwache?«

Hanno baut sich vor dem Funkmeister Weber auf.

»Herr Funkmeister, ich bitte, eine Meldung machen zu dürfen.«

»Bitte.«

»Herr Funkmeister, wir wollten nur eine vollzählige Mannschaft ablösen lassen. Gefreiter Wassmann soll mit der Freiwache wieder in den Schlafbunker zurück.«

»Und wer geht für Wassmann?«

»Obergefreiter Spornheimer, Herr Funkmeister.«

»Fein ausgedacht habt ihr euch das! Sieh mal an.«

Indessen kämpft Wassmann in der letzten Reihe mit sich selbst.

»Wassmann, Sie gehn zurück mit der anderen Wache und melden sich morgen vormittag um neun Uhr zum Rapport!«

»Jawoll, Herr Funkmaat!«

»Für Sie bin ich noch Funkmeister! Aber Sie werden die längste Zeit Gefreiter gewesen sein. Sie können wieder von vorn anfangen!«

Auch das noch, muß ich denken. Das kann ja heiter werden.

Wassmann bekommt fünf Tage schärfsten Arrest und wird zum »Matrosen IV Funk« degradiert.

»Nie wieder Calvados!« ist sein Ausruf, bevor er uns zum Antritt seiner Strafverbüßung verläßt.

»Über die Brücke gehe ich nicht«, meint Streit.

Streit behält recht.

Nach seinem Bau benutzt Wassmann die ersten freien

Stunden zum Besuch im Café de la Paix bei der schwarzen Marie.

»Calvados?«

»Ja«, sagt Wassmann, »nur zum Abgewöhnen.«

Wassmanns erster freier Tag wird eine Wiedereröffnung seiner Magenpforte für den Calvados.

Es wird immer schwieriger

Am 7. Februar 1944 lerne ich die neue Besatzung kennen, mit welcher ich gemeinsam auf Feindfahrt gehen werde. Von der Funkerei ist mir der Maat Hubert bekannt. Den Oberfunkmaat Schlegel kenne ich noch nicht. Ich freue mich besonders, daß der Funkobergefreite Streit mit von der Partie ist. So bildet die Funkerei wieder ein schönes Kleeblatt.

Unser Landquartier ist diesmal nicht mehr die Saltzwedelkaserne. Wir haben ein Ausweichquartier im Lager Lemp, weit draußen vor Lorient, gefunden. Hier sind wir etwas sicherer vor den Fliegerangriffen. In Lorient ist es zu heiß geworden, vor allem seit die Engländer die Stadt in einer einzigen Nacht zu Schutt und Asche gebombt haben. Von Kernével aus war ich Augenzeuge: Die Stadt war eine Nacht lang ein einziges Flammenmeer. Wer sich nicht rechtzeitig ins Freie retten konnte, kam in den Flammen um oder mußte in Rauch und Staub ersticken. Die Stadtbevölkerung hatte so gut wie keine Luftschutzbunker. Dafür war die Organisation Todt nicht zuständig.

Das Lager Lemp befindet sich in einem Waldgelände.

Hohe Bäume schützen unsere Wohnbaracken vor Fliegereinsicht.

Mit einem Omnibus fährt die Besatzung von hier aus täglich zum U-Boot-Bunker, wo unser Boot für die nächste Feindfahrt ausgestattet wird.

Am 4. März ist unser Boot zur Probefahrt bereit. Wir tauchen und stellen keine Mängel fest.

7. März. Verabschiedung mit allen Ehren, dann geht es hinaus.

Nach dem ersten Tauchversuch geht es aber wieder zurück in die Werft nach Lorient. Keiner von uns weiß so recht warum. »Das sieht mir nach Sabotage aus«, meint Streit.

8. März. Beim Tieftauchversuch haben wir bei 190 Meter Tiefe einen Wassereinbruch im Heckraum. Das Wasser stürzt aus einem Flansch, ganz in der Nähe meiner Koje.

»Mensch, hier kriegt man ja nasse Füße!« entfährt es mir.

»Das sieht nach Sabotage aus.«

Wieder fällt das Wort »Sabotage«.

Nun wird uns unheimlich zumute. Das kann ja noch was geben. Mit diesem Boot können wir doch nicht auf große Fahrt gehen.

Plötzlich kommt eine Meldung aus dem E-Maschinenraum: »Kugellager heißgelaufen!«

Wir tauchen auf und kehren um zur Reparatur in die Werft.

Am 9. März veranstalten wir nochmals einen Abschiedsabend. Jeder hofft, daß unser Boot in Ordnung kommt. Vielleicht können wir morgen oder übermorgen starten. Irgend jemand hat eine Ziehharmonika aufgetrieben und drückt sie mir in die Hand. Ich spiele, fühle mich aber an diesem »Lustigen Abend« hundeelend.

Der LI kommt und sagt: »Kaiser, spielen Sie mal für mich das Ännchen von Tharau.«

Ich merke, daß er nicht mehr ganz nüchtern ist. Doch mit dem »Ännchen von Tharau« ist es ihm ernst. Ich muß dieses Lied wohl noch zehn- oder zwölfmal an diesem Abend spielen und den LI bei seinem wehmütigen Gesang begleiten.

Weltschmerz? Es liegt was in der Luft. Sabotageluft?

Wir alle haben ein ungutes Gefühl.

Am 10. März habe ich Wache an Bord. Ich muß zwei Franzosen von Bord weisen, sie haben sich unbefugt an Bord geschlichen. Sie werden dem Hafenkommandanten übergeben.

Saboteure, Spione? Jetzt ist alles möglich.

Wir haben den »Totalen Krieg«, und auf die deutschen Unterseeboote hat es der Feind abgesehen.

Der Feind weiß, daß wir mit unseren Unterseebooten immer noch gefährlich sind. Ja, nicht nur gefährlich, weil wir seine Tonnagen versenken, auch gefährlich für seine Lufthoheit. Sie alle – die Engländer wie die Amerikaner – wissen, daß wir mit unseren Einsätzen unseren Landsleuten das Rückgrat in der Heimat weiterhin stärken.

Die Bomben, die uns gelten, wird man nicht in der Heimat abwerfen können. Die Heimat weiß das auch und dankt es uns. So sind wir gedrillt, das hat man uns eingeimpft. Aber wie lange können wir dies wirklich noch durchhalten? Und kommen wir mit diesem Schlitten überhaupt noch ins klare Fahrwasser?

Am 11. März liegen wir noch in der Werft. An Auslaufen ist nicht zu denken.

Zur Abwechslung bekommen wir den Besuch eines japanischen U-Bootes. Als deutscher Funker hatte Leja das Boot vor der Einfahrt von Lorient übernommen und war mit dem Japan-Boot ins Hafenbecken gekommen.

Zur Begrüßung sind wir alle in die Saltzwedelkaserne gefahren. Das japanische Boot ist eine ganze Nummer größer als unser Boot. Zur Innenbesichtigung wird es leider nicht freigegeben. Dafür dürfen aber die Japaner auf unseren Booten »rumspionieren«.

Leja, der Funker, sagt zu mir: »Die haben wenigstens einen Teppich im Funkschapp liegen, da sitzte so richtig gemütlich aufm Teppich.«

Ja, Teppiche haben wir nicht an Bord. Unsere Boote sind

nur auf Kampf eingestellt. Dabei könnten doch Teppiche bei Schleichfahrten geräuschvermeidend wirken. –

Ob ich das mal dem Dönitz vorschlage?

»He, Leja, ich werd dem Dönitz vorschlagen, wir sollten unsere Boote auch mit Teppichen auslegen.«

»Kannste dir sparen, kriegt der ja doch nicht bewilligt.«

»Bewilligt?«

»Naja, dafür gibt es doch keinen Bezugsschein.«

Das stimmt auch wieder.

An diesem Abend laufen wir wieder aus. Neuer Versuch. In der Frühe des 12. März heißt es: »Tieftauchversuch«. Ich liege auf meiner Koje, als schon bei 30 Meter Tiefe das Wasser wieder aus dem noch immer undichten Flansch schießt. Jetzt habe ich aber wirklich nasse Füße bekommen. »Rückmarsch zur Reparatur!« wird durchgegeben.

Wir alle sind still geworden. Es sagt keiner mehr ein Wort. Was soll man auch jetzt sagen.

Auf der Rückfahrt werden wir kurz vor Lorient von einem Flugzeug angegriffen. Da wir nicht mehr tauchen können, verteidigen wir uns mit der Dreikommasieben und schießen aus allen Rohren. Den Angriff können wir abwehren, dabei haben wir die Unterstützung der Geleitboote.

Als wir ins Dock zurückfahren, sagt Streit: »Eine Blamage. Wir kommen schon wieder für ein paar Gammeltage zurück.«

»Wir werden beim Auslaufen schon gar nicht mehr offiziell verabschiedet, weil wir am nächsten Tag ja doch wieder hier sind.«

»Ich habe ein komisches Gefühl bei unseren Auslaufmanövern.«

»Das haben sie alle hier an Bord.«

Um auf andere Gedanken zu kommen, gehen wir abends in die Hako-Kantine. Dort treffe ich Krause. Mit ihm hatte ich mal ein paar Skesche auf einer Fronttournee gemacht.

Es dauert nicht lange, und wir beide sorgen für gute Stimmung. Beim Vortragen vergißt man die Auslaufsorgen.

Die Reparatur dauert länger; deshalb fahren wir am 14. März wieder ins Lager Lemp. Von der Mannschaft suchen einige Abwechslung im Kino, andere sind Stammgäste in der Kantine.

Am Abend des 15. März kommt Wirtgen, der E-Maschinen-Heizer; er flüstert uns zu: »Morgen wird es klappen. Wir laufen wieder aus. Der Alte hat angeordnet, daß alle Werftgrandis, die jetzt das Boot repariert haben, mit rausmüssen bis nach dem ersten Tieftauchversuch.«

»Das ist gut, dann wird es sicherlich klappen.«

Tatsächlich fahren am Auslauftag, dem 16. März, außer der Besatzung die am Boot beschäftigt gewesenen Werftarbeiter und der Hafenkommandant mit.

Bei diesem Auslaufen haben wir kein ängstliches Gefühl mehr. Wir machen den Tieftauchversuch. In zweihundert Meter Tiefe noch alles in Ordnung. Klarmeldungen aus allen Räumen. Es geht also.

Mit frohen Herzen fahren der Hafenkommandant und die Werftarbeiter mit dem Begleitschiff nach Lorient zurück und wir in südlicher Richtung dem Feind entgegen.

Nur Tropenzeug an Bord, das heißt: Südkurs.

In den nächsten Tagen läßt der Alte mehrmals tauchen. Boot und Besatzung werden aufeinander eingestellt. Die Fahrt durch die Biscaya wird zur Höllenfahrt. Die Bedingungen sind auf beiden Seiten härter geworden. Wir müssen viel unter Wasser fahren. Nur gut, daß unser großes Boot diesmal mit Schnorchel ausgerüstet ist. Wir können nun auch bei Sehrohrtiefe unter Wasser mit Dieselmaschinen fahren.

Die Diesel holen sich die Luft durch den Schnorchel, welcher über dem Boot aus dem Wasser ragt und die Frischluft von draußen ansaugt. Bei starkem Seegang ist das Ansaugen der Luft aber so eine Sache. Der Diesel benötigt die

Luft. Er saugt. Bekommt er nichts mehr von draußen, weil die Wellen den Zugang am Schnorchel überspült haben, saugt er die Luft aus dem Bootsinneren an. Das bekommen dann die Dieselheizer zu spüren, wenn ihnen die Luft wegbleibt und sie kurz vor dem Umfallen sind. Tagsüber müssen wir aber in größeren Tiefen fahren. Die Luftüberlegenheit des Gegners ist im Biscayaraum eindeutig. Es fallen ständig Fliegerbomben. Dazu kommt das donnernde Geräusch des Explodierens von Wasserbomben; denn inzwischen sind hier auch die feindlichen Zerstörer in der Überzahl.

Seit Tagen fahren wir nun schon unter dem ständigen Getöse dieser Detonationen. Daß unsere Nerven das mitmachen, ist ein Wunder. Wir werden doch ständig von Flugzeugen angegriffen. An eine Überwasserfahrt am Tage ist überhaupt nicht zu denken. Wir tauchen nur nachts für eine halbe Stunde auf, um das Boot durchzulüften und die Batterien zu laden. In dieser Zeit dürfen die Raucher auf die Brücke, um eine Zigarette zu rauchen. Da aus Gründen der Sicherheit immer nur ein Raucher nach oben darf, kommen höchstens 6 oder 8 Mann in der kurzen Zeit zum Rauchen. Die Jugendlichen verzichten zugunsten der Älteren. Der anstehende Raucher bekommt ein großes R um den Hals gehängt, damit niemand unberechtigt zum Rauchen auf der Brücke erscheint. Beim Ziehen an der Zigarette halten sie die Hand davor, damit das aufglühende Leuchten nicht vom Feind gesehen werden kann.

Zusätzlich darf ein Raucher auch im Turm auf dem Sehrohrsattel Platz nehmen und dort schnell eine stoßen. Die Zigaretten schmecken unter diesen Umständen überhaupt nicht mehr. Die meisten von uns stellen darum das Rauchen ganz ein.

So werden wir nun unsere Feindfahrt durchführen müssen. Tagsüber unter Wasser und nachts mal kurz hoch zum Frischluftschnappen. Wir scheuen das Tageslicht. So weit ist es mit unserer stolzen U-Boot-Flotte gekommen. Der Feind läßt uns keinen Fingerbreit Spielraum mehr. Wir leben unter fast kaum zu ertragenden Strapazen. Als Funker habe ich das Glück, hin und wieder bei den Seeleuten auf der Brücke zu sein.

Wir haben ein neues Gerät auszuprobieren. Die sogenannte »Fliege«. Ein kleines Funkmeßbeobachtungsgerät mit einem Erfassungswinkel von 90 Grad. Die Antenne, das sogenannte Biscayakreuz, ist ein einfacher, mit Drahtlagen umspannter Holzrahmen. Diese Holzrahmenstange wird bei Überwasserfahrt auf der Brücke auf dem Sehrohrbock montiert. Ein Funker muß nun während der Überwasserfahrt diese Antenne auf der Brücke drehen, damit im Umkreis von 360 Grad Flugzeuge geortet werden können. Die Übermittlung der ultrahochfrequenten Impulse erfolgt über eine Leitung in das Bootsinnere zum Funkschapp. Bei einer Flugzeugortung muß der Funker so schnell wie möglich mit seiner Antenne und den nach unten führenden Strippen verschwinden, damit der Tauchvorgang nicht behindert wird.

Diese Fliege hat sich für den Erkennungsdienst bewährt; Verfahren und Handhabung sind aber sehr umständlich.

Ich drehe allerdings gern diese Fliegenantenne auf der Brücke, auch wenn der Arm schon weh tut, man schnappt dabei doch ein bißchen frische Luft. Das ist wichtig, alles andere zählt nicht. Wir sind schon froh, daß wir uns auf ein ganz klein wenig Sicherheit verlassen können. Können wir uns aber wirklich auf diese »Spanische Fliege« verlassen?

»Spanische Fliege«? Wer hat das geprägt? Unser Obermaat von der Funkerei hat den Ausdruck »Spanische Fliege« zuerst in den Mund genommen.

»Kaiser, wetzen Sie mal mit der »Spanischen Fliege« auf den Turm!«

So drückte er mir den Flugzeugorter in die Hand.

Auf dieser Fahrt haben wir auch im Horchraum ein neues

Gerät zu bedienen. Hier steht eine »Wanze«, ein Oszillograph. Mit diesem Gerät können wir die Ortungsstrahlen der feindlichen Schiffe auf einer Braunschen Röhre erkennbar machen.

Das kurze Ausschlagen eines langgezogenen grünen Striches zur Spitzkehre zeigt uns den Ortungsimpuls eines Schiffes an.

Vor diesem Gerät muß nun bei der Überwasserfahrt ständig ein Funker sitzen und angestrengt auf diese Röhre gukken. Schon das Verpassen nur eines Ausschlagens kann für Boot und Besatzung entscheidend sein. Der Feind ortet nur einmal und läuft dann mit großer Kraft gegen uns an, sobald er weiß, daß in der von ihm georteten Richtung ein Schiff fährt.

In dem abgedunkelten Horchraum sitzen und ständig auf diesen flimmernden Grünstreifen stieren ist keine schöne Aufgabe. Darum erfolgt stündliche Ablösung.

Die Funkerei hat also zusätzliche Aufgaben erhalten. Wir müssen nun die Kerbtiere »Fliege« und »Wanze« auch noch betreuen und haben damit vollauf zu tun. Trotzdem läuft unser Funktörn wieder mit vier zu vier Stunden.

»Nicht einschlafen!«

Bootsmaat Will kommt gerade vorbei, langt mit seiner fleischigen Hand in den Horchraum und schüttelt an meiner Schulter.

»Nein, ich schlafe nicht. Danke!«

Das ist ein stilles Abkommen, welches wir mit den Besatzungsleuten getroffen haben. Wir haben darum gebeten, wer am Horchraum vorbeikommt, soll den vor der Wanze sitzenden Funker sicherheitshalber an der Schulter schütteln, damit er nicht eindöst. Das Leben aller ist wichtig. Ein jeder erfüllt darum diese kleine Gefälligkeit gern. Daß gerade der Will das soeben bei meiner Ortungswache gemacht hat, freut mich ganz besonders. Will wird immer als ein brutaler Mensch hingestellt. Er sei »grobschlächtig«, und mit ihm sei nicht »gut Kirschen essen«. Ich finde, er ist im Kern ein gutmütiger Mensch.

Will stammt aus Ostpreußen. Er ist Fischer von Beruf. Hat bestimmt immer nur schwere Arbeit gekannt. Als Bootsmann muß er sich durchsetzen. Also wird er mal brüllen und dabei auch brutal wirken. Für mich steht es fest: Will ist die brutale Gutmütigkeit.

Funkmaat Hubert erklärt mir heute die Handhabung des Peilempfängers. Sobald wir aus der Biscaya heraus sind, werden wir von der Zentrale aus einen Peilrahmen ausfahren. Dieser Peilrahmen wird mit Preßluft nach oben gedrückt und dient bei der Überwasserfahrt als Verbesserung für unsere Fliege.

Der Peilrahmen kann vom Funkschapp aus gedreht werden. Die von Flugzeugen ausgesendeten Peilzeichen können wir mit unserem Peilrahmen auf der Brücke erfassen.

Wichtig hierbei ist, daß der Mann im Funkschapp den Peilrahmen ständig um volle 360 Grad dreht. Diese Arbeit ist gar nicht mal so leicht, sie erfordert Kräfte. Sobald eine Funkpeilung geortet ist, kann der Funker die Richtung, aus welcher die Peilung kommt, von einem kardanisch aufgehängten Kompaß ablesen.

Bei unseren jetzigen kurzen Auftauchmanövern sind wir schon froh, wenn wir für kurze Zeit die Fliege oben betätigen können. Sobald wir aus diesem Hexenkessel Biscaya heraus sind, ist das Drehen mit dem Peilrahmen sicherlich angenehmer.

Seit vier Tagen hören wir auf unserer Schleichfahrt nur das Detonieren von Flieger- und Wasserbomben.

»Horchpeilung in zweihundertvierzig Grad!« kommt eine Meldung aus dem Horchraum.

Der Kommandant gibt Anweisung an die Zentrale, der Horchpeilung entgegenzufahren.

»Warum läßt der Alte den Kurs ändern, noch dazu der Horchpeilung entgegen?« möchte ich von Hubert wissen.

»Unser Kapitänleutnant ist ein erfahrener Mann. Er macht nicht die erste Fahrt als Kommandant. Ich weiß nicht, warum er das tut. Aber – wenn er das so macht, dann geht das in Ordnung. Auf ihn können wir uns verlassen.«

Das ist eine klare Meinung über den Kommandanten. Ich frage nicht weiter und beschließe, mich für die kommenden Wochen auf diese Meinung einzustellen. Auf den Kommandanten können wir uns verlassen, er wird es schon verantwortungsbewußt richtig machen. Schließlich ist der Alte Familienvater und möchte mit trockener Hose wieder in den Schoß seiner Familie zurückkehren. Jetzt ist die Hauptsache, erst mal heil durch die Biscaya in den Atlantik zu kommen.

Diese ständige Nervenbelastung ist zermürbend. Nur gut, daß wir uns alle seelisch darauf eingestellt haben. So wissen wir, durch welches Inferno wir in diesem Seegebiet müssen. Eine Gefahr, die man erkannt hat, heißt es immer, ist nur noch eine halbe Gefahr. Das stimmt.

»Frage Horchpeilung?«

»Die Peilung wandert langsam aus.«

Nun ist mir klar, daß der Alte recht gehandelt hat. Jetzt wissen wir wenigstens, daß dieser Dampfer von uns nichts wissen will.

In der Ferne werden nun wieder Wasserbomben geworfen.

»Das ganze Gebiet beharken sie wieder«, läßt sich Hubert vernehmen.

Das ganze Gebiet. Damit ist der Biscayaraum gemeint. Wir müssen hindurch, es hilft alles nichts. Etwas Hilfe und Schutz kann uns nur wieder der Schleichweg an der spanischen Küste geben. Ach, deswegen kam Obermaat Schlegel wohl auf »Spanische Fliege«?

Schlegel ist heute besonders aufgeregt. Durch die ständige Unterwasserfahrt in den letzten Tagen haben wir die meisten Funksprüche nicht mitbekommen.

Wir schreiben bereits den 22. März. An diesem Abend fahren wir für längere Zeit über Wasser und können nun alle fehlenden Funksprüche hereinholen.

Die BdU-Stelle in Kernével jagt in den Abend- und Nachtstunden die Funksprüche, der Dringlichkeit nach, in pausenloser Folge hinaus. Sie wissen, daß die Boote in dieser Zeit die günstigste Möglichkeit zum Aufnehmen der Funksprüche haben.

Unser Steuermann ist froh, daß er bei sternenklarer Nacht auf der Brücke Besteck nehmen kann. Er ist als Steuermann neu auf diesem Boot. Ein bescheidener und ruhiger Mann. Allerdings nicht frei von Sorgen. So meint er, daß der Proviant für die 56 Mann starke Besatzung nicht reichen wird. Er kann sich nicht von seinen Proviantlisten trennen. Er schleppt sie ständig mit sich herum, um bei jeder freien Gelegenheit nachzukalkulieren.

»Steuermann, wir sind länger als hundert Tage draußen, rechnen Sie ja richtig!« Diese Worte hat ihm der II WO vor ein paar Tagen scherzhaft zugerufen. Seitdem rechnet der Steuermann.

Der II WO amüsiert sich nun immer, wenn er den Steuermann in seinen Tabellen kramen sieht. »Ein dicker Hund«, gibt unser Funkoffizier dann schmunzelnd von sich und versucht dabei, seinen kleinen Bart zu kitzeln. Der II WO streichelt ihn immer, damit er die Figur des »Schneider-Wibbel-Bartes« bekommt.

»Ihr Bart macht sich«, sagt Schlegel zu ihm.

»Meinen Sie? Hoho, das will ich meinen, ganz dicker Hund, haha!«

Der II WO wiederholt sich gern in seinen Äußerungen, setzt oft seinen »dicken Hund« dazu und bekräftigt am Schluß seine Reden immer mit einem lachenden Haha. Wir hören sein Nahen oft schon durch sein Lachen.

»Was macht denn Ihr Bart, Schlegel, da wächst ja nichts, haha?«

»Nein, Herr Oberleutnant, ich hasse Bärte. Mein Bart soll nicht wachsen, der wird rasiert.«

»Dicker Hund! Jeden Tag mit Salzwasser rasieren? Pfui Teufel! Jeden Tag rasieren, nein nein, haha. U-Boot-Fahrer ohne Bärte, in die man nicht mal greifen kann, sind für mich tote Lebewesen.«

»Der Kommandant rasiert sich auch«, wendet Schlegel ein. Er hofft, damit einen Mitstreiter ohne Bart an Bord zu wissen.

»Jaa, der Kommandant, haha, das ist auch was anderes. Ganz dicker Hund, der hat sich immer rasiert, auf jeder Fahrt hat der sich rasiert, haha!«

»Zum Einlaufen müssen wir ihn ja doch wieder abnehmen.«

»Das stimmt, aber bis dahin laß ich ihn wachsen, haha.«

Damit entfernt sich der II WO, und ich denke, dies ist ja wirklich ein »dicker Hund«, wir dürfen uns zwar den Bart wachsen lassen, aber nicht damit in den Hafen zurückkehren. Dann macht ja die ganze U-Boot-Fahrerei keinen Spaß mehr.

»Nicht mal mit dem Bart einlaufen?« wage ich zögernd unseren Oberfunkmaat zu fragen.

»Nein, das weiß ich jetzt schon, der Bart muß vor dem Einlaufen wieder runter. Unser Alter ist immer mit einer tadellos rasierten Mannschaft in den Hafen zurückgekommen.«

»Ach du Scheiße«, rutscht es mir über die Lippen.

»Lassen Sie das nur den Alten nicht hören«, warnt mich Schlegel.

»U-Boot. Mann ohne Bart?« Ich schüttele den Kopf.

»Na, Kaiser, um Ihren Flaum brauchen Sie sich doch keine Gedanken zu machen. Da gehen Sie mal auf die Brücke und stellen sich quer zum Wind, dann ist Ihr Bart in alle Winde zerstreut.«

»Vielen Dank für den Ratschlag, ich werde ihn befolgen.«

Als ich in den Heckraum komme, rufe ich: »Wißt ihr schon, daß zum Einlaufen Anzug ohne Bart gewünscht wird?!«

Alle gucken mich sprachlos an. Als niemand was erwidert, rufe ich weiter: »Es gibt keinen Bart, wir sind alle Männer ohne Bart. Bei uns ist der Bart ab!«

Der E-Heizer Wirtgen zeigt jetzt mit nervöser Handbewegung auf die WC-Tür. Ich wende meinen Blick dorthin. In diesem Moment geht die Tür auf, und der Alte erscheint in voller Größe.

»So, der Bart ist ab? Na, dann lassen Sie den gleich ab, dann brauchen Sie sich vor dem Einlaufen nicht zu rasieren.«

»Es sollte nur ein Spaß sein, Herr Kaleunt!«

»Ja ja, na, dann machen Sie mal weiter, Sie Spaßvogel.«

Als der Alte in den E-Raum verschwindet, müssen wir alle lachen.

Pionteck sagt: »Na, pironnjeh, da haste aber Glück gehabt, daß der dich nich zusammengeschissen hat.«

Pionteck stammt aus Oberschlesien.

»Kaiser, Kaiser! Ich dachte, wir hätten nur den Zecher als Witzbold an Bord. Du machst ja genausolche Zicken!«

»Kann ich denn wissen, daß der Alte auf dem Scheißhaus sitzt?«

»Och, och«, hören wir den Zecher grunzen. Er grunzt immer, ist so dick wie ein Mastschwein und frißt auch soviel.

»Och, och, sag bloß. Laßt mich in Ruh!«

Dabei tut dem Zecher niemand etwas. Aber er merkt es, wenn man ihn aufziehen will.

»Zecher, geh Essen holen!«

Zecher schnappt sich die Barkasse und rauscht ab zur Kombüse.

Zecher, unser Bordfaktotum, ist der Dickste an Bord.

»Brustumfang zwei Meter.«

Diese Ansicht vertritt Streit. Wahr ist, daß Zecher gerade so eben noch durchs Turmluk kommt.

Zecher kommt stöhnend mit der vollen Barkasse zurück. Heute gibt es Bohneneintopf.

»Mein Leibgericht, och, och«, quält sich Zecher durch das Kugelschott.

Als alle längst mit Essen fertig sind und in der Barkasse die Bohnensuppe noch für vier Personen reicht, nimmt Zecher den großen Kübel zwischen seine Beine und löffelt, was zu löffeln ist.

»Mensch, du frißt für vier. Nach unserer Fahrt wirste aus dem Turmluk nicht mehr rauskommen.«

»Och, och, sag bloß.«

»Zecher muß essen, laßt den in Ruh, er muß doch seine fünf Tonnen Lebendgewicht aufrechterhalten.«

Alle lachen. Dem Zecher macht das nichts aus.

»Zecher, was sagt denn deine Braut dazu, wenn du soviel ißt?«

»Was soll die sagen? – Och, die sagt gar nischt.«

»Zecher hat das große Los gezogen. Seine Braut ist eine Generalstochter.«

»Was höre ich da, Generalstochter?«

»Ja, hat er mir selber erzählt. Stimmt doch, Zecher, oder? Erzähl mal.«

»Das geht euch gar nischt an.«

Zecher ackert die letzte Bohnensuppe in sich hinein. Als er fertig ist, holt er sein großes, rot umrändertes Taschentuch aus der Hosentasche und wedelt sich damit Luft ins Gesicht.

»Och, och, eine Hitze!« Zecher stöhnt. Er kommt mit seinem vollgefressenen Bauch aus seiner Sitzhocke nicht mehr hoch.

»Diese Hitze, och, och«, stöhnt er weiter.

Es ist natürlich heiß, und wir alle müssen uns erst wieder an Hitze und stickige Luft gewöhnen. Unsere Nerven kommen ebenfalls in diesen ersten Tagen noch nicht zur Ruhe.

Der Schlaf stellt sich nicht ein. Wie halten wir das überhaupt durch?

»Zecher, du hast ja deinen Hosenbund schon aufgemacht. Mußte mal kacken?«

»Von Dische nar Wische!« ruft Rauch in Plattdeutsch dazwischen.

»Laßt mich in Ruh, ich muß doch Platz haben für meine Bohnensuppe, och. Ihr könnt mich alle mal.«

»Sicher, machen wir auch, aber erst räumste die Back sauber und machst den Aufwasch tipp topp!«

»Ja, ja, beruhigt euch.«

Zecher macht das schon. Er ist willig. Ein gutmütiger Mensch. Man kann ihn für alles brauchen, nur grob behandeln oder gar beleidigen darf man ihn nicht. Er tut alles gern, solange man es ihm freundlich unterjubelt.

»Komm, Dicker, erhebe dich!«

Zecher kommt langsam in die Höhe.

»Wieso hat dieser Schwerathlet einer Generalstocher imponieren können?« flüstert mir Rauch zu.

»Vielleicht liebt sie das starke Geschlecht, viele Frauen mögen das.«

Ich haue mich auf meine Koje und denke noch lange über unser Elefantenbaby Zecher nach.

Inzwischen schaukelt unser Kahn ganz schön. Die See ist unruhiger geworden. Es geht wieder rauf und runter und mit seitlichen Bewegungen hin und her. Rundherum wieder hoch und rundherum wieder runter. Stoßende und kreisende Bewegungen ohne Unterlaß. Man muß sich nun wieder dran gewöhnen.

Die ersten Seekranken haben bereits die Pütz im Dieselraum benutzt. Normalerweise steht sie dort zum Reinpinkeln. Bei der ständigen Unterwasserfahrt ist das WC bald voll, und solange wir nicht außenbords pumpen können, müssen wir den großen Kübel im Dieselraum für das kleine Geschäft benutzen.

Wenn nicht der Pionteck, dann ist es Zecher, welcher die Pütz zum Entleeren fortschafft. Sie besorgen auch das Leerpumpen des WCs. Immer die Gutmütigen. Ist wohl so im Leben.

Ich benutze meine Freiwache zum Nickerchen und schlafe nun doch fest ein.

Wir haben das neutrale Gebiet um Spanien erreicht.

Unsere Körper wirken durch die im Boot angestiegene Hitze müde und schlapp. Der Schweiß perlt, und der Durst wird immer größer.

Trotzdem gibt es auch auf dieser Fahrt nur den zugeteilten Kujambeltopf.

Die Fahrten unter Wasser sind jetzt viel länger als auf früheren Fahrten.

Die Fahrt in den Golf von Mexiko vor zwei Jahren ist noch ein Kinderspiel gewesen gegen unser jetziges Unternehmen. Trotzdem kristallisiert sich für mich etwas mehr Freizeit heraus. Durch das ständige Unterwasserfahren genügt die Besetzung des Horchgerätes. Für den übrigen FT-Dienst bleibt in dieser Zeit etwas weniger zu tun. Mit Genehmigung des Kommandanten darf ich darum in der Freizeit an meinem bereits in Kernével angefangenen Drehbuch weiterschreiben.

»An was für einem Film schreiben Sie denn?« will der Kommandant von mir wissen.

»Es handelt sich um einen Hilfskreuzerstoff. Ein Leutnant zur See fährt auf einem Hilfskreuzer. Er lernt bei einem Urlaub in Berlin eine Frau kennen, Kriegerwitwe mit Kind. Sie lieben sich und kommen nach längerer kriegsbedingter Trennung doch noch zusammen«, erkläre ich in kurzer Ausführung meinem Kapitänleutnant.

»Und Sie glauben, daß Sie damit Erfolg haben?«

»Ich denke schon, Herr Kaleunt.«

»Ach, Sie sind gar nicht so dumm. Der Stoff ist sicherlich gefragt, der dürfte ja im Sinne der Frau Scholtz-Klinck geschrieben sein.«

»Stimmt, Herr Kaleunt, es heiraten doch jetzt viele deutsche Soldaten norwegische Frauen . . . und mit diesem Stoff möchte ich erreichen, daß auch deutsche Kriegerwitwen nicht zu verachten sind . . . auch dann nicht, wenn sie bereits ein Kind haben.«

»Gut, gut. Haha, naja, na schön. Ich . . . ich genehmige Ihnen das Schreiben in der Freizeit; aber unter der Bedingung, daß Sie mir regelmäßig das Geschriebene zum Lesen vorlegen.«

»Jawoll, Herr Kaleunt!«

Ich bin froh und schreibe also munter drauflos. Weniger im Sinne der Reichsfrauenführerin Scholtz-Klinck als in meinem eigenen Interesse.

Wie gut, daß ich mir genügend Papier zum Schreiben in ein leeres Fach vom FT-Raum verstaut hatte. Die Funker hatte ich ja schon in Lorient eingeweiht. Nun hat auch der Kommandant nichts dagegen, so brauche ich wenigstens nicht heimlich zu schreiben.

Der Seegang nimmt ständig zu. Wir haben bereits ausgesprochen schwere See, bleiben auch nie lange über Wasser. Wir benutzen unser Auftauchen nur zum Abgeben eines Funkspruches, heute die obligatorische Standortmeldung, und verschwinden nach dem Durchlüften des Bootes und Laden der Batterie wieder in den Keller.

29. März. »Sehr schwere See«, trage ich in mein Geheimnotizbuch ein.

Das Oberdeck dürfen wir auf dieser Fahrt nicht mehr betreten. Die Abwehr des Gegners ist größer und gefährlicher geworden. Unser Auftauchmanöver pendelt sich auf eine halbe Stunde zum Füllen der Batterien ein, und das geschieht nur nachts.

Da kann man nur sagen: »Schwierig, schwierig.«

Seit Tagen quälen wir uns durch die aufgewühlte See. Das Boot stampft und wummert gegen die Wellenberge und Brecher an. Obwohl das Wetter miserabel und der Seegang sehr unangenehm ist, bleiben wir in diesen Tagen oft länger als die obligatorische halbe Stunde oben. Das ist möglich, weil sich bei diesem Hundewetter die feindliche Abwehr nicht sehen läßt. Einige Lords bedauern unser längeres Überwasserfahren, sie vertragen den Seegang nicht und sorgen am laufenden Band für die Füllung der im Dieselraum bereitgestellten Pütz.

Unser WI kann diesen Seegang auch nicht vertragen. Er saust oft so schnell von der Zentrale in den Dieselraum, daß er dabei alles umreißt, was sich ihm entgegenstellt.

Heute früh kam er mit einer saftigen Beule am Kopf zurück.

Pionteck hatte mir erzählt, was passiert war.

»Mensch, der Leutnant kam in'n Dieselraum, pironnjeh. Erst ein langes Bein durch Kugelschott, dann der lange dünne Körper, mit Affenzahn wollte der Leutnant schnell zur Pütz gehen; aber hat übersehen Dieselluk. Ist Leutnant mit seinem Kopp gegen Süll vom Dieselluk geknallt, au weia.«

Deswegen kam der Leutnant jammernd und stirnreibend in die O-Messe zurück.

»Nuja, so kann es gehn«, ergänzte Pionteck weiter, »der WI, der Hund verfluchte. Dem gönn ich das. – Der bescheißt nämlich immer beim Skatspielen.«

»So, woher weißt du denn das?« will ich nun genau wissen.

»Hab ich gehört, wie Obermaat Sachse erzählt hat dem Steuermann . . . Er hat Steuermann gewarnt, soll nicht spielen mit WI, weil sei Ideal von WI beim Skatspiel zu betrügen, nu.«

»Und woher will der Maat Sachse das wissen?«

»Hat gehört in seiner Koje. Hat Leutnant in der O-Messe selber gesagt, zu I WO und II WO. Jawohl, hat so laut gesagt, daß unser Obermaat hat gehört in seiner Koje.«

Nun hat der WI ein Horn vorm Kopf und der Pionteck seine Genugtuung.

Nur gut durch die Tiefen kommen

Seit acht Tagen haben wir nun schon den schweren Seegang. Darum sind wir froh, daß wir oft lange unter Wasser fahren.

Heute ist es besonders ruhig in unserer Tiefe von 60 Metern. Auch am Horchgerät tut sich nichts.

Wir fahren friedlich und seelenruhig unseren Kurs, und die E-Maschinen summen ihren Ton dazu. Die Freiwachen schlafen oder spielen Karten. Ein Preisskat wurde angesetzt. Da wird ja der WI wieder schön schummeln. Im Kopfhörer das gleichmäßige Geräusch, ein Rauschen aus dem Horchgerät. Ich kurbele auf der Skala rund und kann nichts melden. Es ist absolute Stille. Nur das gleichmäßige Rauschen.

Hin und wieder höre ich einige Laute aus der Zentrale. Soeben sagt der LI: »Wir fahren doch schon ziemlich lange ohne Ruderlegung. Das muß hier ja eine gleichmäßige Gegend sein. Keine Berge, keine Täler, sogar das Salz hat man hier gleichmäßig im Wasser verteilt.«

Die Zentralegasten lachen. Sie freuen sich über den trokkenen Humor unseres LI.

Sicher ist es richtig, daß man bei gleichmäßigem Salzgehalt die Höhen- oder Tiefenruder nicht ständig bedienen muß, wenn man auf gleichmäßiger Tiefe bleiben will. Doch das geht ja jetzt schon ziemlich lange gleichmäßig in 60 Meter Tiefe dahin.

Was war das?

Ich hörte ein leises Knacken.

Da wieder.

Stille im Boot.

Man sagt nicht umsonst, die Funker könnten so gut hören, daß sie »Katzendreck im Dunkeln riechen«.

»Knärr!« Es knackt.

»Was ist das?« höre ich den LI fragen.

Etwas lauter ertönt auch schon die Stimme des Kommandanten aus seiner Koje: »Was ist, LI? Wie tief fahren wir?«

»Boot fährt in sechzig Meter Tiefe!«

»Knäääck!«

»Da, wieder!«

»Das sind die Spanten!«

»Tiefenmesser zeigt sechzig Meter an!«

»Das ist doch nicht möglich!«

Und doch ist es möglich. Jedenfalls knackt es und, wie ich meine, immer stärker.

Undeutlich höre ich eine Anweisung vom LI, danach entert jemand in den Turm.

Schon hören wir die Stimme des Zentralemaaten aus dem Turm: »Tiefenmanometer Turm steht bis zum Anschlag!« Wie ist das möglich?

Der Alte ist mit einem Satz in der Zentrale. Der LI flitzt die Steigleiter hoch, um sich selbst zu überzeugen von der ungeheuerlichen Tiefe, die sein Zentralemaat ihm da soeben aus dem Turm zugerufen hat.

»Schweinerei!« brüllt der LI, jetzt versteht er keinen Spaß mehr.

Ich höre, wie der LI Meldung an den Kommandanten macht. »Tiefenmanometer im Turm steht über Markierungsmarke – bis zum Stopper.«

»Und hier in der Zentrale sechzig Meter? Wie kommt denn das?« Der Alte fragt ganz ruhig.

»Abgestellt«, murmelt der Zentralemaat, welcher inzwischen auch wieder in der Zentrale ist und das Tiefenmanometer der Zentrale in Augenschein nimmt.

»Abgestellt? Wer hat das abgestellt?«

»Wir müssen langsam anblasen, LI.«

Der Alte behält die Ruhe. In dieser Tiefe wäre ein schnelles Aufsteigen für uns der sichere Tod. Das Tiefenmanometer zeigt über 200 Meter Tiefe an.

Es steht mit seiner Nadel vor dem Stopper, und dort vibriert der Anzeiger, als wollte er noch weiter ausschlagen, noch mehr anzeigen.

»Kurzmann! – Kurzmann ist der Übeltäter, er hat hier vor seiner Ablösung geputzt.«

Schon heißt es: »Kurzmann zur Zentrale!«

Jetzt gibt's ein Donnerwetter.

Kurzmann kommt.

Es gibt wirklich ein Donnerwetter. So habe ich unseren LI noch nie erlebt. Da kann man wirklich sagen: »Donnerwetter!«

Kurzmann ist also der Sünder.

»Menschenskind! Beinahe hätten Sie uns alle auf dem Gewissen gehabt!«

Der LI ist außer sich.

»Noch ist die Gefahr nicht vorbei«, hören wir den Alten sagen.

»Wie konnte das passieren?«

Kurzmann stammelt nur. Er bringt vor lauter Aufregung kaum ein klares Wort hervor. Klar, daß ihm diese Sache mehr als unangenehm ist. Er hat es nicht gewollt. Schließlich will ja niemand hier an Bord, daß wir absaufen. Kurzmann bestimmt nicht. Er möchte zurück zu seiner süßen Braut daheim, von der er ständig erzählt. Kurzmann hat in der Zentrale das Tiefenmanometer geputzt und nach dem Putzen vergessen, das Manometer wieder anzustellen.

Eine Unachtsamkeit, die genügt, die ganze Besatzung der unentrinnbaren Tiefe des Meeres auszuliefern.

Wir kommen ganz langsam Meter um Meter höher. Es dauert lange, bis wir aus der Gefahrenzone heraus sind. Wie tief wir wirklich waren! Wir wissen es nicht. Können es nur erahnen. Vielleicht 300 Meter und mehr. – Als nach zwei Stunden der Alte seine Kammer wieder aufsucht, höre ich ihn noch zum LI sagen: »Über den Fall Kurzmann sprechen wir noch nach der Rückkehr.« Rückkehr, wann wird das sein? Jetzt sind wir noch auf dem Anmarschweg. Wir schreiben den 4. April und sind noch immer in portugiesischen Gewässern.

Es dauert alles viel länger auf dieser Fahrt. Unser Ziel ist Südafrika. Wenn wir mit diesem Schneckentempo weiterfahren, dann sind wir wohl Weihnachten da.

Am Tage können wir sowieso nicht mehr über Wasser fahren. Der Feind läßt uns nicht mehr aus den Augen. Wir werden von allen Seiten belauert, können von allen Seiten mit Radar erfaßt werden.

Ich muß an den Führerfunkspruch denken. Als andere Boote zur Geleitzugvernichtung vom Atlantikraum ins Mittelmeer beordert wurden, hatte es geheißen: ». . . von der Vernichtung dieses Geleitzuges hängt unsere Existenz in Afrika ab.« Unterschrift: »Der Führer und Reichskanzler.« Viele tapfere U-Boot-Männer haben im guten Glauben ihr Leben für diese Sache hergeben müssen. Von den Booten, welche vom Atlantik aus in das Mittelmeer befohlen wurden, sind die wenigsten dort angekommen. Viele kamen nicht durch die Enge von Gibraltar, andere überhaupt nicht in die Nähe des Geleitzugs.

Nun ist es unsere Aufgabe, den Küstenstreifen Afrikas abzufahren. Wir sollen versenken, was uns vor die Rohre kommt. Kommt uns überhaupt noch was vor die Rohre? Die Geleitzüge sind so gut abgesichert, daß es für uns fast unmöglich geworden ist, überhaupt noch in ihrer Nähe auf Angriffsposition zu kommen.

Vielleicht will unser Alter gar nicht mehr so unbedingt

den Helden spielen. Schließlich ist er Familienvater und möchte den Krieg – wie wir alle – heil überstehen. Bei vielen macht sich der Gedanke breit, daß wir den Krieg nicht gewinnen können. Je mehr ich darüber nachdenke, um so mehr wird mir klar, daß der Kommandant auch so denkt. Klar, hätte er mir sonst erlaubt, in meiner Freizeit am Drehbuch zu schreiben?

7. April. Der Seegang hat nachgelassen.

Zum ersten Mal darf wieder Schallplattenmusik ertönen. Radiohören ist noch zu gefährlich. Die Kumpels leben auf und freuen sich, daß sie endlich wieder ein paar Takte Musik hören. Es ist ganz egal, was der Funker auflegt, Hauptsache, es dudelt ein bißchen.

»Könnt ihr faulen Säcke nicht mal ein bißchen mehr fressen, damit hier Platz wird? Dauernd muß man auf allen vieren in die Kojen kriechen. Ich komme mir vor wie ein Affe im Urwald!«

Paul, der Brückengast, hat sich erst mal Luft gemacht mit seiner Meckerei. Natürlich ist das alles unbequem. Überall in den Gängen stehen Kisten mit Proviant. Sicher werden diese Kisten zuerst leer gemacht; aber es dauert vier Wochen, bis es einigermaßen Platz gibt. Bis dahin heißt es wirklich auf »allen vieren kriechen«.

Am 8. April »will einer was von uns«. Wir werden mehrmals mit Asdic geortet. Trotzdem spürt der Gegner sein ausgemachtes Opfer nicht auf. Wir können uns absetzen!

9. April. Ich löse Streit ab. Er hat gerade eine Schallplatte vom Musikteller genommen.

»Kannst gleich ne neue Platte auflegen«, meint er.

»Warum sprichste denn so leise?«

»Ich spreche doch nicht leise.«

»Nein? – Na dann höre ich wohl hart . . .?«

Streit geht in die Freiwache. Ich lasse Teddy Stauffers »Große Bühnenschau« auf dem Plattenteller laufen. Plötzlich kommt Streit zurück.

Er hält sich beide Hände an die Ohren und sagt zu mir: »Mach doch die Musik nicht so laut, du weckst ja die Meerjungfrauen!«

»Die Musik ist doch nicht laut«, erwidere ich.

»Nicht laut – Kaiser, du hörst wohl wirklich schlecht?«

»Jetzt schlägt's aber dreizehn. Als Funker muß ich einen erstklassigen Gehörgang haben.«

»Solltest du, solltest du. – Haste aber nicht. Jedenfalls zur Zeit nicht, das steht fest.«

»Was willst du damit sagen?«

Streit stellt die Musik leiser und flüstert mir etwas zu. Ich verstehe nichts, sehe aber, daß Streit mit den Lippen wakkelt.

»Hast du eben etwas gesagt?« will ich mich vergewissern.

»Aha!« höre ich ihn jetzt laut und deutlich. »Da stimmt was nicht.«

Funkmaat Hubert schaltet sich ein und stellt lakonisch fest: »Kaiser, Sie müßten vielleicht mal wieder die Ohren waschen.«

»Ohren waschen, haha. Wer will sich die Ohren waschen?«

Auch das noch! Der II WO mit der Knabenlache.

»Ich«, Herr Oberleutnant, »ich soll mir die Ohren waschen.«

»Er hört nichts mehr.«

»Hört nichts mehr? Ha, dicker Hund, ganz dicker Hund, das gibts doch nicht.«

Jetzt schielt der II WO in meine Ohren.

»Klarer Fall«, läßt sich nun der II WO vernehmen, »Ohren sind zu. Dicker Hund.«

»Ohren sind zu?« frage ich nun ungläubig.

»Nein«, höre ich die leise Stimme, »die Ohren haben den ständigen Über- und Unterdruck im Boot nicht vertragen – in den letzten Tagen sind wir ja ständig rauf- und runtergegangen. – Horchmann soll Ihnen die Ohren ausspritzen. Das Ohrenschmalz ist verhärtet.« Horchmann wird geholt. Na gut, denke ich. Wenn Horchmann mir die Ohren ausspritzt, kann ich vielleicht wieder besser hören, der heißt ja nicht umsonst Horchmann. Maschinenmaat Horchmann, unser Sanitäter, kommt mit einer Schale und einem Gummispritzball. Er pustet mir jetzt Wasser in den Gehörgang. Das hartgewordene, zusammengepreßte Ohrenschmalz löst sich auf und wird nun brockenweise in die Schale gespült. Tatsächlich merke ich, wie der Gehörgang freier wird und ich nun alles viel lauter wahrnehmen kann.

»Wird's besser?«

»Ja, es gibt Luft, es . . .«

»Sie hätten ja bald keinen Funkspruch mehr gehört.«

Ja, so kann es einem ergehen. Ein paarmal rauf und runter mit dem Tauchboot, und schon können durch den ständigen Über- und Unterdruck die Ohren zu sein. Das Boot wird auch nicht mehr genügend durchgelüftet. Uns fehlt die Möglichkeit zum längeren Überwassermarsch. So geht es nun tagelang in ständigem Einerlei dem Süden entgegen. Nichts passiert. Kein Dampfer kommt, kein Flugzeug; natürlich nur, weil wir uns nicht an die Oberfläche trauen.

Natürlich möchte unser Alter die Marschroute einhalten und das befohlene Operationsgebiet erreichen. Unsere Aufgabe liegt weiter südlich.

Heute ist das Wort »Goldküste« gefallen.

Auf der Landkarte in meinem kleinen Notizbuch lese ich: Golf von Guinea. Längen- und Breitengrad gleich null – nördlich Äquatornähe.

Mir ist, als seien wir in diesen Tagen bereits auf dem Nullpunkt angekommen.

Es tut sich nichts. Absolut nichts. Damit die Besatzung nicht zu sehr den eigenen Launen unterworfen ist, läßt der Alte alle möglichen Spiele zu. So läuft ein Schachturnier und ein Preisskatwettbewerb. Unser WI fühlt sich in seinem

Element. Ich habe nach wie vor die Genehmigung, an meinem Drehbuch zu schreiben. Nun beginne ich, Gedichte für die Äquatortaufe zu schreiben. In dieser »Dichtung« soll der Neptun mit seinem Gefolge an Bord begrüßt werden und jeder einzelne Täufling einen persönlichen Vers bekommen. Da kommt allerlei Lustiges zusammen.

Das Lesen während der Freiwache macht keinen Spaß.

Die abgegriffenen, ölverschmierten Schwarten wagt man kaum noch in die Hand zu nehmen.

»Kampf um Rom« hatte ich jetzt eingetauscht gegen »Das rauhe Gesetz«. Auch für den Lesestoff gilt: Wir sind nur auf Kampf eingestellt.

Trotzdem greifen wir am 13. April den in Sicht gekommenen Dampfer nicht an. Es wird wohl so sein, daß der Alte uns zum Mittelpunkt der Erde bringen will. In den Golf von Guinea, wo sich Längen- und Breitengrad mit dem Null-Grad kreuzen.

Am 14. April gibt es wenigstens für die Funker eine Abwechslung. Der Peilüberlagerungsempfänger ist ausgefallen. Obermaat Schlegel ist aber Spezialist und ausgezeichneter Techniker, er bekommt immer alles wieder in Ordnung.

Heute erhalten wir einen Funkspruch mit näheren Anweisungen für die bevorstehende Aktion. Wieder Offiziers-FT, so wissen auch wir Funker nichts über den Inhalt.

Am 15. April werden wir im Quadrat EK dicht unter Land von Land aus geortet. Vor dem angreifenden Flugzeug können wir noch rechtzeitig tauchen. Als die Bomben fallen, sieht die gesamte Heckmannschaft nach oben. Wir haben alle ein ungutes Gefühl. Der Gedanke, daß die Bomben von oben ins Boot schlagen könnten, läßt unsere Blicke unter die Decke gehen. Nur können wir mit ängstlichen Blikken bestimmt nichts aufhalten. Während die Bomben fallen, geht unser Boot immer tiefer. Keiner sagt ein Wort. Ein kurzer Gedanke: Uns, hier hinten im Heckraum, trifft es zuerst. Unsinn. Wenn die Fliegerbombe einschlägt, dann schlägt sie für alle ein. Dann erwischt es den Alten genauso wie den Zecher, dann ist der II WO mit seiner Knabenlache ebenso dran wie der gutmütige Will.

Als wir in ziemlicher Tiefe sind, läßt unser Zittern nach, und es wird auch oben ruhig. Als keine Bomben mehr fallen, können wir uns ohne Gefahr absetzen.

Bei der langen Tauchfahrt sind die Funker nicht genügend ausgelastet. So werde ich am 16. April zum Sanitätsgast ernannt und gehe regelmäßig in die Revierstunde. Dafür wird mir die Horchwache erlassen. Einige Dieselleute bekommen laufend Höhensonne, ihre Körper sind voller Pickel. Kein Wunder: nur Öl und Qualm den ganzen Tag und in der Nacht dazu. Wir fragen oft: »Sonne, wo bist du?« Sonnenschein kennen wir seit unserem Auslaufen nicht mehr. Über fehlende Hitze können wir uns nicht beklagen. Die Temperatur ist im Boot auf 31 Grad gestiegen. Das Schlimme daran ist ja nur, daß diese Temperatur Tag und Nacht konstant bleibt. Selbst wenn wir nachts für eine halbe Stunde zum Durchlüften auftauchen, sorgen die Diesel sofort für die ausgleichende Wärme. Je südlicher wir fahren, desto wärmer wird es werden. Ob wir die Temperatur vom Golf von Mexiko erreichen, welche wir damals auf unserer Fahrt hatten, oder ob der warme Golfstrom im Golf von Guinea einige Grade kühler ist? Ich weiß es nicht.

»Och, och – ist das eine Hitze, och, och!« Zecher quält sich schweißtuchwedelnd an unserem Funkschapp vorbei.

Ein Blick aufs Thermometer: 34 Grad. Wir schreiben den 22. April und nähern uns der afrikanischen Küste.

Seit Rommel nicht mehr in Afrika ist, kann man uns auch von hier aus orten. Es ist furchtbar. Dabei sind wir glücklich, wenn wir nachts überhaupt noch eine halbe Stunde über Wasser bleiben können. So grausam ist der U-Boot-Krieg geworden. Wo sind die Helden? Der Feind läßt keine mehr zu. Gewagte Manöver fahren, wie in den Anfangsjahren des Krieges, ist überhaupt nicht mehr drin. Nur gut über die Runden kommen.

Die U-Boot-Fahrer haben das Motto abgewandelt: »Nur gut durch die Tiefen kommen.«

Wir Funker drehen auf der Brücke wieder unseren Schmetterling, die »Spanische Fliege«, und können dabei wenigstens ein paar Minuten frische Luft schöpfen und mal ein Leuchtfeuer an Land sehen. Im Bootsinnern müssen sich unsere Augen mit dem grellen elektrischen Licht abfinden.

Am 27. April erreichen wir das Operationsgebiet. Wir sind im Golf von Guinea und bewegen uns auf die Goldküste zu. Es herrscht große Hitze.

Am 30. April. In der Nacht bin ich auf der Brücke und erlebe drei schwere Gewitter mit. Die Gewitter liegen tief und bewegen sich nur mühsam über die Meeresoberfläche.

Die Blitze zucken gewaltig über die Oberfläche des Wassers. Unser Boot zieht sie förmlich an. Eine vom Blitz ausgesuchte Angriffsfläche. Doch unsere Netzabweiser, welche sich als Drahtseile von der Bugspitze über eine Befestigung auf der Brücke bis hin zum Heck ziehen, sorgen als Blitzableiter für unsere Sicherheit. Als der Regen einsetzt, verlasse ich mit meinem Schmetterling die Brücke, und bald danach wird der Befehl zum Tauchen gegeben.

Durch die tropische Hitze – verstärkt durch die Gewitterluft – sind alle ziemlich malade. Beim Auspendeln des Bootes werden wir zu achterlastig und rauschen nach achtern ab.

»Alle Mann voraus!«

Wir rennen um unser Leben und können nur mühsam das Boot abfangen. Beim Durchflitzen durch die Kugelschotts nach vorn habe ich mir wieder das Knie aufgeschlagen; doch was macht das schon. Das nimmt man in Kauf.

Brose, der Brückengast, sagt zu mir: »Das ist nicht so schlimm, verheilt wieder. – Aber wir wären jetzt bald abgesoffen, Junge, Junge ...«

Abgesoffen nur durch die Achterlastigkeit des Bootes, fährt es mir durchden Kopf.

Den Zerstörer hat unser Alter schön achteraus ablaufen lassen. Dabei hatte ich das Gefühl, als habe unser Kommandant zum ersten Mal Angst gehabt. Denn auf die Frage des LI: »Greifen wir an?« hatte der Alte keine plausible Ausrede parat gehabt.

Schließlich meinte der Kapitänleutnant: »Wir haben die Anweisung, im Operationsgebiet lebenswichtige Tonnage zu versenken.«

Gut, er muß es wissen. Wäre nicht schlecht, wenn er ein bißchen Angst hätte, das würde unsere Sicherheit erhöhen, meinen wir. Wir alle wollen wieder nach Haus. Laß ihn nur machen. Vorerst quälen wir uns mit der Tageshitze bis zu fast siebzig Grad und nachts mit einer Außentemperatur von vier Grad unter Null ab. Im Boot haben wir am Tage nur Leibbinde und Hose an, nachts auf Brückenwache muß Lederzeug angezogen werden.

11. Mai.

Es ist Mitternacht vorbei. Im Boot herrscht reges Treiben. Niemand schläft. Wir haben die Position erreicht, wo es auch für die Unterwasserfahrer heißt: Äquatortaufe! Ja, auf einem herrlichen Luxusdampfer, da macht das bestimmt einen Riesenspaß. Nun, hier unter Wasser müssen wir unseren Spaß auf unsere Weise machen. Dabei wünschen wir sogar, daß wir in dieser Zeit keine Feindberührung bekommen.

Mit der Dichtung für die Äquatortaufe bin ich rechtzeitig fertig geworden. Der Kommandant und I WO haben den Inhalt bereits gelesen und begeistert ihre Zustimmung für diesen Bordsspaß gegeben.

Dreizehn Täuflinge an Bord sind von Neptun und seinem Gefolge zu taufen.

In der Zentrale steht eine große Pütz mit Wasser, schönem klarem Salzwasser. Mit diesem Wasser werden die Täuflinge nun reichlich Bekanntschaft machen.

Schon Tage vorher wurde überlegt und beraten, wer als Trabant ausgewählt wird und wer Neptun mimen darf. Nun steht es fest.

Neptun . . . . Obermaat Sasse
Thetis . . . . Gefreiter Rader
Zeremonienmeister . . . . Funkmaat Hubert
Barbier . . . . Maschinenmaat Horchmann
Advokat . . . . Ob.-Gefreiter Streit

Bereits gestern wurde bekanntgegeben, daß Neptun, der Beherrscher aller Meere, mit seinem Gefolge sich über Funk für die bevorstehende Taufe angesagt hat. Als Taufanzug wurde »barfuß nur in Hose« befohlen. So will es Neptun. Der Wunsch des Neptun ist Befehl, und dem ist unbedingt Gehorsam zu leisten, sonst setzt es einige Stockhiebe extra.

Eine Äquatortaufe unter Seeleuten ist in der Art und Form immer strenger als eine Passagiertaufe auf einem Billetdampfer.

»Mann, haben die mich verhaun!«

»Ha, Kaiser, tut's noch weh?«

»Beim ersten Mal, da tuts noch weh«, singt jetzt noch einer dazwischen.

»Das geht alles vorüber. Bis zum Einlaufen im schönen Hafen Lorient ist das alles wieder vergessen.«

Pionteck meint: »Hast ja noch gehabt Glück, großes Glück. – Mir haben sie bei der Taufe so lange gedrückt, bis daß ich hab keine Luft nicht mehr unter Wasser bekommen.

»Das war ja auch damals auf einem Freitag«, ruft Wirtgen dazwischen.

»Pionteck heißt doch auf polnisch Freitag, oder, oder stimmt das nicht? Hast du mir doch mal gesagt. Da das ein Freitag – ein Freitag war, mußten wir deinem Namen alle polnische Ehre machen.«

»Hör auf, du, du . . . du verfluchter Hund. Ich hau dir den Schädel ein!«

»Langsam, langsam.«

»Hört doch auf!«

»Er hat angefangen, der verfluchte Hund. Ich bin für ihn kein polnischer Freitag.«

»Nein, aber Schlesien ober!«

»Jetzt reicht's aber mir. Ich habe jetzt voll die Nase!«

Pionteck springt vor und haut dem Wirtgen einen Faustschlag vor den Kopf. Wirtgen schlägt zurück, und schon ist die schönste Rangelei im Gange.

Plötzlich ruft jemand: »Achtung, der Kommandant!«

Alles steht auf Achtungstellung und – kein Kommandant ist zu sehen.

»Wer war das? Wer, pironnje, macht hier Fez mit uns?«

»Naja, nun hört auf, ist doch egal, wer hier Achtung gebrüllt hat. Schlagen könnt ihr euch, wenn wir wieder zu Hause sind.«

Das sind die beruhigenden Worte von Kurzmann.

Wirtgen hat jedenfalls eine Beule an der Stirn, und es läuft auch etwas Blut.

»Geschieht recht ihm. Hatt er davon, wenn er meint, mit mir könnte er machen, was er will.«

»Ja, ja, is schon gut. Jetzt beruhigt euch.«

Alle sind in gereizter Stimmung. Schnell ist eine Schlägerei in Gang.

Das lange Fahren, das ständige Einerlei, das tägliche Herumgekrieche in dieser engen Röhre macht uns fertig. Wir haben kein Fenster im Druckkörper, durch das ein Sonnenstrahl herein könnte. Wir haben nur elektrisches Licht. Oft weiß man nicht, ob es Tag ist oder Nacht. Wenn das Boot aufgetaucht fährt, schaut man beim Gang durch die Zentrale schnell nach oben. Am hellen oder dunklen Himmel, den man durchs Turmluk erspähen kann, stellt man schnell fest, ob es Tag oder Nacht ist.

Trotzdem steckt keiner auf, wenn es um das Entscheidende geht.

Sobald die Alarmglocken schrillen und es heißt: »Auf Tauchstation!« sind alle voll da.

Es ist 22.05 Uhr, als die Alarmglocken wirklich losdröhnen. Ich springe mit einem Satz aus meiner Koje. Mir brummt der Schädel. Ich spüre einen starken Druck im Kopf. Bin noch gar nicht ganz da. Was ist? Alarm! – Durchgedreht und brummschädelig torkele ich wie ein Betrunkener durch den Raum. Der Seegang läßt das Boot schwanken, und schon merke ich, wie sich das Boot nach vorn neigt. Wir tauchen. Es geht hinunter. Ich reibe mir die Stirn. Man schläft hier viel zu kurz, viel zuwenig. Solange Angriff gefahren wird, gibt es kein Niederlegen, kein Ausruhen. Immer wach bleiben, am Feind bleiben. Ich merke, wie das Boot auf Sehrohrtiefe gesteuert wird.

Ich frage Wirtgen: »Was ist los?«

Wirtgen hat Dienst im E-Maschinenraum.

Hat er nicht frei?

Klar, der müßte doch jetzt Freiwache haben.

»Dampfer ausgemacht. Wir fahren Angriff!« ruft mir Wirtgen zu.

»Wieso hast du schon Dienst?«

»Teufel liegt in der Koje, hat sich den Magen verkorkst.«

Ach, tatsächlich liegt Teufel in der Koje, und ich erkenne, trotz des fahlen Dämmerlichtes, ein blasses Gesicht.

»Teufel, was machste für Sachen?«

»Ich glaube, ich bin seekrank.«

»Na, na, das warste doch nie.«

Ich gehe zum Funkraum, mal sehen, was dort anliegt. Als ich durch den Dieselraum komme, kann ich kaum die Hand vor Augen sehen. Ein fürchterlicher Qualm.

»Mensch, macht ihr einen Dunst hier.«

Obermaat Sachse kommentiert gleich zurück: »Die Dieselzuluftklappen sind ständig untergeschnitten, ich habe das Gefühl, als würden die Kupplungen rutschen.«

Ich schlängele mich zwischen den beiden Dieselmaschinen hindurch und sehe, daß der Maschinenmaat Sachse an seinem Stehpult etwas schreibt.

»Ja, Sie merken aber auch alles, Kaiser. Haben gleich mitgekriegt, daß hier Qualm in der guten Stube ist. In unserer blauen Grotte ...« Sachse lächelt mir zu, und ich verschwinde schnell durch die Zentrale in mein Funkrevier. Hier ist wenigstens eine einigermaßen erträgliche Luft.

»Es stinkt wie tote Lebewesen. Dicker Hund, haha!«

»Stinkt wie toter Hund«, flüstere ich leise unserem Oberfunkmaat Schlegel zu.

»Kaiser, was wollen Sie denn hier? Sie könn's wohl nicht erwarten?«

»Ach, achtern ist ein furchtbarer Qualm.«

Aus der Zentrale erfahren wir etwas über den Dampfer. Wir hören die Stimme des Alten: »Ein dicker Brummer. Läuft jetzt in unsere Kiellinie von achtern auf.«

»Ein Einzelfahrer?« fragt der Steuermann.

»Ja, sieht so aus.«

Hier vor Freetown treffen sich viele Einzelfahrer aus Südafrika, aber auch aus Argentinien und Indien. Hier werden sie zu einem Geleitzug zusammengestellt, um dann die Richtung nach Norden zu wagen.

»Ein wirklich fetter Brocken!« wiederholt der Kommandant noch einmal.

»Heckrohre fertigmachen zum Unterwasserschuß!« heißt es auch schon.

»Fünftausendfünfhundert Tonnen hat der Brummer.«

»Fünftausendfünfhundert Bruttoregistertonnen. – Ein schöner Brocken«, wiederholt der II WO und streichelt dabei seinen Vollbart.

»Hoffentlich bleibt der auf unserem Kurs, wir können doch nicht ohne Wimpel zurückkommen.«

Unsere Torpedorohre haben wir bereits öfter bewässert, aber zum vernichtenden Schlag konnten wir auf dieser

Fahrt noch nicht ausholen. Verdammt harte Kriegführung jetzt auf beiden Seiten.

»Rohre sind klar zum Angriff.«

Der Alte meldet die Position des Gegners.

»Der kommt direkt vors Heckrohr!« hören wir den Alten, und schon erfolgt das Kommando: »Rohr fünf – los! Rohr sechs – los!«

Aus Rohr fünf verläßt der erste Torpedo die geöffnete Mündungsklappe.

»Alle Mann achteraus!«

Mit einigen Kameraden flitze ich in den Heckraum.

Hier herrscht große Aufregung.

»Rohr sechs ausgefallen. Torpedo hat Rohr sechs nicht verlassen!«

»Mensch, Paul, fliegen wir jetzt in die Luft?« frage ich.

Er schaut mich ungläubig an.

»Wieso?«

»Wieso? – Na, der Torpedo ist doch gezündet!«

Ich sehe, wie dem Paul Tränen über die Wangen laufen.

»Hätte ich nur nichts gesagt«, entfährt es mir.

»Ach«, stöhnt Paul, »das mit dem Torpedo werden die Mechaniker schon in Ordnung bringen – wenn wir nicht vorher angegriffen werden oder der Torpedo doch noch aus dem Rohr rutscht.«

»Ja, warum weinst du denn?«

»Ich muß an die Seeleute denken, die jetzt ihr Leben lassen müssen.«

»Aber das sind doch unsere Feinde, die müssen wir doch versenken.«

»Das versteht ihr nicht.« Dabei laufen dem Paul weiter dicke Tränen über das Gesicht.

»Was ist, Paul?« fragt nun auch Brose.

»Die wir da oben versenken«, bringt Paul unter Schluchzen hervor, »das sind alles Leute von der Handelsschifffahrt.«

»Ja und?«

»Ja und? – Weiter könnt ihr nichts sagen. – Ich bin auch bei der Handelsmarine gefahren. Wir haben auf jedem Pott angeheuert, welcher uns lieb war. – Auf dem Dampfer fahren vielleicht Seemänner, mit denen ich, mit denen ich schon zusammen war. Kameraden, mit denen ich . . .«

Er kann nicht weitersprechen. Er schämt sich seiner Tränen nicht.

Darüber haben wir Jüngeren in unserem Enthusiasmus noch nicht nachgedacht.

Paul ist einige Jahre älter als wir. Er ist vor dem Krieg bereits bei der Handelsmarine gefahren. Da ist es verständlich, daß er eine ganz andere Einstellung zu diesen Dingen hat.

»Vielleicht treffen wir nicht«, will ihn jetzt Brose trösten.

Wir haben so auf einen Angriff gewartet, und jetzt möchte man am liebsten wünschen, der Schuß ginge vorbei. Obwohl der LI sofort nach dem Torpedoschuß nachfluten ließ, sollen wir noch immer im Heckraum bleiben. Klar, der zweite Schuß ist ja auch nicht abgegangen. Die Torpedomechaniker sind in heller Aufregung.

»Der abgefeuerte Torpedo ist vielleicht auch ein Versager. Der hätte doch schon längst treffen müssen.«

»Hast du auf die Uhr gesehen?«

»Natürlich, der läuft seit fünf Minuten.«

»Meldung an Zentrale, was ist mit Rohr sechs?«

»T fünf-Torpedo ist wahrscheinlich durch mehrmaliges Bewässern im GA-Teil ausgefallen.«

Wir warten weiter schweigend und schauen hin und wieder auf die Uhr. Brose bricht das Schweigen.

»Der geht vorbei, Paul. Deine Seeleute bleiben am Leben.«

Wir alle versuchen, uns in die Lage des Handelsmariners zu versetzen, und so langsam können wir die Sorgen dieses Mannes verstehen. So, wie er jetzt unser Kamerad ist, so war er ja vor ein paar Jahren noch Kamerad unter Kameraden in einer der aus vielen Nationalitäten zusammengestellten Schiffsbesatzungen. Ausländische Seeleute, welche mit ihm gemeinsam gedolmetscht, Karten gespielt, Lieder gesungen oder gemeinsame Stunden bei Alkohol und Tabak verbracht haben. Sie haben gemeinsam Befehle ausgeführt, wobei es ihnen einerlei war, ob der Kapitän Deutscher oder Engländer war. Hauptsache, die Heuer stimmte, ganz gleich in welcher Währung.

Es ist schon eine harte Sache. Je mehr man darüber nachdenkt, desto mehr ist man geneigt, mit dem Paul um die Wette zu heulen.

»Zehn Minuten vorbei, der trifft nicht mehr.«

Ich glaube, in dem Gesicht von Paul ein Lächeln zu erkennen.

Trotzdem halten Brose und Kurzmann weiter ihre Stoppuhren in der Hand und verfolgen den Zeiger. Er wandert von Minute zu Minute.

»Zwölf Minuten vorbei.«

Das ist doch nicht möglich. – Warten.

»Dreizehn Minuten!«

Immer noch kein Knall.

Wir haben sicherlich vorbeigeschossen.

»Rumm – rawumm!«

»Da ist er! – Getroffen!«

Unser Jubelschrei wirkt befreiend. Plötzlich ist es ganz still. Alle schauen auf Paul. Wir haben Achtung vor diesem Mann, der nun weint wie ein kleines Kind.

Wir hören ein ohrenbetäubendes Krachen, das Brechen von Eisenteilen, das Gurgeln von Wasser. Unser Boot kommt ins Schwanken.

»Alle Mann voraus!«

Wir flitzen.

In der Funkerei bleibe ich hängen. Meine Ablösungszeit ist gekommen. Aber jetzt ist es egal, wo man ist. Ob auf

Flitzstation oder am Horchgerät. Ich lasse also den Horcher auf seinem Posten.

Was sich jetzt tut, hört man auch mit bloßem Ohr sehr gut. Dazu benötigen wir kein Horchgerät.

Über uns tut sich die Hölle auf.

»Der bricht über uns auseinander!«

»Über uns?«

Wir sehen uns ängstlich an und wagen kaum noch zu atmen. Unsere Tauchtiefe beträgt 50 Meter, so wie es nach dem Abschuß vorgeschrieben ist. Jetzt bricht dieser Dampfer über uns auseinander.

Aus der Zentrale hören wir die Stimme des Alten: »Der Zaunkönig ging vorbei, hat dann einen großen Kreis gezogen und den Dampfer, der ja inzwischen zu uns aufgelaufen ist, direkt über uns getroffen.«

»T fünf – Zaunkönig, Scheißtorpedo, kann man sich selbst mit ins Grab bringen!« flucht jetzt unser Funkmaat.

»Der Aal lief dem Dampfer prima entgegen. Ist aber dann soeben an ihm vorbeigeschossen.«

»Verdammte Sauzucht!«

Unser Boot schwankt weiter, wir hören das Rauschen von Schiffsteilen direkt neben uns auf der Steuerbordseite.

»Hoffentlich fällt der nicht auf uns drauf.«

»So gut die Nachlauftorpedos sind«, hören wir die Stimme des LI, »aber wenn der Frachter erst so spät erwischt wird, noch dazu direkt über uns?«

Wir können nur hoffen, daß diese Versenkung nicht auch unsere eigene wird.

»Von diesem Burschen in die Tiefe gerissen zu werden, ist ...«, weiter spricht unser Funkmaat nicht. Vielleicht haben wir Glück, und der fette Brocken rauscht so eben an uns vorbei in die Tiefe. Ringsum nur bleiche Gesichter. Fahlgelbe, ängstliche Mienen. Bootsmaat Will steht mit gefalteten Händen. Er preßt sie zusammen, als wollte er mit der Kraft seiner Hände das Unheil abwehren. Dieser brutale und doch gutmütige Typ betet, ja, er betet! Seine Lippen bewegen sich.

Angst?

Wir haben alle Angst. Große Angst.

Ich muß in dieser ernsten Situation an die Heimat denken.

»Rawummm – rawummm bummm!« Es poltert noch immer, es kracht, rumort und knirscht, und dann setzt ein gleichmäßiges Rauschen ein. Der große und schöne Dampfer rauscht jetzt mit seiner 5500 Tonnen Wasserverdrängung direkt an uns vorbei in die Tiefe. Wir meinen, ihn greifen zu können.

Wir stieren gegen die Steuerbordseite unserer Röhre.

Unser Boot wird zur Seite geschleudert. Die Kommandos in der Zentrale überschlagen sich. Unser LI gibt kühl seine Befehle, er kämpft mit unserer Technik gegen das Mithinuntergerissenwerden. Es ist, als ob wir jetzt einen Satz nach oben machen. Vorn schreit jemand. Es schreit jemand vor Angst. Sein Schrei geht durch Mark und Bein.

Dann ist absolute Stille. Keiner sagt etwas.

In diese Stille spricht der Kommandant: »Da haben wir noch mal Glück gehabt.«

Wir atmen auf.

»Nur gut, daß der keine Munition geladen hatte.«

»Mensch, LI – erinnern Sie mich nur nicht daran . . .«, hören wir noch den Alten. Gleich danach ist sein Interesse auf den Torpedoversager in Rohr sechs gerichtet.

Der »Zaunkönig« in Rohr sechs ist ausgefallen. Er muß repariert werden. Dieses Boot hatte bisher immer Glück.

Auf der letzten Fahrt war es nicht anders.

Da hatte das Boot westlich von Irland beim Angriff auf einen West-Ost-Geleitzug eine schwere Wasserbombenverfolgung durchzustehen. Das Boot rauschte dabei auf eine Tiefe von 3 mal A plus 10, das sind 250 Meter. Hierbei brach das Hauptspant in der Zentrale, und es bildeten sich Beulen an den Druckkörperenden.

In der Tiefe von über 250 Meter half kein Anblasen mehr. Trotzdem ist das Boot, welches damit die höchste Tauchtiefe des Zweiten Weltkrieges erreicht hatte, wieder nach oben gekommen. Der Kommandant und der LI behielten die Nerven, sie konnten unser Tauchboot durch rein dynamisches Hochziehen mit beiden Tiefenrudern »oben« wieder nach Hause bringen.

Erst in der Werft von Lorient konnten wir den ganzen Umfang des Schadens feststellen und sehen, warum das Boot so tief gerauscht war.

Durch die Wasserbombenwürfe von drei Zerstörern waren einige Torpedo-Oberdecks-Behälter aufgerissen.

Der BdU hatte daraufhin den Rückmarsch befohlen, das Boot war ja schließlich nicht mehr tauchklar.

»Ohne jede Angriffserlaubnis« mußte die Werft in Lorient zur Reparatur aufgesucht werden.

Noch mal davongekommen, auf der Seite des Lebens geblieben.

Nach Mitternacht gehe ich beklommenen Herzens in meinen Funkdienst.

Wir können einen FT fertig machen: Meldung an den BdU über die erfolgreiche Versenkung von 5500 Bruttoregistertonnen.

Am 13. Mai heißt es: »Rückmarsch!«

Wir fragen uns, hat sich das ganze Unternehmen überhaupt noch gelohnt?

Wochenlang mit über 50 Mann Besatzung im Einsatz – unter den schwierigsten Bedingungen, die man sich für U-Boot-Besatzungen vorstellen kann. Das Letzte wurde von jedem Einzelnen verlangt.

Was ist dabei herausgekommen?

Die Versenkung eines Dampfers von fünftausendfünfhundert Tonnen, der uns dabei fast noch mit in die Tiefe gerissen hätte.

Fünftausendfünfhundert Tonnen!

Genügen sie dem Kommandanten?

Genügen sie dem BdU?

Wir hatten unsere Pflicht getan. Wir kommen mit einem Wimpel heim. Befehl ausgeführt.

Genug des grausamen Spiels?

Heim in den Hafen, Boot und Besatzung retten.

Boot und Besatzung liegen unserem Alten am Herzen. Er ist bestimmt aus ganzer Liebe Seemann. Darum muß er aber noch lange nicht der Befürworter von Vernichtung und Gewalt sein. Er kehrt nicht aus Angst um. Mit Angst im Leibe wäre er nicht Kommandant eines Unterseebootes geworden. Ein solches Boot zu führen erfordert einen ganzen Mann. Unser Alter ist ein ganzer Mann.

Wir fahren heim.

Wirtgen legt sich schon wieder mit Pionteck an. Dieses Mal allerdings in aufgelockerter Stimmung.

»Herr Freitag! – Ach Verzeihung, Herr Pionteck! Gestern haben wir an einem Freitag den Volltreffer angebracht, und nu darfste nach Hause zu Muttern fahren.«

»Willste schon wieder stänkern? Du Pflaume, du Huppawopitza?«

»Es geht heim, Junge, kannste dich freuen.«

»Freu mich ja auch, kannst du dich aber freuen auch!«

»He, Pionteck, was ist denn Huppawopitza, hhm?«

»Dummer Affe!«

»Was bin ich? Ein dummer Affe?«

»Nuja, du fragst mich, was is Huppawopitza? Na, Huppawopitza heißt dummer Affe.«

»Ist das polnisch?«

»Nein . . .«

»Was denn?«

». . . das ist wendisch, weiß ich von meinem Vater.«

Kolle lenkt ab und meint: »Wir sollen uns doch rasieren vor dem Einlaufen, da können wir uns ja jetzt auch die Haare schneiden, na, was meint ihr?«

»Haare schneiden? Habt ihr das gehört? – Du spinnst wohl, Haare schneiden. Fingernägel schneiden! Fußnägel schneiden! Ja, alles prima. Haare schneiden, kommt überhaupt nicht in die Tüte. Bei dir piept's wohl.«

Brose hat was dagegen.

Auch Zecher glaubt mit einem »Och, och, Haare schneiden«, seinen Kommentar hierzu abgeben zu müssen.

»Das ist ne feine Sache, prima Idee«, mit dieser Meinung stellt sich Wirtgen auf die Seite von Kolle, »wir werden uns gegenseitig die Haare schneiden, wir haben doch ne Schneidemaschine mit.«

Wirtgen kramt nun die Haarschneidemaschine hervor, welche bereits bei der Äquatortaufe gute Dienste geleistet hatte.

Es dauert nicht lange, und wir sitzen im Heckraum um die Back und versuchen, uns gegenseitig die Haare vom Kopf zu zupfen!

»Aua, reiß doch nicht so«, brüllt mich Wirtgen an, als ich ihm mit der Wackelmaschine in die Haare fahre.

»Die Maschine ist stumpf!«

»Ach, du hast bloß keine Ahnung.«

»Nein, die hab ich nun wirklich nicht.«

»He, gib mal den Topf da her.«

Wirtgen läßt sich von Zecher einen Topf reichen und stülpt sich diesen Topf auf seinen Kopf.

»So, jetzt schneideste immer bis zum Topfrand, dann wird die Linie rundherum schön gleichmäßig.«

»Was ist denn hier los?« Obermaat Sachse kann sich vor Lachen nicht mehr halten. »Das ist ja ein Bild für die Götter!«

»Ja, Herr Obermaat, kommse rein in die Frisierstube, wir sind Haarkünstler!«

»Aber zum Haareschneiden einen Pisspott auf dem Kopf, das hab ich nun aber auch noch nicht gesehen!«

»Ja, Herr Obermaat, das is en dicker Hund, sozusagen!«

»Wer ist denn auf diese Idee gekommen?«

»Mit dem Topf, der Wirtgen, Herr Obermaat; aber mit dem Haare runter, das war der Smutje. Er glaubt, wir sollten pikobello aussehen beim Einlaufen, und da wir den Bart sowieso noch abnehmen müssen ...«

»So, da glaubt ihr, müßten die Haare auch runter.«

Der Obermaat geht kopfschüttelnd in seinen Dieselraum zurück.

Es dauert nicht lange, da taucht auch schon der II WO auf.

»Haha, was sehen meine entzündeten Augen? Haha, tote Lebewesen ohne Haare! Ha, dicker Hund!«

»Herr Oberleutnant, Sie können gleich Platz nehmen, unser Hofbarbier steht gleich zu Diensten!«

»Nein, nein, schönen Dank! Ich möchte meine Ohren noch dranbehalten!«

»Aber Herr Oberleutnant, haben Sie kein Vertrauen zu uns, wir schneiden doch auch kostenlos ...«

»Die Ohren ab? Haha, vielen Dank!«

»Au!« ruft nun Wirtgen wieder dazwischen, weil ich ihm ein Haar auf die unsanfteste Art vom Kopf gezirpt habe.

»Jetzt kann mal ein anderer mit dieser lahmen Schere wackeln.«

Ich gebe die Schere jetzt an Zecher weiter.

»Nein, nein, ich bin doch nicht lebensmüde. Ich lasse mir doch nicht von dem Dicken die Haare bearbeiten.« Wirtgen springt nun in die Höhe. Dabei fällt ihm der aufgestülpte Topf herunter.

»Hahaha, Mann, Wirtgen, wie sehen Sie schön abgestuft aus. Sie haben jetzt eine richtig schön geformte Bugwelle um den Kopf, das erinnert so an schneidige Fahrt, ganz dikker Hund!«

Lachend verschwindet der II WO nach vorn.

Wirtgen nimmt erst wieder Platz, als Zecher die Maschine dem Kolle gibt.

Kolle schneidet nun dem Wirtgen die Haare zu Ende. Der kann das allerdings auch nicht viel besser als ich.

Einen gelernten Frisör haben wir nicht an Bord.

Bis zum Einlaufen sind wir ja noch einige Wochen unterwegs, bis dahin können diese Treppenstufen sich wieder zum glatten Fries auswachsen. Wir haben unseren Funkspruch abgegeben. Erfolgsmeldung und Mitteilung zum Rückmarschantritt.

Nun geht es mit 70 Umdrehungen zurück in Richtung Norden. Nachts gehen wir heimlich auf 80 Umdrehungen. Wir möchten doch, daß unser Kommandant schnell zu seinen Lieben kommt. So besorgt sind wir um ihn, und er weiß es nicht einmal. Wundert sich nur, daß der Steuermann immer schon ein Stück weiter im Planquadrat gekommen ist, als der Alte nach seinen seemännischen Erfahrungen bei 70 Umdrehungen ausgerechnet hat.

Die ersten Tage des Rückmarsches sind wir überwiegend auf Unterwasserfahrt. Wir haben starken Seegang, das Boot kann nicht lange oben bleiben. Wir tauchen nur auf zum Durchlüften und zum Aufladen der Batterien. Leider können wir das Turmluk nicht schließen. Wir haben die Fliege zum Drehen auf der Brücke, und die Kabel gehen auf einfache Weise durchs Luk ins Bootsinnere.

Durch das offene Turmluk schlagen nun ständig die überkommenden Brecher und landen mit einem harten Knall auf den Flurplatten in der Zentrale. Jedes Mal »verpassen« sie dem unter dem Turmluk stehenden Befehlsübermittler einen deftigen Platsch auf den Kopf. Wenn wir nachts auftauchen, ist es kalt. Bei dieser durchs Turmluk strömenden Kälte und dem ständigen Wasserschwall über den Kopf versieht der Zentralegast seinen Dienst als Befehlsübermittler auf einem nicht beneidenswerten Posten.

24. Mai. Die See hat in ihrer Stärke (6 bis 9) nicht abgenommen. Alle fühlen sich schlapp. Jetzt hilft auch das gute Essen nicht mehr.

»Zecher, dir schmeckt's immer, wie ich sehe«, quält Piccolo aus sich heraus.

»Och! Man muß doch essen.«

Zecher schiebt löffelweise das gute Essen in sich hinein. Er will nicht schlappmachen, der Zweizentnermann.

»Zecher, guck mal deine Beine.«

»Was is damit?«

»Die sind ja voller Wasser!« Dabei drückt der Kurzmann mit seinem Daumen gegen Zechers Wade. Es sieht so aus, als würde sich eine Delle bilden, welche nur langsam wieder zurückgeht.

»Och, was is das denn?«

»Ein Sack voll Wasser!«

»Euch geht's doch auch nicht besser«, tröstet sich Zecher und kratzt sich mit dem Löffelstiel am Hinterkopf.

Trotz der guten Erbsensuppe werden wir von Tag zu Tag schlapper. Der Mumm geht verloren. Wir können viel und gut essen, das hält uns aber nur noch so eben über Wasser. Hier darf man auch sagen: so eben unter Wasser. Schließlich sind wir ja Unterwasserfahrer.

28. Mai. Wir sitzen im Heckraum an der Back und lassen uns die Marmeladenbrote gut schmecken.

»Jam, schrien die Matrosen und sprangen von Mast zu Mast!« jubelt der E-Heizer durch den Raum, als er sieht, daß es Marmelade gibt.

»Ja, was hast du denn erwartet? Meinste, jetzt zur Rückfahrt kriegste was Besseres serviert?«

»Jam ist das Beste, was es gibt«, will jetzt auch Pionteck seinen Witz dazugeben.

Doch Teufel weiß es noch besser: »Jam, Jam, Jam!
Macht den Dödel dick und stramm!«

»Trrrrrrrrrrr!«

»Fliegeralarm!« röhrt es von vorn her.

»Das ist die Strafe vom lieben Gott!«

»Jawoll, ihr alten Lästermäuler!«

Schon kippen wir nach vorn in die Senke, und ab geht es in die Tiefe. »Nur runter, immer runter.«

»Hoffentlich hat der uns nicht gesehn ...«

Fliegeralarm. Wer ist schneller unten? Wir mit unserer Röhre oder seine Bomben?

Die Jam-Schnitten bleiben liegen. Wir haben das Gefühl, wir müßten den Kopf einziehen. Wohin wird die erste Bombe fallen? Weitab, dicht neben uns oder gar mitten in den Heckraum?

»Uns hier achtern trifft es zuerst!«

»Du merkst aber auch alles, Teufel.«

»Hättste nich so gelästert. Gleich macht es plautz, und dann habn'se deinen Dödel weggepustet.«

»Da ist nich viel wegzupusten, ihr Arschlöcher!«

»Mensch, seid doch mal stille!«

»Was denn, die Bombe hörste auch, wenn wir laut sind.«

»Och, och, sag bloß.«

»Zecher, wennse dich treffen, das gibt einen neuen Breitengrad.«

»Rummmmmsch! Rummmmmsch! – Rummmmmsch! – Rummmmmsch!«

»Die vier sind weg ...«

»Das ist noch mal gutgegangen.«

Unser Boot fällt immer noch in schräger Lage nach vorn auf Tiefe ab. Die ersten Bomben trafen nicht.

Vielleicht hat er uns nicht genau ausmachen können.

Niemand sagt etwas.

Alle sehen nach oben und hoffen, daß »nichts« mehr kommen möge.

Rummmmmsch!

Als es längere Zeit ruhig bleibt, hören wir Teufel das befreiende Wort sprechen: »Der hat keine mehr.«

»Abwarten ...«

»Abwarten und Jam essen.«

»Jetzt hört mit dem scheiß Jam auf!«

»Nicht so laut, wenn der uns hört!«

»Ja, dann will der auch noch ne Jam-Schnitte haben.«

»Die essen doch was Besseres.«

»Ach, das glaubst du, die haben auch nichts mehr aufs Brot zu schmieren.«

»Dem Wildfang haben se nich mal richtige Abwurfunterlagen mitgegeben, der schmeißt ja die Bomben daneben!«

»Komm, komm, noch ist die Gefahr nich vorbei.«

»Der will uns schonen, weil wir ihm ja auch nichts tun können von hier unten.«

»Ja, sicher, Piccolo, der schont uns. Nur sollte er die Bomben gleich oben behalten, dann würde er unsere Nerven auch schonen.«

Seit Tagen rechnen wir ständig mit Flugzeugen. Wir müssen deshalb genügend Abstand von den Kapverdischen und Kanarischen Inselgruppen halten. Bei Annäherung auf 40 sm sind die Radarstrahlen von Land bereits klar zu empfangen.

Musik an Bord ist wieder untersagt. Nicht mal das als kleine Abwechslung.

Gestern hatten wir wenigstens noch unseren Spaß mit dem Fangen eines quallenartigen Seeigelfisches.

Heute muß ich wieder melden: »Asdicortung in zwanzig Grad!«

Wir können uns aber gut absetzen, weil wir rechtzeitig getaucht sind. Auf der anschließenden Hochfahrt nichts mehr vernommen.

2. Juni. Morgens höre ich Schraubengeräusche in 50 Grad. Ein Neutraler, er darf seine Bahn weiterziehen.

Kurze Zeit später muß ich melden: »Wanze ausgefallen!«

Mit Oberfunkmaat Schlegel muß ich 8 Stunden lang reparieren.

»Na, was ist?« kommt der Alte mehrmals fragen.

»Wir tun unser Bestes«, ist die lakonische Antwort vom Obermaat.

Mich darf der Alte nicht fragen. Von der Technik im Inneren der Wanze habe ich keine Ahnung. Nur gut, daß immer zwei Techniker unter den vier Funkern an Bord sind, sonst sähe es schlimm aus. Wenn der Apparat nichts mehr sagt, ist meine Weisheit auch so gut wie am Ende.

Am 4. Juni fällt die Wanze erneut aus. Diesmal dauert die Reparatur noch länger.

»Wissen Sie, daß heute Sonntag ist?«

»Ja, das weiß ich, Herr Obermaat.«

»Du sollst den Feiertag heiligen, und was machen wir?«

»Wir müssen reparieren.«

»Genau! Hoffentlich kriege ich das Scheißding wieder hin . . .«

»Na, was ist?«

Der Alte fragt wieder.

Heute muß er noch öfter fragen. Immer wieder die Antwort vom Oberfunkmaat: »Wir tun unser Bestes.«

Nach 18 Stunden läuft die Wanze wieder. Der Alte ist froh, daß der Obermaat das nun doch noch hingekriegt hat, denn jetzt beginnt der Biscaya-Marsch, und da benötigen wir unsere Ortungsgeräte mehr denn je.

In der Ferne hören wir wieder Wasserbomben, die ständigen Begleiter beim Biscaya-Marsch.

Am späten Abend empfangen wir noch einen Funkspruch mit einer »Wichtigen Erfolgsmeldung« für unseren Benjamin. Der BdU teilt unserem Piccolo mit:

»Vorlage hat gestimmt für Zwillingsgefecht.

Ein Boot mit und ein Boot ohne Schnorchel angekommen.«

Der Jubel geht durch alle Räume!

»Unser Kleiner, der Piccolo, Vater von Zwillingen!

Wer hätte das gedacht.«

»Hätt ich dem gar nicht zugetraut.«

»Was doch in so nem kleinen Kerl alles stecken kann.«

»Nee, was aus dem rauszuholen is . . .«

Dem Piccolo stehen vor Vaterfreuden die Tränen in den Augen, er stottert vor Aufregung: »Mensch, was ... was soll ich sagen ... Ich, ich habe vom Dönitz persönlich ... vom Dönitz, vom Großadmiral so'n Funkspruch ... Vater bin ich. Und gleich Zwillinge?« Er kann es noch gar nicht fassen.

»Und gleich Zwillinge – Junge und Mädchen, Junge, Junge ...«

»Nich Junge, Junge! – Junge, Mädchen, mußte jetzt immer sagen.«

Der kleine Benjamin ist vollkommen aus dem Häuschen.

Brose flüstert mir zu: »Wenn er zum Traualtar geht, kann er die beiden gleich zur Taufe mitnehmen, ein Abwasch ...«

»... Prost Mahlzeit.« Was Besseres fällt mir darauf nicht ein.

Benjamin will ja im Urlaub heiraten, hoffentlich ist seine Zukünftige dann aus dem Wochenbett heraus.

6. Juni. Heute hagelt es Hiobsbotschaften.

Erst kommt ein Funkspruch mit der Meldung über die englische Landung in der Seine-Mündung.

Danach heißt es: »Hauptruder ausgefallen!«

Das Hauptruder bekommen wir nach 5stündiger Reparatur wieder klar, die englische Landung aber hält wohl niemand mehr auf.

7. Juni. Im Heckraum hat sich eine lebhafte Debatte entzündet.

»Das ist die Invasion Europas«, stellt Wirtgen fest, »da ist nichts mehr aufzuhalten!«

»Das glaube ich auch«, pflichte ich ihm bei.

»Das glaubt ihr doch nur alleine!« will Kurzmann wissen. »Wir werden doch die paar lächerlichen Engländer noch aufhalten können.«

»Das glaubst du!«

»Ne, wir glauben das auch!« fallen nun alle im Chor über uns her.

»Wir haben noch Mittel, die wieder rauszuwerfen ...«

»So? Was denn für Mittel? Flugzeuge haben wir doch schon keine mehr.«

»Unser Führer hat noch was in Reserve!«

»Was soll denn der in Reserve haben?«

»Wir haben noch Wunderwaffen!«

»Hör doch damit auf, daran glaubt keiner mehr.«

»Ihr beiden vielleicht nicht, wir glauben noch daran.«

Wirtgen und ich haben nun alle gegen uns.

»Ihr könnt glauben, was ihr wollt«, meint Wirtgen unbeirrt, »den Krieg können wir nicht mehr gewinnen. Ausgeschlossen!«

»Die kommen doch nicht mal bis Paris, dann sind die doch schon wieder ...«

»Bis Paris?« Wirtgen läßt nicht locker. »Bis Paris? Du hast ja'n Käfer im Kniegelenk. Von wegen bis Paris. Die kommen auch bis Berlin. Das ist nicht mehr aufzuhalten. Da beißt keine Maus den Faden ab.«

»Ja, das geht schief für uns.« Ich sage das mit ruhiger und fester Stimme.

»Wir müssen doch noch hoffen. Wenn wir die Hoffnung aufgeben ...«

»Hoffen? Worauf sollen wir denn hoffen? Mit Hoffnung können wir den Krieg nicht gewinnen.«

»Siehst doch, was auf unserer Feindfahrt los war. – Wir kamen doch nicht mal mehr richtig zum Schuß! Oder glaubste, das hätte dem Alten gefallen, nur noch einen lächerlichen Dampfer abzuknallen?«

»Mit den Nachlauftorpedos, die uns noch selber mit ins Grab jagen.«

»Jawoll, so is es doch.«

»Naja, ich weiß nicht.«

»Kinder, wir dürfen doch die Hoffnung nicht aufgeben.«

»Nun gut, dann behaltet ihr eure Hoffnung und wir die Überzeugung.«

»Wir hoffen, daß wir den Krieg gewinnen!«

»Und wir sind davon überzeugt, daß eure Hoffnungen in die Binsen gehen.«

»Verdammt nochmal, wozu rackern wir uns denn hier ab, wenn das alles umsonst gewesen sein soll?!«

Jetzt platzt dem Kurzmann der Kragen.

Wirtgen entgegnet ihm ganz ruhig: »Umsonst sind wir nicht hier. Das kannste vielleicht mal später in den Annalen nachlesen, wenn du hier überhaupt noch rauskommst, sonst lesen das deine Kinder nach. Wir helfen hier mit unserem Einsatz der Heimat, das steht fest – Jawoll, da braucht ihr gar nicht so dämlich zu gucken – wir helfen der Heimat . . . Aber den Krieg, den Krieg können wir nicht gewinnen.« Seine Stimme ist zum Schluß ganz leise geworden, kaum hörbar. Es ist still in der Runde. Nach einer kleinen Pause – niemand sagt mehr etwas – vollendet Wirtgen seine kleine angefangene Rede: »Der Alte hat gesagt, wir sollen uns vorm Einlaufen rasieren – und damit . . . ist der Bart ab!«

Betretenes Schweigen.

Alle sind nachdenklich geworden.

Selbst Zecher sitzt still in der Ecke und hat nicht mal sein »och, och« von sich gegeben.

Mit 80 Meter Wasser unter dem Kiel schleichen wir an der Küste entlang unserem Heimathafen zu. An ein Auftauchen am Tage ist nicht mehr zu denken.

Zum Batterienaufladen setzen wir uns aus Sicherheitsgründen von der Küstennähe ab. Wir zittern vor allem, was uns gefährlich werden kann: von den Zirptönen einer Asdic-Ortung bis zum entfernten Getöse von Wasser- und Fliegerbomben. Wir kommen nicht zur Ruhe. Wir müssen wachsam sein.

Können wir den Hafen von Lorient noch anlaufen?

Wie wird sich die Invasion entwickeln?

Drüben leuchten die Lichter von Kap Finisterre. Wir dürfen alle nacheinander auf die Brücke, um etwas von der spanischen Luft zu atmen.

Wir schleichen unter vielen Horchpeilungen immer weiter an der spanischen Küste entlang.

In fünf Tagen habe ich Geburtstag. Ich darf mir vielleicht wieder eine Dose Pfirsiche wünschen.

Wir sind bescheiden geworden.

An meinem Geburtstag aber bekomme ich keine Pfirsiche. Ich erhalte ein Buch. »Die Ravensburger Fahnenträger«, mit einer Widmung vom Kommandanten und allen Offizieren.

Beim Lesen der in diesem Buch zusammengestellten Anekdoten und Erzählungen aus der napoleonischen Zeit muß ich an den Franzosen denken, der zu mir im Hafen von Lorient mal gesagt hat: »Euer Hitler ist wie unser Napoleon.«

Ja, da ist was dran.

». . . denn heute gehört uns Deutschland und morgen die ganze Welt!«, so hatten wir doch schon als Pimpfe gesungen.

Und nun steht uns das Wasser bis zum Hals.

Wir fahren und schleichen, wir horchen und orten.

Am 20. Juni 1944 laufen wir in Lorient ein. Die glücklosen Helden – und doch glücklich!

Wir haben nicht mehr so viel Tonnage versenken können, wie sich die Kriegsleitung vorgestellt hatte. Wir haben aber ein Boot vom Typ IX C und 56 glückliche Menschen wieder heil in den Hafen gebracht. An diesem guten Gelingen sind alle beteiligt gewesen. Jeder einzelne an Bord hat seine Pflicht getan. Zunächst im Glauben für eine gute Sache. Jetzt, um das eigene Leben und das der Kameraden zu retten.

Eine jubelnde Menschenmenge begrüßt uns an der Pier. Vielleicht hatte man uns schon aufgegeben? Vierzehn Wochen waren wir unterwegs. Mit bleichen Gesichtern starren wir zu den winkenden Menschen hinüber. Einige Tage

Sonne werden uns guttun, bevor wir unseren verdienten Einsatzurlaub antreten werden.

Schnell nach oben zum Postempfang und zum ersten Schnaps. Ja, du altes eisernes Kugelschott. Meine Kniescheibe tut mir heute noch weh, wenn ich dich sehe. Kartentisch und Steuermann. Nie defekt gewesener Kreiselkompaß. Papenberg, du olle Glassäule, und da mein Schaft, wo ich so oft den Peilrahmen mit Preßluft hochgedrückt habe.

Nun brauche ich nicht zu fragen: »Ein Mann auf Brücke?« Ich entere die Steigleiter hoch. Die Sprossen sind ganz schön glatt gewetzt vom vielen Rauf und Runter.

Jetzt sehne ich mich nach einem Plümeau, einem richtigen dicken Federbett und nicht nach so einem einfachen Sehrohrsattel. Da hat der Alte seinen Hintern oft draufgeschwungen.

Die gelbe Kiste mit der Rechenanlage. Vorhaltewinkel . . .

Parallaxwinkel, dusseliges Ding. Der Nachlauftorpedo hätte uns ja doch bald selber in den Grund gebohrt. Naja, trotzdem schönen Dank, du hast ja deine Pflicht getan.

Aufwärts geht es, raus aus dieser Röhre. Turmwanne, du hast die Stürme ebenfalls überstanden. Sehrohrbock. Ach, und da oben am ausgefahrenen Sehrohr weht der eine Wimpel. 5500 – wenigstens etwas. Hängt so krumm, schämt sich, daß er alleine ist.

Dreikommasieben, siehst auch ganz schön mitgenommen aus. Das viele Tauchen, Salzwasser, siehst beinahe aus wie 'ne ausgelaufene Batterie. Die Netzabweiser, sie haben sich gut gehalten.

Die Zehnkommafünf sieht viel rostiger aus. Hätten wir damit überhaupt noch schießen können? Egal.

Ich schwanke über das Brett und stehe wieder an Land.

Nachwort

Wir leben. Wir verneigen uns vor den vielen U-Boot-Fahrern, welche im Glauben an eine gute Sache ihr Leben hergeben mußten.

In einer Gedenkstätte sind die Namen der gefallenen U-Boot-Männer nachzulesen.

Es sind 4744 Männer im Ersten Weltkrieg und 28728 Männer im Zweiten Weltkrieg auf den Weltmeeren geblieben.

Die Gedenkstätte für diese Gefallenen befindet sich in Heikendorf bei Möltenort an der Kieler Förde. Sie wird von den U-Boot-Kameradschaften in Zusammenarbeit mit dem Deutschen Marinebund und dem »Volksbund Deutsche Kriegsgräberfürsorge« gepflegt.

Wer das Marine-Ehrenmal in Laboe besucht, sollte nicht versäumen, auch die Ehrenstätte der gefallenen U-Boot-Fahrer aufzusuchen, zumal Möltenort von den meisten Laboe-Besuchern durchfahren wird. Wo immer wir die Namen der Gefallenen lesen, sollten wir in Hoffnung auf eine Auferstehung auch diese Namen der Toten auf der Seite des Lebens wissen.

Der Verfasser

Im Oktober 1981

Bildnachweis: Archiv Verfasser (30),
Archiv Bibliothek für Zeitgeschichte, Stuttgart (1)

Glossar

ausblasen	mit Preßluft aus Druckflaschen die Luft aus den Tauchzellen drücken
Backen und Banken	Essenszeit
Back	Tisch
Banken	Bänke
Barkasse	Beiboot; aber auch großer Topf zum Essenholen
BdU	Befehlshaber der Unterseeboote
Besteck nehmen	den durch Länge und Breite bestimmten Standort eines Schiffes auf See aufgrund von Gestirnbeobachten ermitteln
Bilge	Raum unterhalb der Flurplatten
Braßfahrt	höchste Fahrstufe eines Schiffes
Dalbe	Pfahl zum Festmachen von Schiffen und Booten
Druckkörper	nach außen wasserdicht abgeschlossene Hülle des Tauchbootes
entern	emporklimmen, emporsteigen
ES-Schießen	Erkennungssignal abschießen
Fender	Zum Abfangen der Schiffsbewegungen an der Kaimauer; bestehend aus Tauwerk, Holz oder Kork, wird zwischen Schiff und Kaimauer gelegt.
Feudel	Scheuertuch, Aufwischlappen

Grätings	Roste aus Holz oder Eisen
I WO	1. Wachoffizier
II WO	2. Wachoffizier
jumpen	soviel wie springen
Kujambelwasser	Limonadengetränk
Last	Aufbewahrungsraum
LI	Leitender Ingenieur
Maat	Unteroffizier
MGZ	Mittlere Zeit von Greenwich
Nummer Eins	1. Maat (Unteroffizier) an Bord
Peiler	Funkpeilrahmen, wird auf dem Unterseeboot von der Zentrale aus mit Preßluft ausgefahren
Poller	Eisenpfosten. Scherzhaft auch Kopf des Seemannes
pullen	rudern
Pütz	Eimer
Quatschgruppen	in der Funkerei benutzte Kurzbezeichnungen, welche mit dem Buchstaben Q beginnen, z. B.: qtr = Uhrzeit, qxp = erledigt
reesen	soviel wie sprechen oder quasseln
Riemen	Ruderblätter
Schapp	kleiner Raum
Süll	Abschlußkante, z. B. am Einstiegluk
Taljen	Flaschenzüge
verholen	hingehen
wahrschauen	umsehen, in Augenschein nehmen
WI	Wach-Ingenieur
Winsch	Winde zum Anheben von Lasten

Bitte beachten Sie
die folgenden Seiten